之

Balancing

间

平 衡 你 自 己

从
马可波罗
Marco Polo
到
马戛尔尼
George Macartney

十三世纪以降的欧亚世界

蔡伟杰 著

SPM
南方传媒
广东人民出版社
·广州·

图书在版编目（CIP）数据

从马可波罗到马戛尔尼：十三世纪以降的欧亚世界 /

蔡伟杰著 . -- 广州：广东人民出版社，2025.8.

ISBN 978-7-218-18321-3

I. K311.07

中国国家版本馆 CIP 数据核字第 2025PD3116 号

CONG MAKEBOLUO DAO MAJIA'ERNI : SHISAN SHIJI YIJIANG DE OUYA SHIJIE

从马可波罗到马戛尔尼：十三世纪以降的欧亚世界

蔡伟杰　著

出 版 人：肖风华

策划编辑：陈　卓
责任编辑：钱飞遥　陈　卓
特约编辑：听　桥
责任技编：吴彦斌
封面设计：周伟伟

出版发行：广东人民出版社
地　　址：广州市越秀区大沙头四马路 10 号（邮政编码：510199）
电　　话：（020）85716809（总编室）
传　　真：（020）83289585
网　　址：https://www.gdpph.com
印　　刷：广东信源文化科技有限公司
开　　本：889 毫米 × 1194 毫米　1/32
印　　张：9.75　　字　　数：205 千
版　　次：2025 年 8 月第 1 版
印　　次：2025 年 8 月第 1 次印刷
定　　价：68.00 元

如发现印装质量问题，影响阅读，请与出版社（020-87712513）联系调换。
售书热线：（020）87717307

推荐序 / 罗新

我很高兴看到这本新书的出版，因为从专业兴趣来说，书中几乎所有文章讨论的都是我关心的话题。当然，差不多一半文章都在过去几年作为微信公众号文章刷过屏，只是在手机上阅读终究匆忙，不容易读仔细。现在集中到一起，再加上好多过去没读过的文章，真是非常便利。

书中所收文章的内容与主题，几乎涵盖了近十年来有关内亚的主要学术话题。论写作者的知识准备、学术视野以及在各论题上的思想深度，可以说在华语学术圈，很难找到比蔡伟杰更合适的人选。虽然所收文章都是作为书评、专题介绍和学科评述而写，但由于作者自身的学术条件，这些文章都具有很高的专业水准，非泛泛科普文章能比，对专业研究者来说亦属难得的资讯来源。

书中所收文章的共同主题，是古代中国与外部世界，特别是内陆欧亚的关系。所有专题介绍或连类提及的，都是近十年来海外学术界最受瞩目的新书，有些已译成中文，有些还没有。尚无译本的，作者的介绍和评论当然很重要；而对那些已有中文译本的，作者在基本概念、知识背景和学科逻辑等方面的评述对读者来说也大有帮助。

全书虽然按照主题分为"世界史上的内陆欧亚、东亚、游牧民与丝绸之路""蒙古时代的先声与遗产""后蒙古时代的明清中国"三编，但这三部分内容之间有知识与思想的紧密关联。每篇文章无论是评介一本或多本书，还是评述近年某一重要学术议题的发展，关涉的话题并不松散。比如有关丝绸之路是否衰微、马可波罗是否来过中国，以及有关"北美新近清史研究"的海内外争议等，都不是就事论事，而是系统而简明地介绍相关研究，并在此基础上展开讨论。作者的目标不仅是向读者介绍史学界的新动向、新作品，还展示了这些动向的来龙去脉，并说明这些作品在相关领域的学术史上有何推进以及存在哪些问题。

21世纪以来，中国史上的内陆欧亚这类话题，先在中国学界、后在公众间引发了持续关注。排除非学术的因素，内陆欧亚话题的升温与中国学术的成长基本同步。多样化的人才与话题，才是学术繁荣的基本条件。不过，在有关内陆欧亚史的众多讨论中，理论和思想上的误区依然存在。比如，把内陆欧亚与中国对立起来，把游牧与农耕对立起来，把华夏与非华夏（汉与胡）对立起来，等等。如何把流动与多层次的关联还原到历史理解中去，无疑是学者和公众仍需时时面对的问题。

包括古代中国各王朝在内的古代国家，无一不是包含多文化、多语言、多族群社会的。古代中国王朝治下，绝大多数时候都是既有内亚人群也有中原人群，既有汉语人群也有非汉语人群。不仅被统治者如此，统治者也是既有说汉语的，也有不说汉语的。从政治空间的意义上说，古代中国王朝治下，既有适合农耕的平原、河谷与绿洲，也有只适合游牧或渔猎的草原与森林。在这个意义上说，内亚性是古代中国内在多样性的一部分。但另一方面，内亚又是一个广大的文化世界，广大到古代中国不能完全覆盖。也就是说，内亚与古代中国是部分重叠的两个空间，中国史之中有部分内亚史，内亚史之中也有部分中国史。当汉文书写（以及汉语人口）的文明被视为古代中国的唯一合法代表时，古代中国文化多样性的真实历史就在很大程度上被改写、被遮蔽了。因此，必须强调，内陆欧亚不是与中国相对立的概念。

如何理解内亚文化的连续性呢？内亚历史上各时期各人群当然有各自独立和独特的文化与传统，甚至可以说，全世界各基本人群都同样有他们各自独立和独特的文化与传统。但地理条件、经济生产方式以及历史发展等多种因素，使得世界上各人群之间的历史联系是高度不平衡的，这种不平衡决定了文化差异的不均匀分布，有的人群之间文化差异小，有的人群之间文化差异大。内陆欧亚尽管也是多文化、多经济形态的，但其中心世界是草原，其主体人群是游牧人。因为整个社会都在马背上，不同游牧人群之间的互动规模往往非常大，其空间尺度常常大到定居社会难以理解的程度。历史上，虽然草原地带的政治体更换未必比定居社会更频繁，但其震荡规模和地理覆盖面总体看来要大得多。这些条件使得内陆欧亚各人群之间的深度互动持续发生，造成语言、风俗、信仰等方面的高度近似，也使得内陆欧亚各人群之间看起来似乎共享同一个文化遗产，特别是当与中原的华夏—汉人群进行比较时，更是如此。

必须说明的是，正如阿尔泰语（Altaic）各语言之间的语言亲缘性是接触的结果，内陆欧亚各人群之间的文化亲缘性也是接触和互动的结果；正如并不存在一个原始阿尔泰语（Proto-Altaic）母体，同样也不存在一个原始内亚文化母体。在这个前提下，我们才能历史地理解内亚文化的连续性。

我很高兴地看到，在《从马可波罗到马戛尔尼》这本书里，蔡伟杰通过评论学界新著、综述学术动态、介绍前修成绩，全方位地展示了当内陆欧亚与中国发生部分重叠时历史的丰富性与复杂性。我相信，这才是今天用汉语写作的内陆欧亚研究者所应努力的方向。这既是一种学术责任，也是一种道德责任。

序言

1206 年，成吉思汗建立了大蒙古国，后来在整个 13 世纪内，大蒙古国扩张为横跨欧亚大陆的蒙古帝国，开启了世界史的新页。这一时期被日本京都大学教授本田实信称为"蒙古时代"。[1]日本东洋史家冈田英弘认为蒙古帝国是世界史的开端。[2]日本京都大学教授杉山正明更主张，在蒙古治世（*Pax Mongolica*）之下，欧亚世界渐趋一体化，蒙古帝国成为欧亚时代的顶点，在

---

[1] 本田实信：《蒙古时代史研究》，东京大学出版会，1991 年。
[2] 冈田英弘：《世界史的诞生：蒙古帝国的文明意义》，陈心慧译，北京出版社，2016 年。

这个基础上，之后才有了当代以美国为主的全球化时代。[1]

自 1260 年以后，蒙古帝国逐渐分裂为四大汗国，即元朝、金帐汗国、察合台汗国与伊利汗国。到 14 世纪后半叶，各地的蒙古汗国逐渐瓦解，之后在欧亚大陆上建立的政权都或多或少继承了蒙古帝国的遗产。例如，在中亚，察合台汗国的继承者为帖木儿帝国，后来帖木儿的六世孙巴布尔逃往北印度建立了莫卧儿帝国，成为当代印度的前身。[2] 金帐汗国瓦解后，原先在蒙古人羽翼之下的莫斯科大公国在 16 世纪中叶兴起，伊凡四世在击败了喀山与阿斯特拉罕汗国之后，继承了成吉思汗家族的统治正当性而成为沙皇，建立了俄罗斯帝国。伊利汗国灭亡后，由于缺乏成吉思汗家族的血统而无法称汗，继承者如黑羊王朝（1375—1468）与白羊王朝（1378—1508）等土库曼部族政权重新提出了"伊朗"的概念，并自称"伊朗王"（padishah-i-Iran）或"伊朗胡思老"（kesra-yi-Iran）。[3]

元朝在关内的继承者明朝则在制度与学术思想上受到前朝的影响。比如，元朝征服的云南与甘肃被纳入明朝，重新成为

1　杉山正明：《蒙古颠覆世界史》，周俊宇译，生活·读书·新知三联书店，2016 年，第 21 页。

2　冈田英弘：《世界史的诞生》，第 164—166 页。

3　Timothy May, *The Mongol Conquests in World History*, London: Reaktion Books, 2011, pp. 83-84. 简体中文版参见马晓林、求芝蓉译《世界历史上的蒙古征服》，民主与建设出版社，2017 年，第 103—104 页。

中国疆域的组成部分，元朝的行省制度被沿用至今，元代朱子
学成为科举制度的主流思想，也被明朝所继承。¹至于在关外的
北元大汗则持续存在，直到 1635 年，最后一任蒙古大汗察哈尔
部的林丹汗病死，其子额哲向新兴的女真（满洲）金国大汗皇
太极投降，隔年皇太极改国号为大清。清朝承继了自成吉思汗
以来的蒙古帝国正统。在这个意义上，清朝也可以被视为是元
朝的直接继承者。²

　　据此，可以说即便在蒙古帝国崩溃后的后蒙古时代，蒙古
帝国的历史遗产也仍旧影响着欧亚历史的发展。

　　本书以马可波罗（Marco Polo）与马戛尔尼（George Macart-
ney）作为书名的原因在于，一方面，这两个人物在蒙古帝国史
和清史上都相当著名，前者是蒙古时代著名的旅行家，后者是
清代著名的英国外交使节，在时间上也能呼应本书从蒙古帝国
到清朝的架构；另一方面，本书的内容分别涉及关于这两人的
一些历史争议：包括马可波罗是否来过中国，以及马戛尔尼使
团的失利是肇因于清朝对外颟顸无知还是另有原因。

　　本书在架构上依主题分为三个部分："世界史上的内陆欧

1　John W. Dardess, "Did the Mongols Matter? Territory, Power and the Intelligen-
tsia in China from the Northern Song to the Early Ming", in Paul Jakov Smith
and Richard von Glahn, eds., *The Song-Yuan-Ming Transition in Chinese His-
tory*, Cambridge, MA: Harvard University Asia Center, 2003, pp. 111-134.
2　冈田英弘：《世界史的诞生》，第 169—170 页。

亚、东亚、游牧民与丝绸之路""蒙古时代的先声与其历史遗产"
与"后蒙古时代与明清中国"。每个部分由一组文章组成,每
篇文章基本上以引介一本或数本书为主轴,或是从评述新近学
术议题的发展入手,其中包括丝绸之路是否已衰微、马可波罗
是否来过中国,以及"北美新近清史研究"(New Qing History)
的相关争议等,透过引入相关研究与讨论来进行对话,希望借
此将蒙古时代以降的内陆欧亚与中国史学界的新近研究动向及
相关作品引介给读者。该书适合相关领域的本科生以及对历史
上丝绸之路有兴趣的一般读者阅读。

本书最初以《从马可波罗到马戛尔尼:蒙古时代以降的内
亚与中国》为书名发行繁体中文版。简体中文版将副书名改为
"十三世纪以降的欧亚世界",内容不仅在繁体中文版的基础上
进行了修订,更增加了五篇新作,即《蒙古征服与后哈里发时
代的穆斯林世界》《木格哈敦的珍珠耳饰》《中心的转移与现代
东亚的形塑》《世界史上的中亚》《皇帝的面具与帝国意识形态
的局限》,以便更贴近本书的主题。

本书的简体中文版得以面世,首先要感谢广东人民出版社
陈卓先生的多方奔走与协助。其次感谢漓江出版社上海出版中
心编辑彭毅文,在她的提议下,我才动念将过去在学术期刊与
报纸上发表的这些文章改写结集。感谢北京大学历史系罗新老
师慨然应允为本书简体中文版撰写推荐序,同时感谢张广达、
定宜庄与党宝海三位老师为本书惠赐推荐语。另外,也要感谢

《澎湃新闻·上海书评》《经济观察报·书评》《晶报·深港书评》《历史人类学学刊》《中国边政》《政治大学民族学报》《丝路文明》等媒体的同意，让我使用先前在这些报刊上发表过的文章。最后要感谢许多在我写作过程中给予过意见和协助的师长朋友。虽限于篇幅未能一一详述，但你们对我的种种帮助，仍点滴在心头，未曾忘记。

最后必须说明的是，有鉴于本书所触及的主题如"北美新近清史研究"等在国内存在较多争议与误解，故笔者尽量从一名研究者与观察者的角度，对这些议题进行客观评述，而非这些主题的学术专著。此外，虽然本书并非为本领域的专家学者创作，但也许书中有些内容会让他们感兴趣。因此，本书还是按照学术常规提供了引注，以方便有兴趣的读者按图索骥。由于书中文章曾先后刊载于不同媒体，部分内容可能稍有重复，请读者谅察。无论如何，书中若有任何错误，肯定是本人疏漏所致，请广大读者多多指教。

2024 年 3 月 7 日于中国台湾嘉义

目　录

上编　世界史上的内陆欧亚、东亚、游牧民与丝绸之路

内陆亚洲：欧亚世界史上的辐辏之地　/003

草原帝国的兴起　/018

欧亚游牧文明起源新认识　/033

以游牧民的视角反思世界史的架构　/043

丝绸之路的两种历史诠释　/056

欧亚皇室狩猎的长时段历史　/068

中心的转移与现代东亚的形塑　/078

中编　蒙古时代的先声与遗产

安史之乱至蒙古时代终结的欧亚历史趋势　／087

印度视角下的蒙古征服中亚史　／100

蒙古征服与后哈里发时代的穆斯林世界　／110

木格哈敦的珍珠耳饰　／117

重估"成吉思大交换"与蒙古治世　／127

蒙古帝国是如何"发明"世界史的?　／137

马可波罗是否到过中国?　／146

世界史上的蒙古时代及其遗产　／161

下编　后蒙古时代与明清中国

明清中国史：一部从"小中国"到"大中国"的演变史　/173

作为清朝边政与外交制高点的承德　/182

世界史上的中亚　/190

清代八旗制度　/198

皇帝的面具与帝国意识形态的局限　/209

满洲汉化问题新论　/216

换一种视角看乾隆皇帝与马戛尔尼使团　/230

清朝信息渠道与治理政策的转型　/241

"北美新近清史研究"的背景、争议与新发展　/261

上编

世界史上的内陆欧亚、东亚、游牧民与丝绸之路

内陆亚洲：欧亚世界史上的辐辏之地

　　所谓的内陆亚洲（或简称内亚）是英文 Inner Asia 的中译，日文作内陆アジア（ないりくあじあ）。最早是美国蒙古学家拉铁摩尔（Owen Lattimore，1900—1989）在其 1940 年的名著《中国的亚洲内陆边疆》[1]一书中开始使用这个词，之后才在学界普遍流行。

　　有关内亚的定义，以印第安纳大学内陆欧亚学系荣退教授塞诺（Denis Sinor）的定义最广为学界所接受。他在《内亚：历

1　Owen Lattimore, *Inner Asian Frontiers of China*, New York: American Geographical Society, 1940. 中译本参见唐晓峰译《中国的亚洲内陆边疆》，江苏人民出版社，2008 年。

史—文明—语言：课纲》[1]（1969 年初版，1971 年修订版）一书中认为很难用地理领土来定义内亚的范围。内亚基本上是位于欧亚大陆定居文明以外的部分，由于这些文明在历史上的领域时有变化，因此内亚的范围也会随之改变。而真正的文化边界则藏在这些人的心中。他基本上将内亚视为 Central Eurasia（译为中央欧亚）的同义词，但后者较为清楚。另外也有学者使用 Inner Eurasia（内陆欧亚）之名，范围与意义差不多，且不至于产生歧义。

一般人常常会问的一个问题是，内亚跟中亚是不是同义词？这里也顺带解释一下。中亚是英文 Central Asia 的中译，日译为中央アジア（ちゅうおうアジア）。俄罗斯学界对中亚有两种说法，一种是 Центральная Азия，也就是 Central Asia 的音译；苏联时期一般惯用 Средняя Азия，意即中部亚洲（Middle Asia），差不多是指今天中亚五国去掉哈萨克斯坦的区域，要加上 Казахстан（哈萨克斯坦）才等于今天我们一般所说的中亚。至于联合国教科文组织出版的六卷本《中亚文明史》[2]对中亚的定义则接近内陆

---

1 Denis Sinor, *Inner Asia: History-Civilization-Languages: A Syllabus*, rev. ed., Bloomington: Research Center for the Language Sciences, Indiana University, 1971.

2 A. H. Dani, eds., *History of Civilizations of Central Asia*, 6 vols., Paris: UNESCO Publishing, 1992-2005. 中译本参见芮传明等译《中亚文明史》（6 卷），中国对外翻译出版公司，2002—2013 年。

欧亚，但范围仍然较小。

在介绍完内亚的概念后，接下来想先回顾一下过去内亚在世界史研究中的地位。基本上，内亚在世界史上的地位一直以来都不是一个热门话题。相较于中国在世界史学界中所受到的重视，内亚的研究相对少了许多。针对这个课题的专论，主要有以研究中国史闻名的艾兹赫德（S. A. M. Adshead）在1993年由纽约圣马丁出版社所出版的《世界史上的中亚》[1]。其余则散见于各相关书籍。但自20世纪90年代以来，这个问题开始得到注意。这里将以两位世界史家的研究作为引子，来谈谈世界史学者如何看待作为世界史分析单位的内亚及其中央性。

首先介绍的是以研究现代世界体系闻名的德国历史学家安德烈·贡德·弗兰克（Andre Gunder Frank）。

1992年，弗兰克发表了一篇论文，名为《中亚的中央性》[2]。他所谈的中亚，在范围上跟内亚很相近。在这篇文章中，他谈到，过去的世界史家一般都将中亚视为某些定期移民或攻打周边文明之侵略者的起源地。而艺术史与宗教史家则视中亚为各个文明之间彼此交流文化成就的移动空间，或是宗教人士来往

1 S. A. M. Adshead，*Central Asia in World History*，New York: St. Martin's Press, 1993.

2 Andre Gunder Frank, "The Centrality of Central Asia", *Studies in History*, vol. 8, no. 1 (1992), pp. 43-97. 中译文参见袁剑译《中亚的中央性》,《全球史评论》第11辑（2016年），第16—74页。

留下足迹的地方。虽然作者认为中亚就像个黑洞一样广大而黑暗，但它也是周边民族与文明链接互动的重要地区，是欧亚史与世界史的"失落环节"。

历史往往都是由胜利者来书写的，然而中亚长期以来虽是胜利者的家园，却很少留下当地人所写的历史。而周边定居文明所描写的中亚民族则充满了各种民族自我中心偏见，而将他们视为野蛮人。加上后来受到冷战政治情势影响，外国研究者很难涉足中亚，这也导致他们与外界隔绝。弗兰克认为应该改变这种情况，并应分析中亚在世界体系中的地位。他主张应该抛弃视中亚为游牧蛮族家园的看法，实际上中亚也是许多高度开化与都市化民族的家园。另外，他认为专业化的畜牧业其实是早先定居的农业民族为了适应生态、气候与经济危机所采取的适应措施，因此畜牧与农业并没有高下之分。

弗兰克认为，从世界体系的角度来看，资本积累是世界体系发展的主要力量，而中亚也确实加入这个资本积累的行列当中，而这些资本主要是从周边定居文明得到的。世界体系中存在着核心与边陲，核心透过与边陲之间的剥削性结构关系而得以积累资本。而过去认为中亚虽然在军事与政治上有优势，但还不足以建立与维持一个经济上的中心与边陲的关系。但至少在 13 世纪成吉思汗至忽必烈汗统治期间的蒙古帝国以及其首都喀剌和林，透过来自周边文明的贸易与进贡，那里确实成为一个体系的核心，只是蒙古人无法以其不合适的经济机制来维持这种核心与边陲的关系。弗兰克认为，过往世界体系的中心在15世纪时经历了一场巨变，而海权与海上贸易的兴起，加上其核心从东方往西方的移动，使得中亚陷入黑暗之中。

另外一位则是以研究大历史（Big History）闻名的美国历史学家大卫·克里斯蒂安（David Christian）。他在1994年发表了一篇名为《作为世界史单位的内陆欧亚》[1]的论文。他认为民族国家并不适合作为世界史分析的单位，而帝国只在某些时期适合。宗教、语言、文化与生活方式则过于多样而易变，因此都不适合。然而将世界体系作为一个分析单位又嫌过大，难以操作。他认为，以一个基于地理学的大型区域作为世界史分析的单位是比较妥当的，而内陆欧亚正符合这样的需求。他所谓的内陆欧亚，是相对于外部欧亚（Outer Eurasia）而言的，基本上是苏联统治的区域，加上蒙古国与中国的内蒙古和新疆地区。波兰、匈牙利与中国东北可视为内陆欧亚的边地，北边则以苔原与北极海为界。

他认为，在旧石器时代，内陆欧亚以狩猎为主，而非采集；新石器时代则以畜牧业为主，而非农业。在政治史上，内陆欧亚长期以来从属于数个广大的帝国。在20世纪，内陆欧亚基本上受苏联主宰，而其势力更延伸至蒙古及更广领域。在此之前，

1　David Christian, "Inner Eurasia as a Unit of World History", *Journal of World History*, vol. 5, no. 2 (1994), pp. 173-211.

沙俄帝国也统治了差不多的领土。若再往前追溯，自 6 世纪起，如突厥帝国就统治着从中国东北到伏尔加河之间的领域。13 世纪的蒙古帝国所控制的领土更为广大。所以，这四个帝国大约形塑了内陆欧亚一体的政治史。这种情况与内陆欧亚自身的地理和生态是分不开的。内陆欧亚的地理构造缺乏对军事扩张的屏障，因此在军事政治上可以视为一个自然单位。内陆欧亚的大陆性气候相对干燥，且温差较大，生产力自然也相对较低。但它位于欧亚陆块的中央位置导致它成为各种交流的场域，例如丝绸之路。而这种低落的生产力与欧亚中央位置结合导致了内陆欧亚社会得以高度集中并动员稀少的资源。这使得它的历史发展轨迹与外部欧亚不同。

克里斯蒂安还提出了形塑该地区历史的五种适应模式：（1）狩猎（距今 40000 年前）；（2）畜牧业（自新石器时代起，公元前 4000 年出现次级产品革命[1]），农业（约起源自公元前 6000 年）；（3）游牧（公元前 3000 年出现，公元前 2000 年成为重要的历史动力；游牧民族的移动力是其军事成功的关键，自公元前 1000 年至公元 1500 年左右，游牧生活方式主宰了内陆欧亚的历史）；（4）农业独裁（公元 1000 年，斯拉夫农民在森林

---

1 次级产品革命（secondary products revolution）的概念是由英国考古学家安德鲁·谢拉特（Andrew Sherratt, 1946—2006）所提出。这个概念是相对于人类将牲畜作为食物来源的初级利用，指的是新石器时代的人类开始懂得利用畜力和其他衍生物（例如乳汁、毛皮）等次级产品。

草原地区发展起来，与游牧民族有共生关系，其代表为基辅罗斯公国与莫斯科大公国）；（5）苏联计划经济。克里斯蒂安主张，苏联能够有效动员资源，但在使用资源上缺乏效率，也因此无法面对资本主义社会的挑战。然而，如今工业技术的发展已能够弥补内陆欧亚的低度生产力与地理中心位置，也因此内陆欧亚失去了在世界史上作为独特单位的地位。

前述两位世界史学者的研究大致上反映了 20 世纪 80 年代末至 90 年代初期世界史学界如何看待内亚在世界史上的地位。当时的内亚隔绝于外部世界，对于世界史的发展进程影响不大。但在冷战结束后，内亚再度向世界开放，在这种新局面下，学界又会如何重新估量内亚的历史地位呢？

这里笔者想要引荐一本由内亚史家所撰写的近作，即《世界史上的中亚》[1]。作者彼得·高登（Peter B. Golden）为美国罗格斯大学历史系荣退教授，以突厥民族史研究享誉学林。需要补充说明的是，该书虽然以中亚为名，但实际上采用的是广义的中亚定义，与内亚大致相符，因此仍适合拿来谈论内亚在世界史上的地位。

该书除导言外，正文共分为九章。导言以"民族的层积"为题，说明了中亚的自然与人文地理环境。作者将中亚分为东

---

1 Peter B. Golden, *Central Asia in World History*, New York: Oxford University Press, 2011.

西两大部分。中亚西部以中亚五国为主，当地居民主要为操突厥或波斯语的穆斯林。不过，中亚穆斯林势力还曾渗透今天的中国新疆地区；而中亚东部则指涉包括蒙古国、中国内蒙古与西藏等地，主要信奉佛教。在语言上，中亚的两大语系为阿尔泰语系与印欧语系。在历史上，草原牧民与周边农业国家之间的互动形塑了我们对中亚的主要认识。而定居社会对这些游牧民族的历史记载则充满了文化偏见。

第一章"游牧与绿洲城邦的兴起"从现代智人（*Homo sapiens*）于距今 40000 年前从非洲进入中亚谈起，探讨中亚的史前史。人类约在公元前 4800 年驯化马匹，公元前 3700 年掌握骑马技术，公元前 2000 年发展出成熟的游牧文明。人类对马匹的控制加上复合弓的发明，使得游牧民族取得军事上的优势。早期的马车技术很快就为明日黄花。动物则是重要的财产与食物来源，其中马、羊是衡量财产多寡的主要标准，另外还有骆驼与牛等畜群。游牧民族的领袖一般会设法控制绿洲城市，因为当地的商业与农业能够为他们带来食物与税收，而游牧民族与绿洲城市两者间有着共生关系。

第二章"早期游牧民族：'明以战攻为事'"从公元前 3000 至 2500 年间操印欧语的民族在欧亚大陆分为两支系谈起，一支进入中国新疆成为吐火罗人（Tokharians）的祖先，另一支亚利安人（Aryans）则向东进入西伯利亚、蒙古、中国新疆与巴基斯坦北部。在中亚，操伊朗语的游牧民族被波斯人称为塞人

（Saka），希腊人则称之为斯基泰人（Scythians）。他们以擅长骑射或使用战车闻名。稍晚位于蒙古高原的游牧民族匈奴人于公元前3世纪兴起，并且与南方的秦汉中国对抗。而在公元前1世纪的西方，贵霜帝国（Kushan Empire）与匈人（Huns）也逐渐形成。贵霜帝国崇奉祆教与佛教，并且大力支持农业、商业与艺术，融合了印度与希腊罗马风格的犍陀罗艺术盛行一时。公元230至270年间，贵霜帝国衰微并被波斯萨珊王朝（Sassanids）取代。在公元4世纪时，后者受到来自北方的匈人袭击。这个长时段的迁徙也导致了公元440年匈人领袖阿提拉（Attila）入侵罗马。但无论是匈奴或匈人，都未能对中国或罗马造成致命威胁。

第三章"天可汗：突厥与其后继者"从汉朝与匈奴崩溃后的欧亚局势谈起，提到新兴的三大势力，包括控制中原的北魏拓跋氏、控制蒙古的柔然（作者认为即阿瓦尔人），与控制贵霜旧地的嚈哒（Hephthalites）。这三个国家对整个欧亚产生了涟漪作用。公元6世纪初，柔然的内乱加上铁勒的反叛成为突厥兴起的背景。学界对突厥的祖源仍旧不太清楚。不过其统治世族名为阿史那，可能是源自东伊朗语 *ashsheina* 或吐火罗语 *ashna*，意为蓝色，这在突厥以颜色命名方位的传统（可能借自中国）中有东方之意。在乙息记可汗科罗与木杆可汗燕都的先后统治下，突厥的版图快速扩张，成为史上第一个东起中国东北，西至黑海的跨欧亚帝国。而突厥可汗受命于天（Tengri）的意识形态也成为后世游牧帝国效法的对象。

第四章"丝路城市与伊斯兰教的到来"讨论的是阿拉伯帝国入侵中亚河中地区以前的丝路城市与贸易。当时控制丝路贸易的商人多半为粟特人（Sogdians），他们多半以家族公司的形式存在，并且在主要城市与地方聚落中设立据点。在中国，许多粟特人也出任官员和将领，或以农夫与牧马人为业等。其社群领袖被称为萨宝（*sartapao*，源自梵文 *sârthavâha*，意为商队领袖）。在当时，塔里木盆地的喀什、焉耆、库车与和阗等地，是中亚东部的重要绿洲城市，唐与吐蕃双方都曾试图控制。在中亚河中地区，则以花剌子模、撒马尔罕与布哈拉等为主。当时波斯语成为中亚主要的书面语，而突厥语则成为重要的共同口头语。公元 11 世纪末编写《突厥语大词典》的麻赫穆德·喀什噶里（Mahmûd al-Kâshgharî）就曾经指出，在中亚城市中，多数人口都能使用突厥与粟特双语。

第五章"新月高挂草原：伊斯兰教与突厥民族"介绍了突厥帝国崩溃后到蒙古帝国兴起以前的中亚情势。不同支系的突厥民族彼此互相攻战，也产生了大量的民族迁徙。例如，公元 8 世纪 70 年代被葛逻禄（Qarluqs）逐出中亚河中地区的佩切涅格人（Pechenegs），后来被迫迁徙到东欧。另外，这一时期是伊斯兰教从城市传到草原地区的重要时期，其中波斯的萨曼王朝（Sâmânid）起了重要作用。特别是伊斯兰教神秘主义的苏非派（Sufism），由于其形式与突厥萨满信仰类似，因此较易被突厥游牧民接受。而突厥人伊斯兰化之后则反而逐渐强大，并且控制了原先的伊斯兰腹地，例如塞尔柱帝国（Seljuk Empire）。

第六章"蒙古旋风"讨论的是蒙古如何从一个部族联盟而发展成为横跨欧亚的大帝国。成吉思汗凭借伴当（*nökör*）之力于 1206 年统一蒙古各部，并且迫使畏吾儿归顺，征服了西辽、花剌子模，1227 年在远征西夏时过世，被穆斯林称为"上帝之鞭"。其后裔延续了其扩张事业，征服了中国、伊朗与俄罗斯。不过后来中亚的蒙古征服者在语言上逐渐被当地的突厥与波斯人同化。蒙古帝国对全球史影响巨大，各种工艺、饮食与商旅都在这个时期产生交流。作为世界上最大的陆上帝国，蒙古帝国在欧亚大陆上首次建立了统一的通讯管道。部分学者认为这是早期世界体系的开始，也是现代世界的先声。

第七章"之后的成吉思家族、帖木儿与帖木儿帝国的文艺复兴"讨论蒙古帝国崩溃后在中亚代之而起的帖木儿帝国。蒙古帝国崩溃后，整个中亚在语言上的突厥化与对成吉思家族后裔的忠诚成为重要特征。帖木儿（Temür）巧妙利用察合台汗国内部的部族与氏族倾轧，于 1370 年掌握大权。受制于非成吉思汗黄金家族（altan urugh）后裔者不得称汗的原则，他娶了成吉思家族的后裔，并且以驸马（küregen）自称，对穆斯林群众而言，他则被视为大异密（Great Amīr）。他的势力从中亚直达印度北部与小亚细亚。其子沙哈鲁（Shâhrukh）与其孙兀鲁伯（Ulugh Beg）崇奉伊斯兰教，并且奖掖科学与文艺。天文学、数学、波斯与察合台突厥文学、细密画等都在这个时期得到发展。另外，帖木儿在与奥斯曼帝国的战争中使用了火炮，这也使得火药在中亚进一步得到传播。但当周围定居帝国的火器技术上日新月异时，中亚却陷入停滞。这也使得中亚逐渐失去武力优势。

第八章"火药时代与帝国崩溃"探讨 16 世纪初起，中亚处于周边帝国的夹缝中，并在竞逐过程中逐渐落居下风的过程。在西方，立基于伊朗的萨法维帝国（Safavid Empire）将伊斯兰教什叶派定为国教，并且切断了以当时信奉逊尼派的中亚与其盟友奥斯曼帝国的联系。在北方，在征服了金帐汗国的后继者之一伏尔加汗国后，1547 年莫斯科大公伊凡四世自立为沙皇（tsar），并视自己为拜占庭皇帝与成吉思汗家族的继承人以及基督教的保护者。此后俄国的势力开始进入中亚，并且在中亚传布东正教。当时中亚牧民正苦于天花与其他疾病肆虐，这也有利于俄国的侵逼。俄国对中亚的入侵一直到 17 世纪后期遭遇由满人建立的清朝才首次受阻。东方的清朝作为藏传佛教的保护者也正向中亚扩张。另外，在这个时代中，蒙古重新信奉藏传佛教的结果则是造成中亚世界分裂为以穆斯林为主的突厥波斯世界和以佛教徒为主的蒙古世界。

在这一时期，中亚与外部世界之间的武力平衡也逐渐打破。17 世纪中叶，前者的复合弓与后者的火绳枪之间还算平分秋色。

但到 18 世纪中叶，燧发枪已取得优势。有些游牧民族拒绝使用枪炮，因为这种武器并不适合传统游牧民族的战术；有些则愿意接受枪炮，但大部分缺乏量产的工业能力或是足够的财力来购置。因此总体来说，中亚游牧民族在军备竞赛上逐渐落居下风。到 19 世纪末时，中亚大部分都已在沙俄与清朝控制下。

第九章"现代性的问题"从 19 世纪初英俄两国在中亚的大博弈（Great Game）谈起，讨论中亚对外界认识的增长以及在现代化过程中所面临的挑战。在当时俄国治下的中亚的哈萨克与布哈拉、浩罕、希瓦三汗国，人民的生活条件普遍恶劣，饱受疾病与贫穷困扰。苏联成立后，中亚各地纷纷改制为苏联的加盟共和国，并逐渐演变成今日所见的中亚五国。但在苏联时期所进行的民族识别与国家建构，在中亚传统的部族与氏族身份上增加了新的身份认同，在苏联解体、中亚五国独立后仍然持续影响至今。

就该书的特点而言，前述艾兹赫德一书受到美国内亚史家傅礼初（Joseph F. Fletcher, Jr.）的"历史连锁"（interlocking of histories）理论影响，因此在记述上详于 1200 年以后的历史。而该书则是按照时序所写的中亚史导论，因此从上古到今日的中亚史都浓缩在这本不到两百页的小书中，在写法上较为平铺直叙，也压缩了分析的空间。除了引用美国世界史家杰里·本特利（Jerry H. Bentley）以及前揭大卫·克里斯蒂安与艾兹赫德的研究外，该书似乎绝少引用世界史学者的近作，但这并不表示它自外于新的学术潮流。

首先，该书吸纳了近年中亚史的最新研究成果。例如，过去学界认为匈人与稍早的匈奴之间并无关联，但作者指出近二十年来的研究则转而承认两者间的关系，并认为是匈奴帝国崩溃后东边游牧民族西迁的结果。

另外，该书也响应了近年来学界对于中亚在近代世界体系中所处地位的争辩。过去认为，16 世纪欧洲通往东方与美洲的海路贸易发达，加上 17 世纪小冰河期（Little Ice Age）所造成的气候变迁与全球危机，导致了中亚的衰退与边缘化。但该书引用新研究说明，近代史上中亚仍然是世界贸易体系的一部分，只是在货品与通路上有所改变。货品的流通从过去的东西向改为南北向，中亚成为俄国与中国、印度贸易的中继站，奴隶、马匹与毛皮成为主要货品。但中亚某些地区确实出现了经济衰退与人口减少的现象，这与沙俄和清朝的侵逼有密切关系，例如哈萨克人与卫拉特蒙古人。据此看来，作者实揭示了这个问题在不同层面上的复杂性。

总的来说，冷战末期的世界史学界所描绘之世界史上的内亚，呈现了一个明日黄花的景象。然而彼得·高登的近作不仅反映了内亚学者对"世界史上的内亚"这类议题的新贡献，并且提升了相关研究的深度与广度。

如今在"一带一路"倡议下，内亚获得了新的发展机遇。未来学界又要如何书写这段时期内亚在当代世界中的地位，则是我们所要面对的新挑战。

本章原题《评 Peter B. Golden, *Central Asia in World History*》，原载《全球史评论》第 7 辑（2014 年），第 292—296 页。

草原帝国的兴起

关于二战以降西方学界的早期内亚通史著作，比较具有代表性的包括《草原帝国》[1]与《中亚史纲要》[2]。而《剑桥早期内亚史》则是继这些著作之后的重要作品。

本书是在美国印第安纳大学中央欧亚学系荣退教授塞诺（Denis Sinor）的组织下，邀集了许多西方学者，针对过去学界对内亚历史上之重要人群与政权的研究，进行了提纲挈领的叙述，并于 1990 年由剑桥大学出版社发行，反映了当时西方内亚

---

[1]　René Grousset, *The Empire of the Steppes: A History of Central Asia*, trans., Naomi Walfold, New Brunswick: Rutgers University Press, 1970. 中译本参见蓝琪译《草原帝国》，商务印书馆，1998 年。

[2]　Gavin Hambly ed., *Central Asia*, New York: Delacorte Press, 1969. 中译本参见吴玉贵译《中亚史纲要》，商务印书馆，1994 年。

学界的最高水平。本书中译本于 2021 年 1 月由北京商务印书馆发行，译者为贵州师范大学历史与政治学院的蓝琪教授。

本书所谓的"早期"，基本上是以蒙古帝国崛起以前为时间断限。在序言中，编者交代了本书的性质与限制。在性质上，与前述的同类早期内亚通史相较，本书并不算是蒙古人兴起以前的内亚历史综述，而是对这段历史相关研究成果的展示。加上受文献材料缺乏以及当时相关考古研究仍处于初期阶段的限制，本书所探讨的历史主要以政治史为主。

第一章首先由编者对何谓内亚做出定义。本书所谓的内亚，又称为中央欧亚，基本上是一个文化概念而非地理概念，主要是相对于欧亚大陆外缘之大型定居农业文明的欧亚腹地部分，在生业上以畜牧或渔猎为主，并点缀着小型的绿洲农业。在历史上，由于欧亚定居农业文明的势力时有消长，所以内亚的领域也会有所变动。本质上，内亚诸文明与其周边定居农业文明的对立是穷人与富人之间的对立。而历史上定居人群对内亚民族的记载则充满各种歧视与偏见。

在提纲挈领的序言和首章之后，接下来则是不同学者的专题论文。罗伯特·塔斐（Robert N. Taaffe）介绍内亚的地理构造，包括了苔原、针叶林、草原、沙漠（其中有少数绿洲）等。在气候上，内亚以干燥的大陆性气候为主，相对寒冷且冬季漫长。这些自然环境的特色对内亚的历史发展有着重要的影响。

奥克拉德尼科夫（A. P. Okladnikov）探讨内亚的史前史，从中更新世（距今 73 万年至 12.8 万年前）起就有人类在内亚活动。
从石器制作技术来看，内亚的居民实际上从旧石器时代起就一直
与亚洲其他地区的古人类有着交流。自青铜时代起，内亚草原游
牧民发明了青铜马衔，使得人类能够骑乘马匹，并且还成为将冶
金技术和特有的艺术风格传播到周边的定居民族（例如中国）当
中。这也是全书中运用最多考古材料的一章。之后的论文基本上
都是以文献材料为主的研究。

　　接下来的三章分别探讨早期内亚东西两端与中部的重要政
体。梅柳可娃（A. I. Melyukova）探讨了早期内亚西部使用伊朗
语的内亚人群斯基泰人与萨尔马特人，她主张将斯基泰人视为
具有包容异种族和文化特色的政治单位，而非一个内部在种族
和文化上具有较高同质性的单位。她也讨论了斯基泰人与周边
定居民族（如波斯与希腊）的关系，不过她略去了波斯帝国居
鲁士（Cyrus）与马萨革泰人女王托米丽司（Tomyris）之间著名
的战争，这可能是因为她认同希罗多德不将马萨革泰人视为斯
基泰人一支的看法。[1]

---

[1]　希罗多德在其《历史》一书中提及，有人认为马萨革泰人属于斯基泰人的
　　一支，但后来他特意澄清同意妻子滥交的习俗并非斯基泰人所有，而是马
　　萨革泰人的习俗。似乎暗示这两群人其实并不相同。Herodotus, *The His-
　　tories*, trans. by Aubrey de Sélincourt, London and New York: Penguin Books,
　　2005, Book 1, Sec. 201, 216. 中文版参见王以铸译《历史》，商务印书馆，
　　1959 年，第 1 卷，第 201、216 节。

随后关于内亚东部的游牧政体匈奴的章节则由余英时执笔。与其他章节相较，这一章的写作风格差异较大。在取材上几乎全部仰赖汉文文献，内容更多是关注匈奴的政治史，特别是匈奴与汉朝的关系，对匈奴本身的语言、社会与文化着墨甚少，而且未能善加运用考古材料。这也展现了作者本身作为中国史专家，与专研内亚史的其他作者之间在训练背景和关注上的差异。

纳瑞因（A. K. Narain）介绍了内亚的印欧人，特别着重于吐火罗人及其后裔月氏，以及后来的贵霜（Kushans），另外旁及游牧的塞种人（Sakas）和定居的粟特人（Sogdians）。这些印欧人群和政体在当时欧亚商业贸易与宗教的传播上具有重要地位。

接下来两篇都有关对欧洲定居社会曾造成威胁的游牧民。由本书主编塞诺所撰写的匈人简介，简明扼要地说明了匈人的来历与社会文化。他拒斥自 18 世纪以来认为匈人为匈奴后裔的说法。他认为，匈人内部可能使用多种语言，包括了日耳曼语和一种类似后来突厥语的语言，然而对出土文物（包括反曲式复合弓与青铜铸釜）的分析支持匈人起源于内亚的理论。著名的匈人领袖"上帝之鞭"阿提拉（Attila）的崛起虽然一度给罗马人造成了压力，但匈人国家内部所存在的分裂趋势，最终导致匈人未能真正对罗马造成本质上的威胁。

由塞缪尔·萨迪查基 - 卡多斯（Samuel Szádeczky-Kardoss）

撰写的欧洲阿瓦尔人专章，探讨了这群缺乏史料记载的人群的起源和历史意义。他一方面拒绝将希腊传说中的 Aparnoi 族视为阿瓦尔人的起源，另一方面也质疑将东方的柔然和嚈哒视为是后来多瑙河阿瓦尔人之祖先的说法。从语言来看，阿瓦尔人的语言是阿尔泰语的一种，但没法确定它更接近蒙古语或是突厥语。马镫作为一种重要的发明最早也可以追溯到阿瓦尔人的时代。虽然阿瓦尔人一度对法兰克王国与拜占庭帝国造成威胁，但后来，随着他们逐渐从游牧社会转为农业或定牧社会，他们最终逐渐消失在历史舞台上。

接着由彼得·高登所撰写的两章分别介绍了俄罗斯森林地带与南俄草原的民族。前者向外界出口了大量的森林特产，特别是毛皮，这也促成了当地城镇的兴起。其中的代表为保加尔人（Bulghars），另外还有半游牧的匈牙利人。后者则有乌古尔人（Oghurs）、萨比尔人（Sabirs）、可萨人（Khazars）、佩切涅格人（Pechenegs）与库曼人（Cumans）。其中以可萨人最为重要，他们成为拜占庭帝国抵抗草原民族入侵的重要屏障。不过高登对可萨人将犹太教视为国教一事保持怀疑态度。笔者建议，读者阅读以上两章时先读后一章，这样做，在时序上不仅更能够接上前面的阿瓦尔人一章，而且也会更容易掌握这段历史的发展。因为俄罗斯森林地区的民族与南俄草原的游牧民（特别是乌古尔突厥人）关系密切。乌古尔突厥人后来影响了许多俄罗斯森林地区的民族从渔猎者转变游牧民，其中又以乌戈尔人

（Ugrians）为代表。

接下来的三章转向突厥人在内亚所建立的诸政权，分别是突厥帝国（丹尼斯·塞诺）、回鹘（柯林·麦克勒斯 [Colin Mackerras]）以及喀喇汗王朝与早期伊斯兰教（彼得·戈登）。塞诺指出，突厥人至少在公元 5 世纪时就已出现在黑海草原和黑海北岸森林地带。文中也探讨了突厥人后来与波斯萨曼王朝、柔然、拜占庭、隋唐中国与嚈哒之间的和战关系，并指出突厥人的宗教宽容与后来的蒙古人有类似之处。麦克勒斯则关注回鹘人与唐朝的关系、对摩尼教的信仰以及建造固定的都城。前两位作者都注意到粟特人在突厥和回鹘汗国中的经济与宗教作用，戈登则关注喀喇汗王朝的起源，并将其与突厥统治氏族阿史那氏或九姓乌古思人联系在一起。这个时期也是突厥人大量皈依伊斯兰教的时代。文中同时述及伽色尼王朝、塞尔柱王朝、喀剌契丹和花剌子模等国家的历史。这些国家都是蒙古人崛起以前的内亚强权。

最后两章处理的是内亚东部的诸帝国，分别由赫尔穆特·霍夫曼（Helmut Hoffman）处理早期和中世纪的西藏以及傅海波（Herbert Franke）撰写契丹和女真两个满洲的森林民族。西藏和女真的部分是书中唯一在时段上涵盖蒙古时代的，女真的部分甚至展延到明末。由于考古成果较为缺乏，所以关于西藏的史前时代未能详加说明。另外，这章似乎成文较早，未能将较新的重要研究纳入，例如白桂思（Christopher I. Beckwith）

的专著《吐蕃在中亚》[1]。最后，在内容上也有较多讹误，所以译者对原文中的一些问题做了修订。与前面几章相较，傅海波在这章在风格上不太一样，主要专注于契丹与女真的起源和社会文化，对政治史着墨较为简略。对政治史有兴趣的读者，可以参见稍晚于 1994 年出版的《剑桥中国辽西夏金元史》，其中收入了相关辽朝与金朝的介绍文，而且是以两章的篇幅来处理，可以作为补充。[2]

编者在最后提供了一份参考文献。虽说本书出版于 1990 年，但书中列出的参考文献少有 1980 年代的作品。这也许是这个项目历时较长，参与者交稿时间不一，而又未能进行增补之故。不过这里面搜罗的仍旧是经典之作，还是有文献价值。可惜中译本未能将参考文献中的各条书目后的说明一并译出，另外匈

---

[1] Christopher I. Beckwith, *The Tibetan Empire in Central Asia: A History of the Struggle for Great Power among Tibetans, Turks, Arabs, and Chinese during the Early Middle Ages*, Princeton: Princeton University Press, 1987. 中译本参见付建河译《吐蕃在中亚：中古早期吐蕃、突厥、大食、唐朝争夺史》，新疆人民出版社，2012 年。

[2] Denis Twitchett and Klaus-Peter Tietze, "The Liao", and Herbert Franke, "The Chin Dynasty", in Herbert Franke and Denis Twitchett, eds. *Alien Regimes and Border States, 907–1368*, in Denis Twitchett and John K. Fairbank, eds., vol. 6 of *Cambridge History of China*, Cambridge and New York: Cambridge University Press, 1994, pp. 43-153, 215-320. 中译本参见崔瑞德、克劳斯 - 彼得 · 蒂兹著《辽》及傅海波著《金朝》，崔瑞德、傅海波编《剑桥中国辽西夏金元史》，史卫民等译，中国社会科学出版社，1998 年，第 50—117、251—372 页。

奴、突厥和回鹘等部分的中日文著作也未能回译。

另外，考虑到内亚地理对于一般读者而言较为陌生，英文原版中附录了五幅地图，但其实还是远远不足。例如，第三章中所述及的众多考古遗址，若能绘制一张分布图，相信更能够帮助读者辨识这些遗址的位置。而中译本仅仅留下了一幅内亚自然地理图（第30页，英文原版第29页），这不能不说是件可惜的事。期待未来中译版再版时，在条件许可的情况下能够补上这些地图。

就本书的结构而言，可惜的是缺少西夏的专章。当时苏联的西夏学专家克恰诺夫（E. I. Kychanov, 1932—2013）仍旧健在，也许适合担当此任。不过后来邓如萍（Ruth W. Dunnell）在《剑桥中国辽西夏金元史》也有专章讨论西夏。[1] 关于突厥的部分未能述及沙陀，而回鹘帝国覆灭以后至蒙古帝国兴起以前的回鹘人状况也未有着墨。

例如，就本书中关于匈奴的考古学、基因学与社会文化缺失的部分，建议读者参考狄宇宙（Nicola Di Cosmo）的近

1　Ruth W. Dunnell, "The Hsi Hsia", in Franke and Twitchett, eds. *Alien Regimes and Border States, 907–1368*, in Twitchett and Fairbank, eds., vol. 6 of *Cambridge History of China*, pp. 154-214. 中译本参见邓如萍著《西夏》，崔瑞德、傅海波编《剑桥中国辽西夏金元史》，第172—250页。

作。[1]他运用考古材料认为，从蒙古国北部的额金河出土的匈奴遗址来看，匈奴人其实是农牧并举的。而就基因而言，从贝加尔湖至蒙古国北方的阿勒泰地区这一线可以看出西部欧亚人群与东亚人群之间有所区别，但彼此间也存在一些渗透。他也不认为匈奴与汉朝之间存在共同演变的情形，而且匈奴的民族起源和社会制度与秦汉中国之间的关联实际上并不高，建议应该往内亚来寻找其起源。

　　本书初版至今已有 30 年，书中的一些观点至今也已有所修正。例如，在匈人与匈奴之间之关系的问题上，在本书中塞诺否定了两者之间的关系，但近年的研究则主张它们两者之间可能是有联系的。[2]新的理论认为匈奴衰微后可能有一部分人离开了蒙古高原。当中可能有部族联盟包含了与原初匈奴相关的某些核心成分，并且在草原游牧民族当中持续沿用这个相当高贵的名称，并且在哈萨克草原与其他当地部族组成了一个新的部族联盟，亦即匈人。

1　Nicola Di Cosmo, "Ethnogenesis, Coevolution and Political Morphology of the Earliest Steppe Empire: the Xiongnu Question Revisited", in Ursula Brosseder and Bryuan K. Miller, eds., *Xiongnu Archaeology: Multidisciplinary Perspectives of the First Steppe Empire in Inner Asia*, Bonn: Vor- und Frühgeschichtliche Archäologie, Rheinische Friedrich-Wilhelms-Universität, 2011, pp. 35-48.

2　有关新近支持匈人与匈奴两者间有关联的论调，参见 Peter B. Golden, *Central Asia in World History*, Oxford and New York: Oxford University Press, 2011, p. 33。

与本书类似的较新书籍可以参见由联合国教科文组织所主持的《中亚文明史》项目。该书共有六卷七册（第四卷分为上下两册）。该书的前四册大致与本书所涵括的范围相近，目前也已有完整的中译本。[1] 有兴趣的读者可以参考。

综合前述，从今天的角度来看，本书实际上已不能算是最前沿的研究。然而考虑到本书在内亚史学界中的经典地位，以及中文学界中相关读物仍旧缺乏，对于对内亚史、中国民族史、边疆史有兴趣的读者来讲，本书仍是不容错过的经典之作。

最后想补充的是，就本书中译版而言，译者自 1998 年起开始着手翻译，至 2017 年才完成译稿，历时 19 年。她在文中增添了不少译注，不仅查找了书中引注材料的中译本并征引相关段落，而且对书中提及的诸多内亚研究学者做了介绍，大大节省了读者查找相关背景资料的时间。然而这个译本中仍旧存在一些错讹与手民之误，以下列举部分例子，供读者参考：

中译本第 9 页（英文原版第 7 页），"*tabun qosiyun mal*"，应作 "*tabun qosiyun mal*"。

中译本第 10 页（英文原版第 8 页），"除非遇到瘟疫、冰冻等自然灾害"，原文为 "Unless some natural disaster struck –

---

1 A. H. Dani, et al., *History of Civilizations of Central Asia*, 6 vols., Paris: UNE-SCO Publishing, 1992-2005. 中译本参见芮传明等译《中亚文明史》（6 卷），中国对外翻译出版公司，2002—2013 年。

such as the dreaded *jud*, the freezing of the pastures"，这里讲到的"*jud*"为蒙文，意为严冬的雪灾。指的是冬季草场封冻无法放牧，导致大量牲畜死亡的情况。中译本第 171 页（英文原版第 183 页）的"如果这些牧场被霜毁灭"中的"霜"（frost *jud*），亦应作严冬雪灾理解。

中译本第 20 页（英文原版第 18 页），"内亚是另一半"，此处的另一半（antithesis）应译为"对立面"或"反题"较佳。

中译本第 26 页（英文原版第 25 页），"大抗爱山"，应作大杭爱山。

中译本第 54 页（英文原版第 54 页），托格戈伊（Tologoi），应作托勒戈伊。

中译本第 76 页（英文原版第 78 页）注 29，克塞列夫（S. V. Kiselev）一般译为吉谢列夫。

中译本第 89 页（英文原版第 92 页），此处未译出的朝鲜 Chkhodo 岛，应为位于韩国全罗南道的草岛（Island of Chodo）。

中译本第 118 页（英文原版第 122 页），"北逃匈奴，南走月氏"中的"月氏"有误，应作"越"。

中译本第 118 页（英文原版第 123 页）注 3，Tezuka Tayayoshi 应为 Tezuka Takayoshi（手塚隆義），而《史渊》应作《史苑》。

中译本第 128 页（英文原版第 136 页）注 14，麦戈文著《中亚的早期帝国》已有中译本，宜作麦高文《中亚古国史》（北京：

中华书局，2004 年）。

中译本第 136 页（英文原版第 145 页），"贡赋使命"（tribute mission）应译为"朝贡使团"。

中译本第 138 页（英文原版第 148 页）注 18，《北庭与匈奴》有误，应作《北狄与匈奴》。

中译本第 147 页（英文原版第 158 页），"罗马苏拉（Sulla）皇帝"有误，苏拉为当时罗马共和国的独裁官，而非皇帝。

中译本第 159 页（英文原版第 162 页），巴米延一般译为巴米扬。

中译本第 171 页（英文原版第 183 页），译注中的普里斯库斯，原文误植为 Publius Herennius Dexippus，应为 Priscus of Panium。

中译本第 176 页（英文原版第 188 页），"国王已死，国王万岁！"的法文原文，各字间未善加分隔，应为 *Le roi est mort, vive le roi!*

中译本第 221 页（英文原版第 233 页）注 5，李盖蒂（Ligeti Lajos），一般译为李盖提，而译注中提及的其著作《黄教诸神，黄种黎民》，中译本已于 2015 年以《黄色的神祇 黄色的人民》之名发行，宜沿用之。

中译本第 224 页（英文原版第 235 页），"我们的读物未能确定"，句中的"读物"（reading）应作"解读"。中译本第 251 页（英文原版第 260 页），"我们的阅读材料是可疑的"，句中的

"阅读材料"（readings）同样应作"解读"。

中译本第 262 页（英文原版第 2 页）注 36，提及人名刘茂材（Liu Mau-tsai），应为刘茂才。后同。

中译本第 269 页（英文原版第 278 页），"他们是否就是中国史籍中的月氏还没有确定"，句中的"月氏"应为"阙越失"（Chüeh-yüeh-shih）。同页注 47 中的"月氏"亦应改为"阙越失"。

中译本第 281 页（英文原版第 291 页），Juan-juan 应为蠕蠕。

中译本第 283 页（英文原版第 294 页），阿拉璜（A-na-kui）应为阿那瓌。后同。

中译本第 301 页（英文原版第 314 页），阁那崛多（Jnāna-gupta）应为阇那崛多。后同。

中译本第 304 页（英文原版第 317 页），本章作者柯林·麦克勒斯（Colin Mackerras），其中文名一般译作马克林。

中译本第 321 页（英文原版第 335 页），塔里姆应作塔米姆。后同。

中译本第 331 页（英文原版第 346 页）注 7，理查德·弗赖伊（Richard Frye）中文名应作费耐生。

中译本第 338 页（英文原版第 353 页），al-Muqaddasi 存在穆卡达斯与穆卡达西两种译名，应统一作穆卡达西。

中译本第 341 页（英文原版第 356 页），*padishdh* 有误，应作 *pādishāh*。

中译本第 345 页（英文原版第 359 页），*ot tegin* 被误译为健康王子，应作守灶王子（prince of the hearth）。

中译本第 354 页（英文原版第 368 页），葛尔汗（Gür Khan）一般译为菊儿汗。

中译本第 358 页（英文原版第 372 页）注 2，George Nicholas Roerich 译为罗厄烈治，学界一般译为罗列赫。后同。

中译本第 358 页（英文原版第 372 页），W. Eberhard 被译为爱伯哈德，学界一般译为艾伯华。后同。

中译本第 359 页（英文原版第 372 页），Turrell V. Wylie 被译为怀利，学界一般译为威利。后同。

中译本第 360 页（英文原版第 373 页），此处认为拓跋为突厥人，值得商榷。虽说鲜卑人后来也曾从属于突厥汗国，但在语言文化上，拓跋与后来的蒙古人其实更为接近。

中译本第 375 页（英文原版第 387 页），黠嘎斯应作黠戛斯。

中译本第 376 页（英文原版第 388 页），hunging 应为 hunting。

中译本第 384 页（英文原版第 395 页），译师 Nag-tsho Tshul-khrims rgyal-ba 被误植为仁钦桑布（958—1055），应为那措·崔臣杰瓦（1011—1064）。

中译本第 390 页（英文原版第 402 页），Karl A. Wittfogel 被误植为 Kart A. Wittfogel，而相应的中译名卡尔被误植为卡特。

中译本第 391 页（英文原版第 402 页），中译文"今内蒙古自治区辽河上游"中的"内蒙古自治区"，英文原文为 north of

Jehol province，应照译为"热河省以北"，再另加译注"今内蒙古自治区赤峰市以北"较佳。

中译本第 393 页（英文原版第 405 页），抢婚（Raubebe）应作 Raubehe。

中译本第 404 页（英文原版第 417 页），此处提及女真人已能用蒸馏法酿酒，恐不确。一般认为是元代开始的。

中译本第 405 页（英文原版第 418 页），*mukun* 应作 *mukūn*，应译为（家）族。

中译本第 409 页（英文原版第 423 页），"明朝还创立了一种要塞驻军制度"，此处"一种要塞驻军制度"应译为"卫所制"。

本章原题《评丹尼斯·塞诺编〈剑桥早期内亚史〉》，原载《丝路文明》第 6 辑（2021 年 11 月），第 267—274 页。

欧亚游牧文明起源新认识

　　在欧亚世界的历史长河中，骑马游牧民常常扮演着传递东西文化的角色，他们与定居民族之间的交往与冲突更是推动历史演进的主要动力之一。

　　分据欧亚东西两端的匈奴与斯基泰，是开骑马游牧民国家先河的两个人群。他们在历史上建立了强大的游牧政体，并且对南方的定居文明造成威胁。但由于骑马游牧民很少留下本民族的历史记载，因此后世要了解他们的历史，常常得仰赖定居民族对他们的描述，而这些描述又不免带有偏见，视骑马游牧民为野蛮与残暴的人群。时至今日，透过考古发掘与科学分析，我们可在文献史料之外，有更多材料能够重建这些骑马游牧民的历史图像。接下来要讨论的这本《草原王权的诞生：斯基泰与匈奴，早期游牧国家的文明》可以算是结合传世文献与新近考古成果，建构斯基泰与匈奴历史的尝试。

该书原为日本讲谈社庆祝创社百年所发行的"兴亡的世界史"丛书第二卷，日文原版于 2007 年，后来于 2017 年发行文库版。2019 年 2 月出版发行繁体中文版，译者为陈心慧。该书作者林俊雄（Toshio Hayashi）为日本古代中央欧亚史与中亚考古学家，现任创价大学文学部教授。研究主题包括游牧民国家的出现与扩张、欧亚大陆草原上的石像、丝路上狮鹫图案的传播，以及马具与打火石的起源，等等。著有《欧亚大陆的石人像》（雄山阁，2005 年）、《狮鹫的飞翔——以圣兽观察文化交流》（雄山阁，2006 年）、《游牧国家的诞生》（山川社，2009 年）；合著有《中央欧亚史》（山川社，2000 年）、《中央欧亚的考古学》（同成社，1999 年）。

作者说明了选择用"骑马游牧民"一词来称呼斯基泰与匈奴的缘由。他不赞同已故东京大学东洋史名誉教授江上波夫（1906—2002）所提倡的"骑马民族"概念。作者认为所谓"民族"概念作为自古以来就存在的实体，恐怕并不适用于古代欧亚的游牧民，因此选择了比较中性的"骑马游牧民"一词。斯基泰人是历史上有记载的骑马游牧民当中最古老的一支，他们于公元前 8 世纪起就活跃于今高加索与黑海北方的草原地带和西亚地区，成为波斯帝国与希腊的重要对手。匈奴则于稍晚的公元前3世纪登上历史舞台，以今蒙古高原为根据地，和东亚的秦汉中国相对峙。可以说他们塑造了后世游牧与定居社会互动的模式，因此有必要深入探讨。

首先，骑马游牧民的诞生需要有一系列的条件配合。作者认为，遍布蒙古高原的赫列克苏尔（俄文 *khereksur*）石冢不仅是象征骑马游牧民兴起的遗迹，也是显示草原权力产生的指标。骑马游牧民在欧亚草原上的登场经历了一段漫长的过程。最早是公元前7000至前6500年间，羊逐渐成为主要的家畜。接着自公元前5500年开始，气候开始逐渐暖化，开始出现草原干燥化的情形。但促进草原游牧化的因素，除了气候，还有技术层面的因素，即车与骑马技术的发展。公元前3500年左右，在美索不达米亚发明了车。到公元前2000年，在乌拉尔山东侧以南的西伯利亚与中亚出现了安德罗诺沃文化（Andronovo culture），以及西侧的斯鲁布纳亚文化（Srubnaya culture），已知这两种文化开始制造青铜物品。到公元前1000年左右，人类开始使用马衔（马嚼子）与马镫。到公元前9至前8世纪，草原上骑马的证据突然暴增，这被视为是斯基泰系文化的起源。

作者梳理了文献与考古材料，试图说明斯基泰人的起源。他以希罗多德的《历史》为例，讨论了希腊文献中对斯基泰人起源的三种说法，分别为宙斯后裔说、海克力士后裔说，以及外来说。作者认为只有第三种即外来说缺乏神话色彩，才是最可信的说法。简言之，外来说主张，斯基泰人原先为亚洲的游牧民，但因为不敌马萨革泰人（Massagetae）入侵，因此西迁至高加索北方至黑海北岸的草原地带，驱逐了当地的原住民辛梅里安人（Cimmerian）。然而直到 1980 年代前，外来说在考古学界（特别在苏联）并不是主流看法。作者一方面归因为苏联考古学受到唯物史观的指导，重视社会内部生产力的发展，忽略外来影响，另一方面，当时也确实尚未发现东方草原上存在更早的斯基泰人遗迹。这种情况要到 1970 年代前半，位于南西伯利亚的图瓦共和国境内发现了阿尔赞（Arzhan）古坟（一号坟）后，斯基泰人外来说才逐渐成为主流学说。

斯基泰文化的特征为其风格强烈的动物图案，特别是在马具与武器上的纹饰或装饰。自 19 世纪末至 20 世纪初，许多中后期的斯基泰古坟在北高加索与黑海北岸被发现，并且伴随着大量的精致金银制品出土，当中充满了希腊与西亚影响的痕迹，而又以西亚较早。因此过去认为斯基泰艺术起源于西亚，但随着欧亚东部草原考古的开展，东方起源论逐渐占据上风。可以说初期斯基泰艺术并未受到希腊与波斯等邻近文化的影响，充满了原创性。斯基泰艺术受西亚影响之处，体现在对猛兽、鹿眼的表现方式与石榴图像的应用；受希腊影响之处，则彰显在希腊风格的狮鹫（英文 Griffin 或 Gryphon，也译为格里芬）图像的应用上。然而 1971 至 1974 年在图瓦所发掘的阿尔赞二号坟，当中都未见西亚与希腊式的出土物。且该坟的时间约为公元前 7 世纪末，时间较西部遗址来得早，因此成为斯基泰艺术东方起源论的有力支持。

作者还指出，从中国新疆伊犁河上游出土的塞迦文化物品中，发现了受到阿契美尼德王朝与古典希腊时期风格影响的格里芬图像，而且在今俄罗斯联邦阿尔泰共和国境内所发掘的斯基泰后期文化的巴泽雷克（Pazyryk）遗址中，也发现了中国的丝织品与战国时代的镜子。可以说，早在张骞通西域以前两三百年的时间，阿尔泰地区的人就已开始跟欧亚东西两端的文明进行交流了。张骞只是沿着原有的贸易路线旅行而已。作者以此强调了史前丝绸之路的存在及其重要性。

在欧亚大陆西部，也存在与斯基泰同期的其他文化。包括了意大利的伊特鲁里亚文化、巴尔干半岛上的色雷斯文化以及安纳托利亚半岛上的吕底亚文化。这些文化不仅在美术样式上类似，而且都以大型圆形坟墓为主。作者介绍了图瓦的阿尔赞古坟、哈萨克斯坦的齐列克塔古坟、别斯沙特尔古坟，与北高加索的克拉斯诺伊兹纳姆亚一号古坟。这些古坟的出现代表从青铜器时代进入铁器时代，生产力提高，掌权者所控制的财富也大幅增加。加上与地中海和西亚文明的交流，使得工艺技术也有所提升。这些巨大古坟的出现及豪华的陪葬金属工艺品，显示掌权者以此夸示权力，也象征着王权的出现。斯基泰时代可说是草原的古坟时代。

到公元前 3 世纪，匈奴登上了欧亚大陆东部的历史舞台。作者主要以中文历史文献记载，搭配考古材料，描绘其历史发展轨迹。文献部分大致以《史记》与《汉书》等正史的记载为主，叙述冒顿与老上单于的故事。较有可观之处的是，他从考古证据来探讨匈奴先祖与月氏。作者指出，公元前 4 世纪至前 3 世纪，北亚草原地带的文化可以分为三个地区，分别是北京、河北省地区；内蒙古中南部；宁夏、甘肃省地区。它们彼此间虽然稍有差异，但大致与黑海沿岸的斯基泰文化和阿尔泰附近的巴泽雷克文化相近。关于月氏，作者倾向将其领域扩大解释为蒙古高原西部至新疆。如此一来，巴泽雷克文化就可以被视为是月氏的遗留。这个说法最早由日本的榎一雄（Kazuo Enoki）与苏联的鲁坚科（Sergei Rudenko）等考古学家于 20 世纪 50 年代末期所提出。

作者质疑了过去以文献建构的匈奴政治社会体系，而且试图用今日的蒙古文化与风俗理解过去关于匈奴的记载。例如，《史记·匈奴列传》中对匈奴社会中存在四王二十四长与其兵力共四十万骑的记载，就被作者视为无法自圆其说。为解释匈奴的王与将领名称都带有左右方位，他利用了今日蒙古人坐北朝南的方位观，即左手边（蒙古语 züün）就是东方，右手边（蒙古语 baruun）就是西方。再则，司马迁记录匈奴无封树堆土为坟之俗，从后来《汉书·匈奴传》记载乌桓发掘匈奴单于墓一事，可以说明外人其实知道单于墓的方位。作者利用蒙古国诺彦乌拉古坟重建了匈奴贵族坟墓的可能样貌：以方坟为主，并且出土汉朝的丝绢与漆器。作者据此解释说，所谓匈奴坟墓

"无封"之俗，实际上是低坟丘之意，而且刻意不显眼。此外，文献与考古证据（例如位于俄罗斯布里亚特共和国境内的伊沃尔加遗址）都说明，匈奴内部除了游牧民，还存在西域绿洲与汉朝逃亡者所经营的农业聚落。最后，随着欧亚东西两端的物质文化交流开展，各种概念与文化也同时在不同人群中流通。例如，带有中国龙图像的铜镜与腰带在阿富汗与黑海北岸出土，说明龙的母题也传到了中亚与南俄。

匈奴与公元4世纪入侵欧洲的匈人是否同源，是过去学界争论不休的话题。这一话题最早由法国历史学家德经（Joseph de Guignes, 1721—1800）所提出的匈奴与匈人同源论引发。对此，作者认为，虽然匈人的作战与生活方式与斯基泰、匈奴相同，很可能是亚洲系的骑马游牧民，但没有足够证据断言匈人就是匈奴。在公元3至6世纪前半叶间的前突厥时代，在欧亚草原西部，主要的考古遗物包括贵金属工艺品、马鞍装饰与鍑（游牧民族在仪式中使用的釜）。马鞍、马镫以及"匈型"鍑从欧亚草原东部传到西部的过程也说明，游牧民在欧亚大陆上不仅弘扬自身文化，还扮演了促进东西文明交流的角色。作者在结语中也反思了斯基泰与匈奴这些由游牧民所建立的国家是否符合以定居民族的标准来衡量其文明程度，并且坚信游牧民及其文化会继续在中央欧亚的草原上延续下去。

作者林俊雄在写作该书时引用了许多蒙古国的新近考古成果，然而过去中文学界缺乏一本蒙古国考古学的综述书籍可供读者参照。如今有了新的译作引进入中文世界，实为学界福音。这就是 2019 年 5 月所出版，由蒙古国科学院考古研究所前所长 D. 策温道尔吉、乌兰巴托大学考古学系前主任 D. 巴雅尔等人合著的《蒙古考古》（上海古籍出版社，2019 年）。原书蒙古文版于 2002 年发行，2008 年发行俄文增订版，由 D. 莫洛尔俄译。简体中文版由吉林大学考古学院教授潘玲与俄罗斯科学院西伯利亚分院远东人民考古学、历史学和民族学研究所博士生何雨濛等人翻译。内容涵盖了石器时代至蒙古帝国时期的蒙古国考古成果，具有参考价值。

以该书开头提及的赫列克苏尔为例，《蒙古考古》一书对这个称呼的来源做出了解释（第 178 页）。该词源自当地蒙古人见到这类遗存，误以为是 9 世纪当地的黠戛斯人墓葬。但实际上，赫列克苏尔的年代比黠戛斯人至少早了一千年。另外还可以补上根据新疆文物考古研究所的特尔巴依尔对赫列克苏尔的讨论，他提到该词源于蒙古语的 Киргис хүүр（*Kirgis khüür*），意为黠戛斯人（据信为今日吉尔吉斯人或柯尔克孜族的先祖）之墓，后来才音转为 *khirgisüür*。[1]

该书作者林俊雄质疑了《史记·匈奴列传》中对匈奴社会中存在四王二十四长的说法，此处的匈奴四王即左右贤王与左右

---

[1] 特尔巴依尔：《赫列克苏尔遗存的年代及相关问题》，《北方民族考古》第 2 辑（2015 年），第 57 页。

谷蠡王（第 235 页）。但在同系列丛书中所收录的京都大学东洋史名誉教授杉山正明的《蒙古帝国的漫长遗绪》中则有另外一番解释。杉山正明将匈奴的左右贤王视为最高的两王，其下各领十二长，故有二十四长。并且杉山正明认为，这个二十四长的组织可以对应到后来北周始祖宇文泰所设立的"西魏二十四军"，还有 13 世纪拉施特（Rashid al-Din）《史集》中记载的突厥源流神话《乌古斯可汗传说》中乌古斯可汗六子下属的二十四个军事集团。杉山正明认为，这种左右两翼与二十四个集团编组，成了后来成吉思汗二弟与四子下属的二十四个千户编制的原型。[1] 杉山正明这种结合传说的讨论，为读者提供了另一种看待历史记载的方式。

　　另外，作者观察到，早期苏联考古学强调斯基泰人原生论，是因为受到唯物史观的指导，重视社会内部力量演化，忽略外部影响的缘故。美国卫斯理学院考古学教授科尔（Philip L. Kohl）过去是考古学界中批判唯物论与民族主义的一名健将。无独有偶，他在《欧亚大陆青铜时代的形成》一书中，对中亚考古也有过类似的观察。他认为过往与现今的中亚考古研究存在一种现象：即便研究认可了中亚与其南方与西方邻接地区有人群移动以及密切的交流关系，但仍旧强调内部的演化发展。

1　杉山正明：《蒙古帝国与其漫长的后世》，乌兰译，北京日报出版社，2020年，第 63—66 页。

而这种强调首先是出自一种马克思主义的影响。[1]这点也提醒我们应该注意意识形态与民族主义对考古学的影响。

该书附有详尽的时代年表，也提供了许多的考古遗物图片，让人赏心悦目。不过在编辑过程中也出现了一些手民之误。例如，第 23 页提到赫列克苏尔源自蒙古语 *khirigsuur*，然而现代蒙古语写作 Хиргисүүр，故拉丁转写应为 *khirgisüür*。第 75 页提及俄罗斯语言学家阿巴耶夫（Vaso I. Abayev），书中误植为 V. Abaycv。这里也提醒读者注意。

综上所述，该书可谓日本学界从世界史与考古学的角度，探讨早期游牧文明在欧亚大陆上发展的一部力作。作者不仅回顾了学界在这个领域的经典研究成果，并且对过去一些研究在理论与具体观点上存在的偏误进行了批评。他在高度评价游牧文明所取得的成就的同时，也不忘反思过去以定居农业文明的标准评价骑马游牧民历史时可能产生的扭曲。该书值得对游牧考古学与中央欧亚史前史有兴趣的读者细细品味。

本章原题《"骑马游牧民"斯基泰与匈奴有何不同》，原载《晶报·深港书评》2019 年 10 月 14 日。

1　Philip L. Kohl, *The Making of Bronze Age Eurasia*, Cambridge: Cambridge University Press, 2007, p. 186.

以游牧民的视角反思世界史的架构

近年来，日本的蒙古史与世界史著作在海峡两岸出版界掀起了一股前所未有的热潮，其中又以京都大学东洋史教授杉山正明的著作为主。

自2011年以来，由广场出版社在台湾地区发行的精装汉译本初版《大漠：游牧民族的世界史》首先开启了这股风潮。[1]其后，杉山正明较早的其他作品，如《忽必烈的挑战：蒙古与世

---

[1] 日文原名"游牧民から見た世界史"，繁体中文版参见黄美蓉译《大漠：游牧民族的世界史》，台湾广场出版社，2011年。随后于2013年发行平装版，并据日文原题改名为《游牧民的世界史》。简体中文版参见黄美蓉译《游牧民的世界史》，中华工商联合出版社，2014年；北京时代华文书局，2020年。

界史的大转向》[1]（以下简称《忽必烈的挑战》）和《颠覆世界史的蒙古》[2]，也陆续出版。除了杉山正明的作品，台湾地区还出版了另一位日本蒙古史耆宿冈田英弘教授的作品《世界史的诞生：蒙古的发展与传统》[3]。据称，未来还有其他相关著作的出版计划，值得期待。

在中国大陆，杉山正明的著作所引起的反响更大。中国大陆出版界除了引进《忽必烈的挑战》《颠覆世界史的蒙古》与《大漠：游牧民的世界史》的繁体中文译本，还发行了《疾驰的草原征服者：辽 西夏 金 元》（以下简称《疾驰的草原征服者》）一书的中文译本[4]。这些著作引起中国史学界的注意与讨论。例如，复旦大学的姚大力教授为《疾驰的草原征服者》撰写书评（后收入该书作为推荐序），北京大学的罗新教授则为《忽必烈的挑战》撰写书评，最近北京大学的张帆教授在访谈中响应了作者杉山教授关于"大中国"与"小中国"的理论。这

1　日文原名"クビライの挑戦 モンゴルによる世界史の大転回"，繁体中文版参见周俊宇译《忽必烈的挑战：蒙古与世界史的大转向》，台湾广场出版社，2012年。

2　日文原名"モンゴルが世界史を覆す"，繁体中文版参见周俊宇译《颠覆世界史的蒙古》。

3　日文原名"世界史の诞生—モンゴルの発展と伝统"，繁体中文版参见陈心慧译《世界史的诞生：蒙古的发展与传统》，台湾广场出版社，2013年。

4　日文原名"疾駆する草原の征服者—遼 西夏 金 元"，简体中文版参见乌兰、乌日娜译《疾驰的草原征服者：辽 西夏 金 元》，广西师范大学出版社，2014年。

三篇文章都发表在《东方早报·上海书评》上。[1]这些评论主要针对作者所提出的元朝在中国历史上的地位问题进行讨论。后来《东方早报·上海书评》还曾访问作者本人，后者就相关评论与问题有所回应。[2]网络上也掀起一阵热烈讨论。

这股杉山旋风确实引人注目，而开先河的正是《游牧民的世界史》。以下将简要介绍该书的内容，并梳理相关的学术与大众讨论，最后谈谈该书对当前两岸社会与学界可能的启发及其现实意义。

该书正文共分为七章，另附有增补版序、跋与松元建一的《解说——关于"定居"及"移动"》。

在第一章"民族及国界之外"中，作者首先简介了欧亚大陆的环境，为之后的讨论设置舞台。他提到不同的纬度较经度对气候变化与人类活动的影响来得重要许多，这点与戴蒙德（Jared Diamond）的《枪炮、病菌与钢铁：人类社会的命运》（*Guns, Germs, and Steel: The Fate of Human Societies*）的主张若合符节。作者认为，将欧亚大陆沿海边缘地区略过后，欧亚内

1　这三篇文章参见姚大力《一段与"唐宋变革"相并行的故事》，《东方早报·上海书评》2013 年 1 月 6 日；罗新《元朝不是中国的王朝吗？》，《东方早报·上海书评》2013 年 8 月 11 日；《张帆谈元朝对中国历史的影响》，《东方早报·上海书评》2015 年 6 月 14 日。

2　本访谈参见《杉山正明谈蒙元帝国》，《东方早报·上海书评》2014 年 7 月 27 日。

陆以干燥气候为共同点，且在风景上具有一致性，因此当地居民和沿海湿润地区的居民相较，有着不同的形象与意识。作者将此一区域称为欧亚中间地带。

由于幅员辽阔，这片地区的历史过去很少被人当作一个整体来分析。一般而言，人们对这个地区的印象就是丝路，或是文明的十字路口。然而随着各种语言的文献与考古数据逐渐出土，近年来的研究逐渐趋向将欧亚大陆视为整体，概略分为草原与绿洲。草原上的人群以游牧民族为主，绿洲则以灌溉农业为主。其中游牧民族扮演链接区域内部的角色，因此若要谈欧亚大陆或全球性的世界史，不可能避开游牧民族。

作者首先说明了游牧的性质。游牧实际上是带着牲口随着季节变化而有大致固定移动路线的系统性移动，而非漫无目标的移动。但因无法完全自给自足，且易受极端天气影响，游牧生活相当不稳定，因此造就了游牧民族与定居社会不同的结构，并且游牧民族具有机动迁徙、群居与擅长骑射等特点。擅长骑射也使得游牧民族成为在现代枪炮出现以前最为优良的作战部队。但这些游牧军团或国家基本上都不是由单一民族所组成，而是由多民族组成的群体。作者据此认为，西方民族国家（nation-state）的概念并不适用于古代的游牧民族国家，并且试图在民族（nation）与国界线以外找出世界史研究框架。

第二章"解构欧亚中间地带"对包括北方西伯利亚针叶林地带在内的欧亚中间地带的地理环境进行具体剖析。欧亚中间地带南部又可分为东部的蒙古高原、西部的天山南北麓，在更南方则是西藏高原。欧亚大陆的西半部南端，包括了阿姆河（Amu Darya）与锡尔河（Syr Darya）之间的河中地区及其西边的伊朗高原，甚至可以远及两河流域与北非。北端则是西北欧亚大草原，东侧起于哈萨克大草原，并向西延伸至喀尔巴阡山脉东麓。作者在介绍不同的地理环境时，搭配当地的游牧民族历史进行叙述。因游牧民族所遗留的文字史料较少，其历史常常必须仰赖定居民族的记载，但那些记载中常常充满对游牧民族的各种偏见。定居民族也常以文明人自称，而视游牧民族为野蛮人。例如，古代波斯帝国将其统辖的领域称为文明区域（Iran），而将阿姆河对岸称为蛮夷之地（Turan）。这与古代希腊称呼游牧民族为蛮族（Barbaroi），以及古代中国的华夷观念相似。

　　第三章"追溯游牧族群国家的原貌"，探讨历史上所记载的第一个游牧国家斯基泰人与波斯帝国阿契美尼德王朝之间的关系。主要依据的是公元前 5 世纪的古代希腊历史学家希罗多德《历史》一书中的记载。杉山正明认为世界史上的第一次亚洲与欧洲的正式大会战，既不是波希战争也不是希腊马拉松战役，而是发生于公元前 513 年左右的斯基泰－波斯战役。即便波斯帝国动员了数十万将士，但这次战役，最终仍以波斯帝国损失八万兵卒的代价告终。在这次战役中，斯基泰人克敌制胜的关键在于，运用了移动迅速的骑兵，加上坚壁清野与诱敌深入的战略，这在后来也成为游牧民族对抗定居国家的主要战争形态。在族群成分上，斯基泰人内部相当多元，除了有草原游牧民，还包括了定居都市的居民、商人与农业民族，因此很难说存在单一斯基泰民族为主的游牧国家。

在欧亚世界史上，阿契美尼德王朝成为定居国家的原型，斯基泰则成为游牧国家的起源。这两种形态的国家在东方则是以匈奴与南方的汉朝为主，作者认为这也许是受到斯基泰型与阿契美尼德型两种国家形态向东流传影响的结果。公元前 200 年，匈奴冒顿单于在白登山（今山西大同东北马铺山）对汉朝的胜利则象征着游牧民时代的揭幕，并持续了两千年之久。

第四章"链接草原及中华的变动波潮"，以公元前 129 年至前 127 年汉武帝主动出击匈奴的战争为开始，讨论长达五十年的汉匈战争（原书如此。汉匈战争长达数百年，其中汉武帝与匈奴之战历时四十多年——编者注）对两边社会经济所造成的重大冲击。作者认为主动挑起战争的汉武帝要负最大责任。后来东汉借南北匈奴分裂之机，控制了西域。但跟南匈奴结盟的结果是匈奴人逐渐进入长城以南定居，这为后来匈奴后裔刘渊在西晋内乱时的崛起埋下了伏笔。自公元 4 世纪鲜卑拓跋氏建立代国以降至唐朝崩溃，西方将这段时期的中国称为 Tabgach，意指拓跋。作者据此将这段时期的中国称为拓跋国家，并认为唐朝编纂的史书有意淡化了唐朝的鲜卑拓跋属性，而拓跋国家正是一种跨越草原与中国及华夷框架的新型国家。

第五章"撼动世界的突厥、蒙古人"以公元4世纪兴起的突厥—蒙古系国家柔然为开头。柔然趁鲜卑拓跋氏南下后蒙古高原出现权力真空之际，成为主要的游牧国家。柔然在游牧国家发展史上的重要性在于首次使用了"可汗"作为君主的称号，日后这一称号为突厥与蒙古所继承，而成为欧亚大陆上的重要称谓。同时，在中亚有伊朗系的白匈奴（嚈哒）兴起，突厥系的高车位于柔然与白匈奴之间的阿尔泰山与天山区域。伊朗高原的波斯萨珊王朝与中原的拓跋国家北魏是主要的定居国家。

这种情况到了公元6世纪中叶由于突厥的兴起而出现大幅改变。突厥首先击破了高车与柔然，并且与萨珊王朝联合消灭了白匈奴，另外还迫使东方的拓跋国家北齐与北周屈服于它。作者认为从其疆域与势力范围来看，突厥可称为世界帝国。但这个局面只维持了三十年左右，公元583年，突厥分裂为东西两部。当时刚刚篡夺北周帝位的隋文帝杨坚趁着突厥内部动乱之际，出兵并吞了江南的陈朝，统一了中国本部。其后的隋炀帝虽然有扩张野心，但由于远征高句丽失败而导致政权崩溃。当时驻守于山西太原的李渊趁机夺取了政权，建立了唐朝。不过其背后仍有东突厥的支持。

作者特别强调了李渊的母亲独孤氏的鲜卑血统，并且认为后来唐太宗之所以能够成就天可汗的霸业建立世界帝国，拓跋国家的特征（包括了游牧民的骑兵战力与追溯自匈奴的尊贵血统）发挥作用是主要原因。但唐朝和突厥一样也是个转瞬即逝的世界帝国。特别是中东伊斯兰势力的兴起挑战了唐朝在中亚的霸权，加上北方回鹘与西南吐蕃的兴起，以及公元 755 年唐朝内部爆发安史之乱，导致唐朝一蹶不振。不过在这个时期，欧亚内陆的一大特征是，突厥语逐渐成为当地的共通语，突厥化在帕米尔高原以东快速扩展。伊斯兰中东世界的政权很快转移到原先作为奴隶兵将的突厥民族手中，例如位于阿富汗的萨曼王朝（Samanids）与西亚的塞尔柱帝国（Seljuk Empire）。

在欧亚东部则有突厥系的沙陀与蒙古系的契丹崛起。五代中有三个朝代是由沙陀系出身的君主建立的，包括了后唐、后晋与后汉。因此此时的中原可以称为沙陀政权，并视为拓跋国家的延续。契丹辽朝在耶律阿保机立国后逐步兴盛，并将沙陀政权纳为附属国。东亚成为宋辽南北对峙的局面。契丹在东方游牧国家发展过程中的重要性在于，它在游牧国家框架中导入了农耕国家系统，使得其统治的稳定性增强，另外就是契丹在中亚以西的世界中，取代了过去的拓跋，而成为中国的代名词。这个情况即便女真后来取代契丹建立金朝，占领华北后，仍旧没有改变。这也是契丹对后世游牧国家与中国的重要遗产。

第六章"蒙古的战争与和平"从元朝的首都大都（今北京）说起，谈到北京之所以能够成为中国的首都，在于蒙古征服中国后，中国史本身所产生的极大变化，亦即由"小中国"到"大中国"的变化。可以说世界的世界化与中国的扩大化都是从蒙古时代开始的世界史重大现象。公元 1206 年，铁木真统一蒙古高原诸部，并登基为成吉思汗，建立大蒙古国，之后蒙古帝国开始向外扩张并席卷欧亚大陆。直到 13 世纪 60 年代忽必烈在汗位争夺战中胜出后，蒙古帝国进入一个新的阶段。

作者认为，蒙古最初在成吉思汗时，透过大型远征去统合过去处于敌对状态的新成员，并且透过长期离乡背井的机会，让这些人建立对于蒙古的认同。后来忽必烈对蒙古帝国的构想是将蒙古的军事力量与中国的经济力量合并，再进一步活用穆斯林的商业力量，以达到经济统合。特别是蒙古贵族会与斡脱（ortoq）商人合作，以便将其营利活动直接放入国家管理之中。另外，此时银的扩大使用使其成为跨越欧亚的公定贸易基准，废除通关税与实施大型间接税有助于发展远距离贸易。因无法套用过去游牧型、农耕型与海洋型等国家的分类，蒙古帝国的出现因而可视为首个世界帝国，也是世界史上的分水岭。

第七章"探寻近现代史的架构"讨论后蒙古时代的世界如何由陆地及骑射时代转换到海洋及枪炮时代。在这期间，由西欧主导的全球化逐渐成为世界史的发展主流。民族国家成为历史叙述的主要框架。作者坦陈，其写作该书是希冀透过处于民族国家边缘的游牧民角度重新反思世界史的架构，并且说明这群边缘人其实曾经是人类历史的支柱，而且是最大国家的掌握者。

作者在讨论世界帝国的起源时，先后提到过突厥帝国、唐朝与蒙古帝国。这也许会让读者有些困惑：究竟何者才是作者所认定的最早的世界帝国？如果我们对照作者其他作品的话，不难发现，其实他心目中最早的世界帝国还是蒙古帝国。[1]突厥帝国与唐朝在规模和持续时间上都不足以和蒙古帝国相比拟。

在谈到契丹耶律阿保机登基自称天皇帝时，作者认为这不代表契丹已接受中国式的皇帝称号，天皇帝更像是天可汗（Tengri Khagan）的汉译。另外，包括燔柴告天等登基仪式不仅可以被视为中国式的传统，也可能是继承自突厥—蒙古系游牧民族的传统。最近罗新所提出从内亚选举大汗的传统来解释关于耶律阿保机预言自己死亡时间成真一事，并大胆推测耶律阿保机很可能是自杀而死，也可以视为是对辽朝国家性质具有内亚游牧民族色彩的一个补充和解释。[2]

关于元朝所使用的银、盐引与纸钞等，近来有新的研究进展。德国图宾根大学汉学教授傅汉思（Hans Ulrich Vogel）2013年出版的《马可波罗到过中国：货币、食盐与税收方面的新证

1　参见杉山正明《蒙古颠覆世界史》，周俊宇译，生活·读书·新知三联书店，2016年，第213页。有关作者对于帝国分类的详细研究，参见前揭书第四章"人类史上的'帝国'"。

2　罗新：《耶律阿保机之死》，《东方早报·上海书评》，2014年3月23日；后收入《黑毡上的北魏皇帝》，海豚出版社，2014年，第96—122页。

据》[1]大大增进了我们对元朝金融与财政的了解。例如，元朝纸币在流通上存在着南少北多的不均衡情形。这是由于忽必烈征服南宋后仍有许多南宋铜钱在江南流通，且蒙古人对新征服之南宋领地的统治不稳固，加上地方官员敷衍塞责，另外还有纸币本身的质量不佳与数量不足所导致。

该书在内容编排上，不是特别均衡。例如，在谈到唐朝对外关系时，突厥与回鹘都是叙述重点，但相较之下，同样是游牧民建立的吐蕃帝国的地位就被低估了。此外，鲜卑、契丹、女真以及后蒙古帝国时代的世界史分量也似乎较轻。

但考虑到一本小书的篇幅，也许不能求全。作者另有其他汉译著作可供参看。至于后蒙古帝国时代的欧亚，推荐读者参考梅天穆（Timothy May）《世界历史上的蒙古征服》的第三章"1350 年的世界：一个全球的世界"，这是笔者目前所知，用最短的篇幅且能恰当总结蒙古帝国崩溃后欧亚世界概况（特别是内亚部分）的著作。[2]

笔者最后想谈谈该书对当前两岸学界可能带来的启发与现

1　Hans Ulrich Vogel, *Marco Polo Was in China: New Evidence from Currencies, Salts and Revenues*, Leiden and Boston: Brill, 2013. 简体中文版参见党宝海、马晓林、周思成译《马可波罗到过中国：货币、食盐与税收方面的新证据》，北京大学出版社，2022 年。

2　Timothy May, *The Mongol Conquests in World History*, London: Reaktion Books, 2011, pp. 81-106. 简体中文版参见马晓林、求芝蓉译《世界历史上的蒙古征服》，民主与建设出版社，2017 年，第 100—135 页。

实意义。

蒙元史研究在中国史学界中的规模相对较小。一方面，元朝作为非汉族建立的中国朝代，研究所需的语言门槛较高，材料文献解读不易。另一方面，由于牵涉的地域与族群更加复杂，蒙元史研究更脱离了中国史的框架，而具有世界史色彩，也因此需要更多国外的知识背景，训练时间相对较长。蒙元史研究圈在中国大陆史学界受到的重视相对较少，在台湾地区，情况恐怕又更加严重。近年来，台湾地区蒙元史相关研究基本上是针对元代蒙古治下的汉人社会、文化与思想，旁及色目人如何受汉文化影响的议题（例如对元代多族士人圈的探讨）等。关于蒙古帝国及其影响的讨论基本上相当罕见，相关书籍更为匮乏。

而在《游牧民的世界史》一书中，作者除了介绍欧亚游牧民族的历史，还不时穿插各种小记。这些小记一方面是作为背景知识的补充，另一方面也透过引入日本读者熟悉的日本历史与文化个案，建立读者与书中主题的链接。虽然这些个案对两岸的读者来说也许并不熟悉，因此缺乏共鸣。但笔者更翘首期待未来中文世界能够出现更多类似的自编读物，能有中国学者结合两岸读者熟悉的历史文化背景来写作这类历史书籍。相信这将使两岸读者更易于掌握这些知识，并能带来更为多元的历史观与世界观。

此外，就现实意义来说，今天无论是中国首倡的"一带一路"（即"丝绸之路经济带"与"21世纪海上丝绸之路"两者的简称）或是俄国所倡议的"欧亚经济联盟"（Eurasian Economic Union），内陆欧亚都是重要组成部分，并且是蕴藏丰富能源与矿产的战略地带。该书对想了解这个区域的两岸读者来说，也大有裨益。

本章原题《游牧民的世界史·导读》，原载《游牧民的世界史》，杉山正明著，黄美蓉译，第三版，台湾广场出版社，2015年，第 XI—XXI 页。

丝绸之路的两种历史诠释

　　丝绸之路（Silk Road），又称丝路。1877 年，德国探险家与地理学家李希霍芬（Ferdinand von Richthofen）首次使用"丝绸之路"（德语 *Seidenstrasse*，有时以复数形 *Seidenstrassen* 出现）一词。虽然他在著作中并未将该词用来指称汉代以后的情况，但后人引申其用法，而使丝绸之路成为描述中外交通史上最常见的词汇之一。

　　近来，丝绸之路从历史又重新进入当代中国人的视野当中。2014 年 6 月 22 日，中国、哈萨克斯坦与吉尔吉斯斯坦三国共同申报的"丝绸之路：起始段和天山廊道的路网"，与大运河双双登上世界遗产名录。其中，中国境内共有 22 处考古遗址与古建筑名列其中，分布于河南、陕西、甘肃、新疆等省区境内。另外，6 月 28 日，在北京由中国人民大学主办的"丝绸之路经济带的建设与未来：12 国智库论坛"上，由中国、俄罗斯、伊朗、阿富汗、中亚五国、巴基斯坦、印度与美国 12 国 40 余名学者共同提出了一份研究报告，建议"丝绸之路经济带"建设可采取三步走策略，在 2049 年初步完成。

然而对今天的一般大众而言，除了作为已衰微的尘封历史或新兴的经济口号与世界遗产，丝绸之路的历史能够带来什么样的启发呢？有鉴于此，本文希望透过回顾近年出版的两部著作，帮助读者重新认识丝绸之路的历史。

2010 年由牛津大学出版社推出的《世界史上的丝绸之路》[1] 是为欧美大学生与一般大众所写的轻学术读物，介绍丝绸之路的起源与衰微，及其在世界史上的地位。如果读者对丝绸之路历史已有一些接触，而想要进一步了解的话，这本书的长度倒是很适合。

该书作者刘欣如曾任中国社会科学院世界历史研究所研究员，现任美国新泽西学院历史系副教授，以中印文化交流与丝绸之路历史研究著称。在该书中，作者描绘了传统学界对丝绸之路的印象，将丝绸当作丝绸之路历史的主角贯穿全书，旁及

1　Liu Xinru, *The Silk Road in World History*, New York: Oxford University Press, 2010.

宗教与其他物品的传播。简而言之，对作者而言，丝绸之路的历史是一部走向衰微的历史。

第一章"中国放眼西方"从丝绸之路东端说起，讲的是中国读者比较熟悉的故事。作者从公元前 600 年骑马技术开始在欧亚草原传布说起，首先勾勒了中国战国时代北方农耕人群与草原游牧之间的早期交流，特别是马匹与军事技术，例如赵武灵王胡服骑射一事。接着叙述了定居的秦汉中国与游牧的匈奴帝国之间的竞逐，特别是汉武帝遣张骞通西域一事。张骞的出使让汉朝与月氏得以建立关系。后来双边的贸易开始活络起来。罗马的玻璃器具、印度的棉织品、香料与宝石也开始输入长安。而汉朝的丝织品也开始销售西方。这正是丝绸之路得名之因。此外，出于军事需求，汉朝也对中亚的马匹需求孔亟，也因此才会有远征大宛（位于今费尔干纳地区）。而这些西域的奇珍异物也使汉朝士人对西方感到好奇。东汉班超遣甘英往大秦（即罗马帝国）却未能渡海完成使命，则是在中外交流史上传颂不绝的故事。

第二章"罗马放眼东方"则从丝绸之路西端说起，内容是罗马帝国对中国的想象。当时的罗马帝国对中国与蚕丝了解很少。例如，罗马学者老普林尼（Pliny the Elder）在他的《自然史》一书中误认为蚕丝是中国人在森林中采集的毛料。公元前 1 世纪罗马从共和走向帝制时，也同时往东方扩张。伴随罗马帝国兴起的，是对包括中国的丝绸以及产自东亚与阿拉伯的乳香和没药等香料在内的大量奢侈品的需求。因此罗马帝国对东方的重要商队据点加强控制。位于波斯北部的游牧民族所建立的安息帝国（Parthian Empire）成为其主要对手。作者基于《红海航海记录》（*Periplus of the Red Sea*，又称《厄立特里亚航海记录》），介绍了如位于叙利亚的佩特拉（Petra）、巴尔米拉（Palmyra），阿拉伯南部的穆萨（Muza），印度的婆卢羯车（Barygaza）、巴别尔孔（Barbaricum）等海上贸易据点。罗马的海上贸易与中亚丝绸之路贸易两条路线，最后在婆卢羯车与巴别尔孔两地交会。

第三章"贵霜帝国与佛教"讨论贵霜帝国（Kushan Empire）崇奉佛教与丝绸之路商业兴盛的关系。公元 1 世纪中叶代月氏而兴起的贵霜帝国，以一个游牧民族政权之姿成功控制了以定居农业为主的大夏地区（Bactria）。贵霜帝国的传统宗教以祖先崇拜为主，并且信奉上天。然而贵霜国王对其他宗教采取开放的态度，因此希腊神祇、祆教与佛教等在其境内都受到保护，特别是大乘佛教在贵霜王朝治下得到长足的发展。在其治下兴盛的国际贸易与繁荣的都市都有助于佛教向印度以外的地区推广。例如，佛寺常常成为商人行旅的休息站。丝绸也成为一种地方交易的货币。值得一提的是，早期许多来到中国弘扬佛法的僧侣皆来自伊朗的安息帝国，这也为后来景教与摩尼教传入中国铺路。

第四章"黄金时代的露头"讲述，早期由汉朝、贵霜、安息与罗马等帝国所创建的丝绸之路,至公元 3 世纪时衰微,主因是当时这些帝国先后崩溃。汉朝与西罗马帝国衰亡后,丝绸之路就由波斯的萨珊王朝(Sassanid Dynasty)与信奉摩尼教的粟特(Sogdians)商人所掌控。公元 5 至 8 世纪为粟特商人的黄金时代。当时萨珊王朝的钱币与丝绸成为丝绸之路国际贸易中的主要通货。公元 6 世纪东罗马帝国(或称拜占庭帝国)在查士丁尼大帝(Justinian the Great)统治下重振声势,丝绸则在宗教与政治上成为重要的象征物品而需求大增,特别是紫色的丝绸后来被查士丁尼大帝谕令成为国家独占的物资,养蚕业也被引入,但其规模仍不足与中国的相提并论。

当时最为风行的丝织品之一,是产自布哈拉(Bukhara)附近之赞丹村的赞丹尼奇(Zandaniji),其纹饰以鸟、羊等动物为主,但所用颜料与丝线来自中国。赞丹尼奇遍布于整个欧亚的考古遗迹当中,甚至见于青海的早期吐蕃贵族墓穴中。因此可以说,在当时充满政治动乱的时代中,丝绸之路贸易仍然维持不坠,表示丝绸之路已发展成熟。其活力是来自市场的需求,而不像过去仅仰赖帝国的支持。

第五章“欧亚丝绸市场的转变”讨论公元 7 世纪至 12 世纪间,欧亚市场的转变与新货物的流行。在这个时代中,丝绸之路东部与中部的局势都有所改变。东方有唐朝的统一,而伴随着伊斯兰教的创立,在中东有阿拉伯帝国(即中国古代所称的大食国)兴起,并且东进控制了中亚地区。到公元 8 世纪末期,丝织业的技术已在中亚、中东与北非等地广为流传，中国独占的情势不再。然而阿拉伯帝国对丝绸的接受度在开始并不太高。早期在倭马亚王朝（Umayyad Caliphate）时代，由非穆斯林制作的丝绸织锦常常以人与动物的形象作为装饰，这就触犯了偶像崇拜的禁忌。其次则是穿戴丝织品是否过于奢侈的争议。这些争议直到后来的阿拔斯王朝（Abbasid Caliphate）才逐渐消失。

伊斯兰教盛行于中亚与中东的结果，改变了丝绸之路的人文地理。在贸易路途上，清真寺逐渐取代佛寺，此外波斯语取代了粟特语，成为丝绸之路上的通用语。丝绸不再是唯一主要的货品，瓷器和茶逐渐成为国际贸易的新宠。而随着海上贸易的逐渐发达，骆驼与马匹不再是有利可图的运输工具。

第六章"蒙古与丝绸之路的黄昏"讨论了蒙古帝国的兴起与欧亚世界的新局面。蒙古人征服了金朝、南宋、中亚、中东与俄罗斯。蒙古帝国的创建者成吉思汗大力推广商业。蒙古帝国的首都哈剌和林在当时成为丝绸之路货物的集散地。蒙古人特别喜欢伊朗与中亚河中地区所制作的"纳失失"（nasij），其特征为使用金丝线于织锦上。中亚河中地区的丝织工匠也被遣送到华北的荨麻林与弘州等地生产丝织品。另外，虽然蒙古帝国并不是一个海上强权，但蒙古大汗十分注意海上交通与贸易，许多西亚商人来到中国东南沿海定居经商，蒙古政府也从中征税获利。然而在14世纪30年代，饥荒与洪水在中国境内肆虐，并且导致民变。1368年明军攻陷大都，元朝退回漠北。其他蒙古汗国也相继崩溃。中亚仰赖陆路贸易的商队城镇与宗教设施逐渐衰微。这也是陆上丝绸之路的黄昏。

　　简言之，对该书作者刘欣如而言，丝绸之路在世界史上的历史就像是一出美人迟暮的悲剧。她曾经耀眼过，但到 14 世纪后期蒙古四大汗国解体，陆路商业失去了重要性后，就淡出了历史舞台。这也是传统学界的看法。然而作者在书首自言，丝绸之路是一个链接中国与地中海的陆路与海路商业系统。就算如作者所言，丝绸之路的陆路贸易走向黄昏，但海路贸易似乎仍旧持续发展。

　　这样一来，读者很容易产生一个问题，即丝绸之路是否真的如作者所言，在 14 世纪时就已衰微？针对这个问题，在以下要介绍的另一本书中，读者们将会看到与传统叙事不同的丝绸之路历史。

　　2013 年由牛津大学出版社推出的《丝绸之路》是新近出版的一本为普罗大众所撰写的丝绸之路简史。[1]作者为曾任美国内陆欧亚学会会长的乔治敦大学历史系教授米华健（James A. Millward）。在该书中作者描绘了丝绸之路从古至今虽然在发展上历经波折，但仍旧保持繁荣的景象。

1　James A. Millward, *The Silk Road: A Very Short Introduction*, Oxford and New York: Oxford University Press, 2013. 中文版参见马睿译《丝绸之路》，译林出版社，2017 年。

第一章"环境与帝国"从 2002 年在美国首府华盛顿举行的一个以丝绸之路为名的庆典谈起。作者试图打破过去对丝绸之路的迷思，例如，虽然丝绸之路以丝绸为名，但实际上丝绸并非最具影响力的货物，诸如被驯化的马匹、棉花、纸和火药都在世界史上起过重要作用。丝绸之路也不是一条或多条固定的商路，而更像是由一连串货物集散地构成的网络。作者更将这些活跃于丝绸之路上的人们称为原初的全球化者（proto-globalizers），并认为在丝绸之路的历史上，定居的农民与游牧的牧民之间的关系是很重要的影响因素。定居的农业社会对这些与自己不同的游牧牧民充满了鄙夷与歧视，并反映在史书记载上。另外，由游牧民族所建立的内亚帝国与多样化的宗教领域也是丝绸之路的特征。

第二章"丝绸之路荧光闪耀的时代"探讨丝绸之路历史的分期方式，作者将其分为六大时期。（1）早期印欧游牧民时代（公元前 3000 年至公元前 3 世纪），以斯基泰人为主，面对的对手是波斯阿契美尼德王朝。（2）古典丝绸之路时代（公元前 3 世纪至公元 3 世纪），以匈奴、月氏与贵霜为主，面对的是秦汉中国、波斯安息帝国与罗马帝国。在这个时期，丝绸之路贸易网络逐渐开展，各种宗教与地理知识也得到广泛流传。（3）所谓的黑暗时代（公元 3 至 5 世纪）。作者挑战了过去认为这个时期为丝绸之路衰退期的说法，认为这只看到了丝绸之路两端汉朝与西罗马两大帝国的崩溃以及两者间随之而来的交流减少，而忽略了中亚的嚈哒（Hephthalites）与波斯的萨珊王朝仍然强盛，这两者掌握了当时的丝绸之路贸易。（4）中世纪的世界主义时代（公元6至10世纪）。自公元6世纪以来，隋唐时代的中国重新回到大一统局面，丝绸之路贸易与佛教文化兴盛，而路途中的众多佛像洞窟更让丝绸之路成为"神明之路"（"spirit road"）。可以说，唐朝不仅输出了汉文化，也同时扩散了丝绸之路文化（包括回鹘与粟特文化）。在中东，阿拉伯帝国与伊斯兰教崛起。且伊斯兰教扩张到中亚，布哈拉成为伊斯兰教的中心之一。（5）蒙古世界帝国时代（公元13至14世纪），游牧的蒙古人征服了欧亚，创建了前所未见的大帝国。蒙古帝国的领土内，有着共同的通讯、行政体系与共同的法律、税务与财政制度，这大大促进了丝绸之路贸易发展。许多西方商人来到东方经商，其中以马可波罗最为著名。（6）草原的封闭时代（公元16至19世纪）。在这个时代，欧亚的游牧民族逐渐被四周包括俄罗斯帝国、清朝、莫卧儿帝国、奥斯曼帝国与伊朗萨法维王朝等在内的定居民族所征服，但丝绸之路并未因此而衰微，欧亚大陆的交流反而更加密切。

第三章"生物丝绸之路"从乌鲁木齐的二道桥大巴扎贩卖的马奶酒在丝绸之路历史上流传的悠久历史说起。作者在这章中关注丝绸之路上的食物与生态交流。例如，一般人可能知道西红柿是从美洲传入的作物，但可能很少人知道，自1990年以来乌鲁木齐已成为世界上最大的西红柿产地之一。塔里木盆地发现的木乃伊可能是与贵霜帝国或月氏相关，使用吐火罗语的原印欧民族人士。另外，细菌战也不是现代人的发明。早在1346年，蒙古人进攻克里米亚的卡法（Kaffa）时，就已透过将死于鼠疫的尸体投射入城中，引发鼠疫，借以迫使城中居民早日投降。中世纪鼠疫流行于欧亚大陆，也是丝绸之路交流的结果。最后，包括葡萄酒、饺子与馒头等饮食，都以不同形式流行于丝绸之路各大文明中。

第四章"技术丝绸之路"讨论科技与器物在丝绸之路上的流通。在日常器物上，例如，椅子随着佛教从印度传入中国。除了丝与丝绸，纸的生产制作技术和活字印刷术的传播也很重要，撒马尔罕在中世纪成为丝绸之路上重要的造纸重镇。在医学上，不可忽视体液医学与天花防治的技术。过去在内亚，无论是贵族或百姓，染上天花的死亡率都相当高。直到清代，六世班禅与顺治皇帝都死于天花。这也导致清朝在挑选皇太子时，曾经出痘与否是个很重要的因素。康熙皇帝之所以能够在顺治皇帝驾崩后入继大统，年幼曾经出痘痊愈正是原因之一。在军事上，战车与青铜冶金术的发展、马刺的使用、火药的传播如何帮助欧亚君主达成中央集权等课题，都是本章的重点。

第五章"丝绸之路上的艺术"探讨不同艺术形式在丝绸之路上的传播与转变。例如，印度佛教中的本生故事（梵文作*Jātaka*，原书中误作*Jākata*）在中国的翻译与阿拉伯《天方夜谭》的变形。中世纪流行于东亚与欧洲的白话文学也有其印度与希腊源头。在音乐上，有起源于阿富汗的鲁特琴（Lute）如何变成中国的琵琶、波斯的巴尔巴特琴（barbat）与阿拉伯乌德琴（oud）的故事。在视觉艺术上，有贵霜帝国时期融合印度、伊朗与希腊风格的犍陀罗艺术，有源自隋唐时期的敦煌而在蒙古时期传播到中亚与欧洲的三兔图。另外还有波斯细密画与青花瓷如何透过丝绸之路传播于欧亚大陆的讨论。其中青花瓷正是欧亚文化融合的产物代表：青色颜料与图案主题来自波斯，瓷器来自中国。在明代，景德镇大量生产这类青花瓷，外销到波斯萨法维王朝。

第六章"丝绸之路何去何从"评论了16世纪迄今的丝绸之路历史。作者认为，从9世纪的沉船遗迹看来，海路贸易与陆路贸易事实上自古以来就并存着，两者并非互相取代，而是互补关系。过去的丝绸之路交流其实和今天的全球化性质类似，只是在形式上更为广泛。过去印度佛教传入中国与20世纪初马列主义从苏俄传入中国，两者同为跨文化的欧亚宗教与思想交流，在性质并无二致。据此，作者最后为该书下了一个结论：丝绸之路不死，且其扩张无远弗届。

上述二书算是近年来在丝绸之路历史研究中在观点上对比性比较强烈的作品，因此笔者特意挑选了这两本书放在一起做比较。回到主题，从本文开头提到的当今丝绸之路热议看来，似乎是米华健的复兴论较刘欣如的衰微论占上风。不过毕竟这都是学术讨论，从不同的角度与专业会看到不同的面貌，也因此永远存在讨论的空间。

　　一般读者从上述历史中可以看到，虽然丝绸之路上充满了疾病、战争与危险，但仍旧有许多人活跃着。他们所抱持的精神，诸如互助互利、开放交流与冒险进取等，也许是我们从这段历史中所能得到的重要启发。

　　本章原题《提到丝绸之路只想到丝绸？该读书了》，原载《澎湃新闻·私家历史》2014 年 9 月 15 日。

欧亚皇室狩猎的长时段历史

    2016 年，一部由英国记者贝尔执导的纪录片《女猎鹰人》，在世界各地（尤其是欧美）引起了注意。[1]

    该片叙述的是蒙古国一名 13 岁哈萨克族少女艾肖潘（Aisholpan Nurgaiv）跟着父亲学习，成为家族中第一位女猎鹰人的故事。该家族过去 12 代人皆以此为业，但这项技艺原本只传子不传女。这个挑战性别分工壁垒的故事感动了许多人，英国广播公司（BBC）也有报道。[2]2017 年 11 月 9 日，蒙古国总理

---

1 Otto Bell, *The Eagle Huntress*, New York: Kissaki Films, 2016.

2 Stephen Mulvey, "Is the Eagle Huntress Really a Documentary?" *BBC News*, February 6, 2017, https://www.bbc.com/news/magazine-38874266.

呼日勒苏赫（Ukhnaagiin Khürelsükh）特别接见了艾肖潘，并且称赞她所主演的纪录片使全世界进一步了解蒙古国。[1] 然而，如果我们将这则女猎鹰人的故事放在历史当中考察，就会发现猎鹰这种习惯也流行于过去欧亚帝国的皇室当中。

过去，狩猎流行于欧亚皇室之中，蔚为风尚。然而少有作品能够利用各种欧亚语言的原始材料与二手文献，撰写一部综合性的专著来探讨这个主题。直到托玛斯·爱尔森（Thomas T. Allsen，1940—2019）于 2006 年出版《欧亚皇家狩猎史》[2] 一书，我们才有了一部从理论建构到实例研究都堪称完备的研究专著。

该书作者为美国新泽西大学历史系名誉教授，是著名的蒙元史与中世纪史专家，过去主要关注政治、新商业与文化领域。因此该书算是他立基于政治史，而转向环境史与动物史的力著。社科文献出版社甲骨文工作室慧眼独具，于 2017 年 9 月发行该书的简体中文版，让广大的中文读者有机会接触到该书所探讨的悠久欧亚狩猎文化传统。

该书源自作者对蒙古的皇室狩猎及其背景的研究，所讨论的时间从古埃及、两河流域、印度与中国文明开始到 19 世纪前半叶，时间跨度长达将近 4000 年，在进路上也类似费尔南·布

1　Aminaa.K, "Eagle Huntress N. Aisholpan Receives Offers from Harvard and Oxford", *Montsame*, November 9, 2017.

2　托玛斯·爱尔森：《欧亚皇家狩猎史》，马特译，社会科学文献出版社，2017 年。

罗代尔（Fernand Braudel）的长时段（*la longue durée*）研究。在地域上，皇室狩猎情结的特征是在美索不达米亚、小亚细亚、伊朗、印度北部等核心地区发展起来的，也影响到古代中国与朝鲜等地。该书探讨了狩猎对欧亚皇室的政治意义。作者主张，在欧亚历史上，政治权威的运作、对自然环境的利用和文化融合，彼此之间有着紧密的联系。

作者在书中将人类狩猎的目的分为三类，即追寻蛋白质、追逐利润与权力。作者指出，虽然狩猎可以出于经济目的或政治目的，但这两种类型也常常会混合。该书探讨的皇室狩猎的影响范围，基本上随着时间和地域有些微变化。例如，狩猎在古典时期的希腊罗马就不具备政治与军事功能，这也许与当时欧洲环境缺乏大型猎物以及重视步兵而非骑兵有关。欧亚皇室狩猎，时间则从三周到三个月不等，捕猎方式多半是骑马或驾驶马车进行围猎，动员人数多半在一万人左右。狩猎的场所分两种：一是公开的乡间区域，二是安全的人造狩猎园（paradise）或狩猎场（hunting park）。狩猎场作为皇室狩猎与享乐的私人区域，也是一种权力的象征，里面囊括了统治者所掌控的各种自然资源。

作者介绍了皇帝狩猎时的许多动物搭档，其中包括了猎犬、鹰隼、大象与猎豹。同时也说明了人类是如何驯化这些动物的，例如，驯鹰师会将猎鹰的眼睑封起来，以便让它适应人的存在，在这段时间只能由驯鹰师给它提供食物。等到它习惯人类之后，才开始训练它狩猎。照料与训练这些狩猎动物的人并非卑贱的仆役，而是地位尊贵的侍从与官员。为使猎场能永续经营，皇室也会保护猎场的生态环境，这包括限制平民进入皇家猎场狩猎以及保护猎场内部的自然生态。战争与宗教在这种保护中也起了重要作用。农业开垦对猎场的生态保护危害最大。

作者讨论了不同狩猎活动中所体现的文化、种族与社会身份。以狩猎为生的人被认为是低贱的。例如，《蒙古秘史》中记载成吉思汗铁木真年幼落魄时，也曾被迫以狩猎采集为生。然而出于游乐与彰显权力的狩猎则被认为是王公贵族的专属事业。在狩猎中某些动物本身被认为具有超凡的力量，并且与神秘力量相结合。例如，白象在南亚与东南亚就被认为是一种政治动物。莫卧儿帝国的阿克巴大帝意图控制白象，以彰显其对自然力量的控制力。皇帝对动物的关注与控制，还和由来已久的宇宙王权（cosmic kingship）概念有关。这种皇帝透过狩猎建立的权威也会渗透到一般大众当中。例如，皇帝每次狩猎的安然归来象征着他被神灵眷顾，以及他具有控制荒野自然的能力。但大众对皇家狩猎活动的态度则带有矛盾之处：这类活动虽然造成了人民的负担，但也控制了有害动物的数量。

作者探讨了外出狩猎本身作为一种巡查的功能与意义。皇帝一般在野外都居住在豪华的宫帐之中，例如，在莫卧儿帝国的阿克巴大帝统治时期，每座宫帐都需要配备"100 头大象、500 匹骆驼、400 辆马车、100 名脚夫、500 名士兵和 1830 名侍从"（第294页）。然而皇帝出猎也是政敌发动政变的好时机。此外，狩猎与战争之间的关系也很密切。在古代，猎手在军队中都是优秀的士兵。游牧民族由于保留了狩猎传统，因此也具备较优越的武力。每次出猎都被视为是一次小型的军事演习，甚至有名为出猎，实为战争的情形。各国皇室间会彼此交换动物，其中包括狮子、长颈鹿、猎犬、猎鹰、大象与猎豹等，还会彼此交换驯兽师，交流训练技术。

最后，作者从宏观历史与深层历史的角度来看皇室狩猎。作者认为，皇室狩猎在欧亚大陆上的传布与流行实际上更早于"哥伦布大交换"的发生，也是最初的全球化现象。这种皇室狩猎的国际标准之形成，除了有前述的人员与动物交换，还包括各种艺术媒介与视觉表述，并成为上层社会的共同话题。进入19世纪后，随着国际关系与战争活动的新标准出现，皇家狩猎活动在功能上受到了严重的削弱，最终逐渐退出历史舞台。

作者在解释欧亚皇家狩猎何以能持续将近4000年之久时，归因于这个活动本身的意义多样性。因为皇家狩猎具有许多目的，不仅能提供娱乐消遣，还能让人逃避使人不快的社会情况。参加皇家狩猎是社会地位的标志，皇家狩猎活动本身则可以作为军事演习，并且宣示统治合法性。作者没有提到的一种功能是，它也可以作为帝王逃难的托词。咸丰十年（1860年），英法联军攻陷北京，咸丰皇帝自圆明园仓皇逃亡热河。但为维持体面，对外发布的说法仍是仿效先祖，行木兰秋狝（清帝在承德地区的秋季狩猎活动）之俗。隔年，咸丰皇帝在避暑山庄中驾崩，与其祖父嘉庆皇帝同样在"皇家狩猎"过程中过世。

　　回到文章一开始所提到的鹰猎习俗，其实从古至今，鹰隼就是许多游牧帝国统治者出猎的好搭档。在 1280 年画家刘贯道所绘的《元世祖出猎图》中，就可以见到忽必烈的随从带着白海青和鹰隼随行打猎，另有猎豹踞坐在马背上，随时可以被放出去追逐猎物。地上还有猎犬。画中忽必烈与其后妃、随从在塞外游猎，有随扈弯弓搭箭瞄准猎物，蓄势待发。有的随扈马上已挂着猎物，成果丰硕。有的随扈则执矛在旁警戒。虽说是出猎，但人人分工有序，各得其所，亦得寓战于猎之真意。

　　在讨论国际猎犬的交换网络时，作者谈到 1720 年俄罗斯帝国曾经赠送给清朝皇帝 24 只猎犬。然而清朝皇帝不仅喜欢搜集各地的猎犬，甚至还会进行比较。例如，清代《宫中档康熙朝奏折》中收有一件满文奏折，内容是闽浙总督觉罗满保在康熙五十六年（1717 年）曾派千总李岩（满文音译）去台湾觅寻善跑的麻达番子。[1] 这些麻达番子的作用应当类似于元代宫廷中的贵赤或贵由赤，以健走善跑参与打猎。不过在这过程中还找到了四只台湾的猎犬，且留下了"试看犬时，虽然跑得不快，但咬物尚有力"的记录。最后他选了四只咬物有力的狗，与七名番

1　原折参见洪安全主编《清宫宫中档奏折台湾史料》，台北故宫博物院，2001年，第 1 册，第 86—87 页。

子一并交付千总李岩带往京城，进呈康熙皇帝御览。但康熙皇帝试看过后，对那些狗不甚满意。在觉罗满保进贡清单中，康熙皇帝特别在最后一样贡物"台狗肆只"之下批示"不及京里好狗"。[1]康熙皇帝日理万机，却还能拨空试看台湾猎犬的狩猎能力，也算是展示了他热爱狩猎活动的一个侧面。

作者认为，狮子在中国一向是强权的象征，如武则天陵即有一对石狮守卫，这一方面是受佛教的影响，另一方面也体现皇帝的威严。然而，在中国历史上只有少数几个朝代将狮子视为权力象征。

陈怀宇在他的《动物与中古政治宗教秩序》一书中，就曾经与作者商榷，并认为在汉唐之际的中古中国，其实猛虎才是最重要的政治权威与权力象征。这一方面是自商代以来的历史传统，另一方面，虎的名号与形象在王权礼仪和装饰物中频繁出现。猛虎在中国观念中作为众兽之王，在许慎的《说文解字》中被称为山兽之君，其实相当于狮子在印度的地位。北朝时期南下进入中原的游牧民族首领以虎为名号，亦所在多有，如羯胡的石虎与铁弗的刘虎等等。这些人名中的虎字，很可能并非名字，而是代表首领的官号。而自汉魏以来，虎贲在作为皇权最高象征的九锡中占有一席之地，它与猛虎之间也具有紧密关

1　台北故宫博物院编辑委员会编《故宫台湾史料概述》，台北故宫博物院，1995 年，第 271 页。

联。另外，旌旗上的猛虎装饰，以及虎皮作为太子、公主等皇室成员纳采的礼物，也都代表了虎在中古政治上的重要性。[1]

作者没有讨论到的一点是，对来自内亚的统治者而言，狩猎还是他们传统文化与民族认同中的一部分。中国的士大夫曾批评说，皇家狩猎活动开销庞大，大型猎场剥夺了民众使用森林的机会，且征收了农业用地，作者在第五章中分析了这一类批评意见。

这种狩猎传统与定居农业利益对立的情况在征服王朝中更加明显。美国清史学者欧立德（Mark C. Elliott）与华人学者贾宁（Chia Ning）合著的《清朝的木兰秋狝》一文就探讨了这种冲突以及清朝皇帝对木兰秋狝的态度。[2] 康熙皇帝曾训谕其后裔要尊重木兰秋狝的讲武传统。乾隆皇帝也曾经表示木兰秋狝是"祖制""家法"。但这种做法也招来了朝中大臣的批评，认为皇帝此举乃浪费钱财、耽于游乐之举。嘉庆皇帝于 1807 年在木兰围场所立的《木兰记碑》中不仅重申先祖的讲武思想，而且还对自己的出猎行为加以辩护："夫射猎为本朝家法，绥远实国

1　详见陈怀宇《装饰与象征：中世纪视野中的猛兽与王权》，《动物与中古政治宗教秩序》，上海古籍出版社，2012 年，第 258—313 页。

2　Mark C. Elliott and Chia Ning, "The Qing Hunt at Mulan", in James A. Millward, Ruth W. Dunnell, Mark C. Elliott, and Philippe Forêt, eds., *New Qing Imperial History: The Making of Inner Asian Empire at Qing Chengde*, London and New York: RoutledgeCurzon, 2004, pp. 66-83.

家大纲。""每岁秋狝,不逾二旬,驻营莅政、阅本、接见臣工,
一如宫中,不致稍旷庶事。岂耽于盘游,贻五子之讥哉!"[1]这也
提醒了我们在狩猎行为评价上所彰显的清代满洲统治者与汉人
朝臣之间的差异。

该书充满各种动物学名与各种欧亚语文的名词转写,译者
马特将该书迻译为中文,想必花了不少心血。不过有些翻译仍
有可以商榷之处。

例如,第 2 页的"田园主义",原文为 pastoralism,此处可
能是与文学中的田园主义混为一谈了,应译为畜牧或牧业,后
文中的田园亦适用此译;后面的"游牧时代",原文为 herding
stage,译为放牧阶段较佳。第 3 页,hunter-gathering,一般译为
狩猎采集。而 ethnographer,该书译为人种学者,此为旧译,译
为民族志学者较佳。第 6 页,Carpini,该书译为卡尔皮尼,一般
译为柏朗嘉宾。第 33 页,deer calling,该书译为喊鹿,译为哨
鹿较佳。第 67 页,孛罗·阿洽(Bolad Aqa),应译为孛罗·阿
合。第 351 页,1712 年清朝使节图里琛所出使的是位于伏尔加
河流域的卡尔梅克蒙古(Qalmaq),而非喀尔喀蒙古。第 383 页
插图所用的《元世祖出猎图》现藏于台北"故宫博物院",而非
北京故宫博物院。

<hr>

1　详细碑文参见故宫博物院编《清仁宗御制文二集》,《故宫珍本丛刊》第
　580 册,海南出版社,2000 年,第 4 卷,第 9a—12b 页。

　　总而言之，该书梳理了欧亚历史上受到忽视的一个领域，不仅在时间跨度上暗合近几年来欧美史学界对回归长时段历史写作的呼吁，同时也与近来的环境史与动物史转向能够有所对话。推荐该书给所有对人类狩猎、动物与自然环境历史有兴趣的读者。

　　本章原题《觅食、享乐与权力：欧亚皇室狩猎的长时段历史》，原载《经济观察报·书评》2018 年 2 月 28 日。

中心的转移与现代东亚的形塑

近年来，两岸出版界分别从海外引介了许多从宏观视角叙述中国与世界历史的套书。

以中国大陆为例，2014 年广西师范大学出版社引进了十卷本《讲谈社·中国的历史》，2016 年中信出版社引入六卷本《哈佛中国史》，2020 年理想国和北京日报出版社引进日本讲谈社《兴亡的世界史》。在台湾地区，则有 2017 年台湾商务印书馆引进全套十二册日本讲谈社《中国·历史的长河》等。

这些作品的共同特点在于，试图跳脱传统以民族国家视角撰写历史的框架，而从外部立场（例如日本或美国）或其他历史动因（例如东印度公司与吉哈德）的视角来重述中国与世界历史。然而，市场上，以中文写就的类似原创作品相对较少。

2018 年 7 月由新星出版社所发行的《发现东亚》，是其中不可多得的佳作。

本书作者宋念申为美国芝加哥大学历史系博士，曾任美国马里兰大学巴尔的摩分校副教授，现任清华大学人文与社会科学高等研究所教授。其研究领域为晚期帝制与现代中国史，主要关注中国东北边疆。这本书原本是脱胎于作者在美国开设东亚史概论课程时的讲义，各章节也曾经在《澎湃新闻》上连载，后来结集成书，也因此，这本书的章节相当有系统。而且为了教学，书中不仅回顾了过往美国东亚研究的重要成果，同时展现了作者对这些研究典范的批评与思考。作者受到现今流行的区域史与全球史取向所影响，希望在这本书中探讨现代中国何以形成的问题，并期待能够把"中国"的经验汇聚成有普遍解释力的话语。而且把中国（以及日本跟韩国）放在区域和全球的框架中加以认识。

作者自言，自 18 世纪的孟德斯鸠以降，亚洲对西方人而言，一直都是作为对照组中的反题：一个专制、落后而愚昧的亚洲，相对于自由、先进、文明与进步的欧洲。但后来亚洲作为他称，逐渐被东亚各国所转化与接受，并且用以形塑自我认同。在这个过程当中，脱离亚洲与现代化被捆绑在一起，成为后来东亚历史的发展主轴。

作者将 1592 年日本丰臣秀吉入侵朝鲜作为现代东亚的起点。在此之前，以明朝为代表的中华天下秩序，仍然是当时东亚大多数精英确认身份的重要参照系。但日本首先公开挑战了这一秩序，使得东亚的格局开始震荡重组。日本逐渐游离于传统中国的宗藩体系之外，朝鲜虽然对明朝的援助感恩戴德，但随后满洲人（Manchurian）在中国东北崛起，取代明朝统治中国，使得朝鲜认为清朝不足以代表正统中华，进而逐渐发展出自己的独特意识。清朝的开疆拓土也逐渐使得汉人士人改变了对中国的认识，过往被视为蛮夷胡虏的东北、蒙古、新疆与西藏等地，如今也被接纳为中国的一部分。

即便到了清末，革命党人反对满人的异族统治，却接受了由清朝奠定的中国格局。其代表就是在辛亥革命成功后，革命党领袖孙文的立场从驱逐鞑虏转为五族共和。此后清末以降，西力东渐，东亚各国在救亡图存的焦虑与民族主义传入的背景下，走向了更加分歧的历史道路。

16 至 19 世纪的东亚以往一般被认为是个封闭保守的世界，然而作者在此借陈说自明末以降天主教传入东亚中日韩三国的过程，反思了这种陈说。在中国与日本，从原先耶稣会士作为中西文明交流的媒介，到后来分别被雍正皇帝与丰臣秀吉禁绝，背后有对天主教涉入内部政治过深的疑虑。在中国与韩国，天主教之所以受到拒斥，除了干涉政治外，还加入了与固有习俗与儒家思想相抵触的因素。这中间的过程并不是用闭关自守就能够概括的。作者也利用日本出现黑人家臣、茶叶在西方流行、烟草在东亚被接受，说明早期全球化中东西方密切的互动。而且透过对过去明清海禁情况的重新评估以及马戛尔尼使团的探讨说明，其实中国的海禁并未使中国自外于全球化进程中，中国闭关自守的印象是马戛尔尼使团之后才形成的。

此外，近世东亚停滞说在作者看来也是相当偏颇的。从思想层面来看，朝鲜的姜沆促成了朱子学东渡日本，明末清初的朱舜水促成了尊王攘夷的批判性儒学在日本的扎根。在中国明清时代，有江南风格与朝廷主流的对立。在日本江户时代，有迎合商人与一般大众偏好的浮世绘出现。另外还有考据学与实学在东亚的流行，等等。这些都说明，近世东亚虽然并未按照欧洲版本的"普遍"模式向现代化转变，但这并不代表东亚思想界内部也是停滞而封闭的。

1840 年，清朝在鸦片战争中败给了英国；1853 年，日本在美国的逼迫下被迫开国。1895 年，清朝与日本签订《马关条约》，朝鲜脱离了中国的宗藩关系。对作者而言，东亚三国在面对西方的冲击时，虽然都被迫回应，但实际上内外的危机对于各国的影响不一。例如，太平天国等内部危机对清朝影响更大；日本在应对内外压力方面比中国来得成功；至于朝鲜，则在外有日本、内有党争的情况下，虽然脱离了中国，但并未因此而取得真正的独立，反倒是成了日本的被保护国。但无论如何，东亚的世界观在 19 世纪末确实是有了重大变化，因为东亚区域权力结构崩坏，西洋不再是天下传统的一部分，而成为其相对的一面（洋）。原先一体多元的天下，变成东洋与西洋的二元对立，这是世界格局的新图景。

19世纪殖民现代性的冲击，不但使东亚原有的区域秩序加速崩溃，更重要的是彻底改变了东亚人理解自己的方式。以"物竞天择，适者生存"的社会达尔文主义为理论基础，欧美的民族主义输入了东亚，且在经过改造后，为东亚三国所接受。三个国家的历史也按照民族国家的理路来重新书写。就选择什么途径达成自身的现代化，东亚各国探求了从国家主义到共产主义的不同路线。

日本的大东亚战争未能变成超克现代的解放任务，最终失败。中国经此历程浴火重生，构建中华民族共同体的努力至今也还在持续中。朝鲜半岛在二战后面临被分割的命运，至今仍旧无解。东亚进入冷战后，中国和美苏之间的博弈，无法只用意识形态冲突或国家利益争夺来解释，而必须从19世纪以来的殖民与反殖民、霸权与反霸权的深化来理解。冷战期间的"东亚奇迹"也必须放在冷战格局下理解才适当。最终，作者提出，随着中国崛起，中国必然要面对当年困扰日本知识人的如何超克现代的问题。东亚很早就开始现代化，需要正视外部世界冲击，但外部世界冲击并非唯一的历史推动力。值得注意的是，东亚各国如何在外部冲击下将那些冲击引发的反应内化为本土历史动力的过程。

由于原先是课堂讲稿跟报刊文章，为拉近学生和大众读者与历史事件和人物的距离，作者在书中援引了许多流行文字

与影视作品。譬如作者提到，美国好莱坞电影《最后的武士》
（*The Last Samurai*）中，日本武士拒绝使用枪炮维护自己的荣
誉，但实际上，火器在 16 世纪后期的日本已风靡武士与大名阶
层，此例可以说明西方对东亚的香格里拉式幻想。在谈到韩国
与中国跟日本的关系时，他则举 2014 年的韩国叫座电影《鸣梁
海战》为例。1597 年，在没有明军参与的情况下，李舜臣率领
朝鲜海军在鸣梁打赢了一场对日胜仗。本片之所以受到欢迎，
一方面彰显了当下韩日关系的黯淡，另一方面，在韩国民族主
义高涨的背景下，淡化朝鲜接受明军援助的必要性，才能凸显
韩国的主体性。这样的写作笔法，相信更能契合读者熟悉的事
物，从而在他们阅读后留下更深的印象。

另外，笔者也想对书中部分观点做一些讨论跟补充。例如，
作者认为满族与蒙古族兴起的地区是大黑龙江地区，但作为满
族先世的建州女真，其实是在牡丹江、绥芬河与长白山一带兴
起的。不仅生态环境不同，生业方式也不一样。蒙古族主要以
游牧为主，满族则以狩猎采集为主。

谈到宗藩关系时，本书主要谈的是中日韩三国关系。实际
上，宗藩关系在清代的实践相当复杂，在内亚的实践也有特点。
中国社会科学院近代史研究所研究员扎洛就曾以不丹（清代称
布鲁克巴）作为清朝藩部西藏的属国的例子，探讨带有地域性

特征的清代喜马拉雅山宗藩关系模式。[1] 本书引用了美国耶鲁大学教授濮德培（Peter C. Perdue）的观点："宗藩制度是一种跨文化语言，使用者有相当大的灵活性来为不同的目的服务"。如其所论，我想，清代西藏与布鲁克巴的例子正可以作为东亚宗藩关系在内亚应用的一个补充。

总而言之，本书融合了最新的学界讨论成果与个人思考，对东亚如何进入现代的问题提出了具有特色的看法。不仅在写作上深入浅出，而且搭配了不少的时事与流行文化，不仅能做到雅俗共赏，而且适合作为大学东亚史课堂的教科书或补充教材。相信读者在读过本书之后，能够对明清以降的东亚局势和演变有概括的了解，而且能为更深入的思考提供准备。

本章原题《中华的失焦与现代东亚的形塑：＜发现东亚＞导读》，载《发现东亚：现代东亚如何成形？全球视野下的关键大历史》，宋念申著，台湾联经出版公司，2019 年，第 7—13 页。

1　扎洛：《清代西藏与布鲁克巴》，中国社会科学出版社，2012 年。

中 编

蒙古时代的先声与遗产

安史之乱至蒙古时代终结的欧亚历史趋势

近年来，中国台湾出版界引介日本历史学界的研究成果不遗余力。其中关于蒙古与内亚游牧民族历史的部分，以杉山正明教授的作品为主。

杉山正明，现为京都大学大学院文学研究科教授，专攻蒙古帝国史与内陆欧亚史。他曾于1995年以《忽必烈的挑战》一书荣获三得利学艺奖，2003年获得第六届司马辽太郎奖，2007年以《蒙古帝国与大元兀鲁思》一书荣获日本学士院奖，这是仅次于日本文化勋章的崇高荣誉。

今天摆在读者眼前的杉山正明所著《疾驰草原的征服者：辽 西夏 金 元》，是日本讲谈社中国史系列丛书的第八册，其日文原版于2005年发行，中国大陆稍早于2014年由广西师范大学出版社发行了简体中文版，由中国社会科学院民族学与人类学研究所的乌兰教授与内蒙古外国语职业学院的乌日娜两位老师合译，并由复旦大学姚大力教授撰写推荐序。[1]如今台湾商务印书馆引进了完整的讲谈社中国史系列，并且全部重译，这种大手笔在今日规模日益缩小的台湾地区出版界中，可以说是难能可贵。由于姚大力教授先前已针对该书的内容与写作立场做过评述，为免重复，本篇导读以介绍该书主要论点以及新近的相关研究成果为主，以供读者按图索骥。

该书的书名虽已提示了主要内容，但实际上所涵盖的范围要广泛得多。上自中唐的安史之乱，下至蒙古帝国的崩溃，都包含在这本小书中。该书除前言与结语外，正文共分为六章，书末附有主要人物略传、历史关键词解说与年表等，方便读者使用。

前言揭示了作者意图将这段六百余年的中国历史放在世界史脉络中考察的宏大构想。作者认为，在大元兀鲁思（即元朝）出现之前的中国是所谓的"小中国"。虽然唐朝初期曾经将政治势力扩张到中华本土（或译为中国本部）以外，但实际上这段时期相当短暂，只有三十年左右，仅能算是瞬间即逝的大帝国。

1　参见姚大力《推荐序：一段与"唐宋变革"相并行的故事》，杉山正明著《疾驰的草原征服者：辽　西夏　金　元》，乌兰、乌日娜译，广西师范大学出版社，2014年，第i-xvii页。

自中唐以降的中国，包括北宋与南宋的疆域在内，都相对较小，即便加上辽、金与西夏的领域，也顶多只能算是中型规模。到了元朝之后，无论是明或清，在疆域上都大为扩张。可以说，中华的领域自蒙古时代以降大为扩展，由"小中国"走向了多民族的"大中国"。

在这段时间内，欧亚世界发生了剧变。例如，由有粟特血统的安禄山发起的安史之乱失败了，但伊朗系领袖的举兵成功建立了阿拔斯王朝（Abbasid dynasty）。回鹘的衰微造成了突厥系人民往西迁徙，从长期的观点来看，这也造成后来突厥—伊斯兰时代的展开。契丹人建立辽朝，被女真人击败后又往西迁徙，在中亚建立了西辽。后来的蒙古帝国更是横跨了欧亚大陆。甚至欧洲文艺复兴时期由过去的神学思想朝理性思辨的转变，还有借由资本主义而诞生的观念，都是受到以蒙古为中心的东方影响。这些情况都说明中国史的发展对世界史所造成的影响，故有必要将中国史放在世界史的格局中来探讨。

在前言交代完了全书架构之后，第一章"巨大变貌的前奏"从时间尺度与历史分期来探讨唐朝史。杉山正明认为，唐初的世界帝国结构实际上并未持续到唐末。他也批评，已故东京大学名誉教授西嶋定生提出的以唐朝为东亚文化圈中心之说，实际上是一种日本人以汉字文化圈为出发的偏颇观点。册封体制论认为草原国家是受到唐朝册封的属国，也与事实相距甚远，回鹘与黠戛斯基本上与唐朝都处于对等关系。整个东部欧亚世界的大变动始于安史之乱。作者强调了安禄山出身为营州杂胡的文化与种族多元性，并且批评了汉文史料对安禄山的污蔑与偏见。安史之乱本身就具有某种国际化的特质，例如，唐朝仰赖了回鹘与大食的援军而得以获得最终胜利，但也因此受制于回鹘。唐代后期，东部欧亚形成了回鹘与吐蕃两强争霸的局面。9世纪中叶，回鹘与吐蕃这两大强权的崩溃，成为后来契丹与沙陀兴起的背景。

第二章"迈向契丹帝国的道路"以《将门记》与《扶桑略记》中记载日本已得知926年契丹灭渤海国的消息一事为引子，铺陈出当时契丹勃兴于东北亚的情势。稍早于923年，突厥系的沙陀军阀李存勖称帝，建立后唐，并且灭了由篡夺唐朝的朱全忠所建立的后梁政权，华北自此落入沙陀之手。作者特别强调，耶律阿保机在创立契丹帝国的过程中，突破传统草原的可汗选举体制，完成了中央集权。契丹帝国继承了自中唐以降在中国本部东北一带积蓄的多种族力量，采纳了来自燕地的韩延徽与韩知古等人的建议，建立起一个二元的畜牧、农业与都市的复合国家。然而沙陀系的华北五代政权仍旧是以农业为主的传统中国式国家。沙陀与契丹南北两大政权的争霸成为后来的历史基调。

第三章"迈向南北共存的时代"聚焦于沙陀与契丹之间的战争。基本上双方互有胜负，契丹虽占上风，但并不具有绝对优势。作者在此批评说，欧阳修《新五代史》与司马光《资治通鉴》记述偏颇，将契丹与沙陀的战争视为夷狄与中华之战。另外，作者强调了耶律阿保机崩逝后出身回鹘的述律皇后月里朵在维持辽朝声势与选择阿保机继任者方面的关键地位。耶律阿保机长子耶律突欲和次子尧骨之间的权力斗争造成了辽朝统治阶层内部的动荡。耶律突欲原先贵为皇太子，在契丹灭渤海国后负责治理在渤海故地新成立的东丹国，但治理成效不彰，又与月里朵太后关系紧张，最后在皇位斗争中败下阵来，后来甚至离乡投奔后唐李嗣源，被作者视为悲剧性人物。契丹一度成功使华北的沙陀政权后晋成为属国，直到1004年北宋与契丹签订澶渊之盟后，南北和平对峙的国与国关系才确立下来，而后蒙古帝国兴起才又打破这个局面。

第四章"造访已消失的契丹帝国——眺望历史与现在"有两条主轴，一为作者于2004年8月底至9月初在内蒙古造访了庆州（位于赤峰市巴林右旗境内）的白塔与庆陵、辽上京与耶律阿保机祖陵等辽代遗址。二为契丹辽朝的遗产与史论。作者感叹了辽史研究材料的稀缺，并认为蒙古帝国似乎不愿意见到有关契丹的历史材料传世。他认为契丹的国号先后共有三个，即"契丹国""大契丹国"与"大辽国"，每个国号的产生背后都有政治因素。最后作者总结说，契丹的前身为拓跋，其后继者是蒙古，但契丹不仅是内陆欧亚世界的继承者，同时也是唐朝的继承者，这点从耶律阿保机于唐朝灭亡后的907年即契丹大汗位，而且唐与契丹的皇帝陵形制相同可以得见。

第五章"亚洲东方的多国体系"讨论西夏与金朝的历史。作者认为党项人建立的西夏并未留下系统记载，而以西夏文写成的文书又多属断简残编，远不足以构建其历史轮廓，因此必须仰赖如《资治通鉴》一类的中国典籍。关键还在于，蒙古帝国并未留下太多关于西夏的记录。西夏对蒙古帝国的影响不容忽视，例如西藏文化就是透过西夏而传入蒙古帝国。至于女真人建立的金朝则在 1114 年由完颜阿骨打率领反抗契丹，并于 1125 年灭辽，1127 年灭北宋，取代辽朝成为东亚的强权。作者认为，除了宋朝，其实辽朝、西夏与金朝都具有中华色彩，也就是说，当时曾经存在着不同的中华国家，东亚可以被视为以澶渊模式为主的多国体系。

第六章"在横跨欧亚的蒙古帝国领域之下"探讨成吉思汗和他于 1206 年一手创建的大蒙古国如何成为横跨欧亚的大帝国。作者除提及金朝当时在章宗统治下专注于国内事务，未能防范成吉思汗一统蒙古诸部，还强调了高昌回鹘与契丹人投靠蒙古对后来帝国扩张的正面作用。后来蒙古西征灭西辽、花刺子模与西夏等。继任的窝阔台汗灭金朝，并且在蒙古本部建立新都哈剌和林，并命拔都西征，征服了钦察草原、俄罗斯与东欧。第四任大汗蒙哥派遣其弟旭烈兀进军伊朗，灭了阿拔斯王朝。到忽必烈汗灭亡南宋，蒙古帝国成为有史以来最为庞大的欧亚帝国，不仅统合了游牧、农业与城市地区，而且向海洋扩张。最终，蒙古帝国的崩溃与 14 世纪气候异常的小冰河期有所关联。

在结语中，作者认为，突厥与唐朝都是瞬间的世界帝国，霸权都是稍纵即逝。契丹国是一种统一草原与中华体系的新形态国家实验形式。沙陀政权内部比契丹更加复杂，但缺乏明确的国家计划，也缺乏军力与政治力一统诸势力。北宋继承了五代沙陀政权以来的形势，为从军阀手中夺回兵权而立下文治的立国方针，但也因此在军事上处于劣势。拜澶渊之盟所赐，才得以维持下来。西夏与金朝都是作为部族联盟与多种族的混合体国家，但两者在国家规模与地域上存在很大差异。特别是金朝，原先很有可能在辽朝的基础上持续发展，但由于内部无法整合，最终还是未能成功整合草原与中华世界。蒙古帝国在吸取了过往契丹与女真等国家的历史经验后，成功将草原、农业与城市整合起来，并且向海洋发展。即便在蒙古帝国崩溃后，明清中国、帖木儿帝国、莫卧儿帝国、奥斯曼帝国与俄罗斯帝国等都继承了蒙古帝国的多元复合国家与巨大版图的遗产。

严格来说，杉山正明该书的架构并不平均，从前述内容可见，全书用了将近一半的篇幅讨论契丹与辽朝，以至于分配给西夏与金朝的篇幅明显过于单薄。就算是关于辽朝的部分，也偏重于澶渊之盟以前的早期历史。作者为何选择这样的写作架构不得而知，但在笔者看来，要透过该书了解辽、西夏、金与元朝各自的历史面貌是有困难的。

作为读者，又如何定位该书呢？笔者建议，把该书视为一种理解中唐以来至蒙古帝国崩溃之历史趋势的视角。例如，由

"小中国"到"大中国"的演变。辽朝继承了自北魏以来渗透王朝的历史经验，发展出更为细致的草原、农业与城市的复合政体，以及多国共存的澶渊体系。到最后，蒙古帝国成熟发展为横跨欧亚大陆与海洋的大帝国，并成为近代世界的先声。循着这条主轴来阅读这本书，也许会比较容易把握全书重点。

接下来笔者想就杉山正明书中涉及的内容，谈谈其背景与近几年来的研究进展，作为读者未来的进阶阅读建议。

首先是有关安禄山的研究。杉山正明提到安禄山时，主要仰赖关西大学藤善真澄教授所著《安禄山：皇帝宝座的觊觎者》一书，该著中译本已由中西书局出版。不过杉山正明提及该著主张安禄山有糖尿病一事，经翻检该著中译与日文原版后仍未能寻得，该著仅提及安禄山疽病发作。是故，不确定杉山正明所述是否真为藤善真澄的主张。[1]

关于安禄山的研究，除了北京大学荣新江教授的增补重刊之作《安禄山的种族、宗教信仰及其叛乱基础》一文[2]强调安禄山叛乱以祆教作为号召以及其粟特血统，近年来较具规模的研究应属北京大学沈睿文教授著《安禄山服散考》一书。沈睿文

1　藤善真澄：《安禄山—皇帝の座をうかがった男》，东京：人物往来社，1966 年，第 217、275 页；中译本参见张恒怡译《安禄山：皇帝宝座的觊觎者》，中西书局，2017 年，第 198、252 页。
2　荣新江：《安禄山的种族、宗教信仰及其叛乱基础》，《中古中国与粟特文明》，生活·读书·新知三联书店，2014 年，第 266—291 页。

教授从人类学、考古学与历史学等角度研究安禄山，主张安禄山的诞生故事具有袄教色彩，被视为斗战神的化身。安禄山很可能是非婚生子，以至于生父不详。另外，从安禄山身患疽疾、目昏不见物与性情暴躁之病征，沈教授认为是安禄山奉行道教服散，并非患糖尿病所致，而且从唐玄宗长年赐丹、厌胜与赐浴安禄山之举看来，似乎是试图用道教来控制安禄山。[1] 这个推论比较大胆，也有书评予以商榷。[2] 不过在目前缺乏新的文字材料的情况下，沈睿文教授书中的跨学科取材与分析也算提示了未来相关研究的一种可能方向。

关于辽史方面的研究进展，最重要的应该属 2016 年作为二十四史修订工程成果之一的修订点校本《辽史》的出版。[3] 总其事的北京大学刘浦江教授于 2015 年 1 月病逝前完成了修订本的统稿工作，相信后来的学界同仁都会感佩其贡献。这次修订的《辽史》以百衲本为底本，以明代钞本与清代殿本进行校对，并且利用了传世文献与出土契丹大小字碑刻在内的出土文献进行参校，为后来的学者提供了极大的方便。[4]

1　沈睿文:《安禄山服散考》，上海古籍出版社，2015 年，第 6、18、137、141、152、255、280—281 页。

2　有关该书的商榷书评，参见方圆《安禄山到底有没有服散》，《澎湃新闻·私家历史》2015 年 7 月 21 日。

3　《辽史》，中华书局，2016 年修订版。

4　刘浦江撰、邱靖嘉整理:《〈辽史〉的纂修与整理》，《澎湃新闻·上海书评》2016 年 5 月 9 日。

　　有关杉山正明书中所提到的契丹国号与东丹国，刘浦江教授也有所研究。他利用契丹文与女真文石刻材料，证明辽朝的非汉文国号为喀剌契丹，与汉文国号大契丹、大辽等有所出入；[1]利用墓志材料说明了东丹国直到 998 年仍旧存在，驳斥了 952 年东丹国名实俱亡的陈说。[2]刘浦江教授的研究可说是以契丹文治辽史的代表。

　　另外北京大学王小甫教授基于回鹘人对契丹的影响讨论了辽朝政治文化的多元来源。例如，就杉山正明书中所提到的述律皇后小字月里朵，王小甫推测，这个词是源自回鹘语 ört，意为火焰、光芒。他还分析了《辽史》对耶律阿保机诞生与去世的描述，包括其母梦见太阳而有孕，出生时的"神光"与"异香"，以及去世时有"大星坠地"与"黄龙缭绕"等异象。王小甫教授认为，这些情节是仿自摩尼降生和受启神话，并推测是受到信奉摩尼教的回鹘人融入契丹后所产生的影响。阿保机死前三年的预言，目的是将其自身塑造为摩尼教三位一体的救世主。[3]

　　北京大学罗新教授引《周书》中记载突厥在立可汗仪式上

1　刘浦江：《辽朝国号考释》，《松漠之间：辽金契丹女真史研究》，中华书局，2008 年，第 27—52 页。

2　刘浦江：《辽代的渤海遗民——以东丹国和定安国为中心》，《松漠之间》，生活·读书·新知三联书店，2007 年，第 367—386 页。

3　王小甫：《契丹建国与回鹘文化》，《中国中古的族群凝聚》，中华书局，2012 年，第 118—152 页。

让新可汗预言自己的在位年限，认为耶律阿保机预言自己死亡时间的做法，很可能就是受到透过回鹘传入的突厥文化所影响。[1]

至于元史的主要新成果，近年两岸分别出版了《元典章》点校本，可以算是一件盛事。大陆版由中国社会科学院的陈高华、刘晓教授与北京大学张帆、党宝海教授四位负责点校。[2]台湾版则是由"中研院"历史语言研究所洪金富教授以一人之力用 16 年完成点校。[3]《元典章》是元代前、中期法令文书的汇编，记载了大量民事与刑事诉讼案件，是研究元代基层社会的重要材料。另外载明了案件处理流程，故对研究元代各机构的职掌与运作也有所裨益。最后，其中使用的各种元代俗语反映了当时的汉语使用情况，因此对汉语史研究也有所帮助。

杉山正明书中提到，所谓元代存在蒙古、色目、汉人与南人四等人制的说法事实上是二战以前日本学者的虚构。近年来针对这种陈说也确实存在反思。现任广岛大学教授舩田善之就注意到元代文献中找不到色目人的蒙古文对译，以及元代许多高级官员都由蒙古人、色目人充当的情况是"根脚"（意指出身背景）的反映，而非制度性的四等人歧视。因此他主张色目与

---

1 罗新：《耶律阿保机之死》，《黑毡上的北魏皇帝》，海豚出版社，2014 年，第 96—122 页。

2 陈高华、张帆、刘晓、党宝海点校：《元典章》，天津古籍出版社、中华书局，2011 年。

3 洪金富校定：《元典章》，台北"中研院"历史语言研究所，2016 年。

汉人、南人的任官差别仅仅是一种集团主义（collectivism）用人方法的结果。[1]

　　不过，近来四川大学教授洪丽珠从元代基层州县官员的族群结构进行分析，发现达鲁花赤之类的高层地方官以色目人为主、蒙古人为辅，不分南北，即便是汉人也难任此官。而在中层以下的地方官员上，汉人则在南北都能任官，且比例较南人为高。而南人的任官不仅局限在南方，且官缺远低于北方，任官机会相对稀少。所以，即便四等人的分别不见得是制度化的歧视，但这种出于族群制衡的做法造成的这四类人任官比例失衡的现象，却造成了在任官与法律地位上，这四类人之间有存在不公差异的结果。[2]

　　关于杉山正明书中所述蒙古帝国与伊斯兰世界的关系，英国基尔大学（Keele University）教授彼得·杰克逊（Peter Jackson）的新作《蒙古人与伊斯兰世界》值得注意。该书探讨了蒙古人如何在短时间内征服了广大的穆斯林领地，并且比较了蒙古征服中东期间与后来内战所造成的破坏规模，以及蒙古人如何让其穆斯林臣民接受其统治，后来蒙古人如何接纳伊斯兰教，以及蒙古统治对伊斯兰世界的影响等议题。

---

[1] 舩田善之：《色目人与元代制度、社会——重新探讨蒙古、色目、汉人、南人划分的位置》，《蒙古学信息》2003年第3期，第7—16页。

[2] 洪丽珠：《寓制衡于参用：元代基层州县官员的族群结构分析》，《中国文化研究所学报》（香港）第62期（2016年1月），第83—106页。

　　杰克逊认为，穆斯林对西辽称霸中亚的看法预示了后来对蒙古帝国征服伊斯兰世界的评价，但两者之间存在不小的差异。而旭烈兀西征的大军底下充满了许多穆斯林的同盟军这点，使其对手难以利用圣战（*jihād*）的名义抵抗蒙古大军，而且有助降低其他穆斯林的反对。杰克逊也认为，蒙古帝国后来的连年内战，难以配得上"蒙古治世"（*Pax Mongolica*）一词，但蒙古的统治所带来的东西方之间物质、科技与艺术交流成就确实难以忽视。蒙古帝国征服伊斯兰世界的结果则是促进了伊斯兰教的传播。[1]

　　综上所述，本文主要是帮助读者提纲挈领，并且介绍该书所涉之部分议题的新近研究发展。如果读者期待读完该书就能够了解辽、西夏、金、元等朝代之历史细节的话，恐怕会大失所望。但相信读完全书后，读者能够掌握自唐朝中叶以降至蒙古帝国崩溃这段时间内的欧亚历史演变趋势。

　　本章原题《导读：从草原民族的历史重新认识中国》，载《疾驰的草原征服者：辽 西夏 金 元》，杉山正明著，郭清华译，台湾商务印书馆，2017 年，第 8—20 页。

1　Peter Jackson, *The Mongols and the Islamic World: From Conquest to Conversion*, New Haven and London: Yale University Press, 2017, pp. 7-8, 135, 409, 416.

印度视角下的蒙古征服中亚史

　　在蒙元史学界，关于蒙古帝国经略中亚与印度的研究相对较少，由印度学者所撰写，又有机会被引介到中文学界的研究就更是凤毛麟角了。如今，在内蒙古社科院翻译项目的资助下，由内蒙古大学教授刘瑾玉迻译，沈阳师范大学讲师魏曙光审校，社会科学文献出版社在 2017 年出版了这本《蒙古帝国中亚征服史》。中文读者终于有机会接触到由印度学者撰写的相关作品。

　　该书作者古拉提（G. D. Gulati）是印度籍历史学者，他以对 13 — 14 世纪印度西北边疆史的研究获德里大学博士，后任教于德里大学 Satyawati 学院。该书主要以波斯文史料与英文论著为基础，描述了 13 世纪蒙古的崛起及其征服欧亚大陆的过程。并且着重于察合台汗国在中亚的扩张以及它和当时印度德里苏丹国之间的和战，最后探讨了蒙古帝国治下的丝绸之路贸易与其影响。以下首先对各章内容进行简介。

该书首章界定了中亚的范围，并介绍了中亚的自然环境，包括山系、水文与沙漠。书中提到了历史上关于中亚的各种称呼，例如古希腊人称之为河中（Transoxiana），阿拉伯人亦称之为河中（Mawarannahr），波斯人则称之为图兰（Turan）。而该书所采用的中亚定义，主要是当时察合台汗国的领地，约为今日的中亚河中地区（Mawarannahr）、喀什噶尔、七河地区（Semireche），还有以新疆北半部为主的准噶尔地区。

第二章叙述蒙古先世与成吉思汗的崛起，其后裔如何继承其征服事业和蒙古帝国分裂为四大汗国的过程。第三章讨论由成吉思汗次子察合台建立的察合台汗国。察合台汗国受其他三个汗国包围的地理位置，使得其扩张必须以牺牲其他成吉思汗家族成员的领地为代价。它也因而成为蒙古帝国当中的麻烦制造者。第四章以海都与忽必烈之间的战争为主题，窝阔台系的海都与察合台系的都哇联手挑战忽必烈的蒙古大汗地位。元朝与察合台汗国之间的战争直到海都与忽必烈两人去世后才停止。第五章描述了蒙古人进攻印度及失败的原因。从成吉思汗西征至 14 世纪 20 年代之间，蒙古与印度之间发生了大大小小的战争，但都未能长驱直入征服印度。第六章探讨中亚丝绸之路的商贸网络与重要城市，说明蒙古人如何提振了中亚的商业。第七章是全书结论部分，总结了察合台汗国远征印度对后世印度的政治、经济与社会造成的深远影响。

在中文学界中，与该书主题较为相关的专著，应为南京大学刘迎胜教授的《察合台汗国史研究》一书。[1] 不过刘著主要研究察合台汗国内部政经情势与对外关系，未在察合台汗国与德里苏丹国之间的关系多加着墨。在欧美学界，则有英国基尔大学教授彼得·杰克逊的《德里苏丹国：一部政治与军事史》[2] 以及耶路撒冷希伯来大学教授彭晓燕（Michal Biran）的《海都与中亚独立蒙古国家的兴起》[3] 两部作品最为相关。这两部书也被作者古拉提教授多次引用。

前面提到，古拉提该书主要仰赖波斯文史料。其中述及蒙古攻打金朝与阿富汗地区时，主要征引的波斯文史料之一是术兹札尼（Minhāj al-Dīn b. Sirāj Muhammad Jūzjanī, 1193–?）的《纳昔尔史话》（*Ṭabaqāt-i-Nāṣirī*）。术兹札尼原先在位于呼罗珊（Khurasan）的古尔王朝（Ghurid Dynasty）任官，蒙古入侵后出逃德里苏丹国，担任法官。《纳昔尔史话》记事终于 1260 年。

古拉提该书第 29 页引用《纳昔尔史话》描述蒙古攻打金中都（今北京）的惨烈场景与成吉思汗治军严明。蒙古花了四年

---

1 刘迎胜：《察合台汗国史研究》，上海古籍出版社，2006 年。

2 Peter Jackson, *The Delhi Sultanate: A Political and Military History*, Cambridge and New York: Cambridge University Press，1999.

3 Michal Biran, *Qaidu and the Rise of the Independent Mongol State in Central Asia*, Richmond: Curzon, 1997.

攻打中都，金朝守军先用石弩攻击蒙古军队。石头用完了，就改用铁、铜、锡等金属制品；到后来，只好直接扔金锭或银锭。成吉思汗遂禁止蒙古士兵擅自拿取这些金银。等到城破之后将这些财物搜集起来，用金朝皇帝的财货清单对照清点，发现分毫不差。北京大学党宝海教授曾经分析过《纳昔尔史话》关于蒙金战争的记载，认为术兹札尼的报道人应该是赛典赤·宝合丁·拉齐（Sayyid-i-Ajall Baha ud-Din），该人曾被花剌子模沙穆罕默德算端遣往蒙古担任使者，负责打探当时刚刚崛起的蒙古内部情报。因此术兹札尼的记述有一定可信度。而关于蒙古与德里苏丹国战争之记载，则应当是出自他个人当时的所见所闻。[1]

前面提到，古拉提该书的特色在于察合台汗国在中亚的扩张，以及它和当时印度德里苏丹国之间的和战。关于前者，主要是讨论海都（Qaidu, 1236—1301）与都哇（Du'a, ?—1306）在中亚组成的窝阔台与察合台家族联盟势力。这个部分在刘迎胜的《察合台汗国史研究》一书中有比较详细的描述，此处不拟赘述。这里主要探讨后者，也是该书第五章的主题。

蒙古帝国与印度之间的接触最早可以追溯到成吉思汗西征花剌子模。1221 年 8 月成吉思汗打败了花剌子模沙摩诃末后，追击其长子札兰丁（Jalāl al-Dīn Mingbarnī）到印度河畔。根据志

---

1 党宝海：《外交使节所述早期蒙金战争》，姚大力、刘迎胜编《清华元史》第 3 辑，商务印书馆，2015 年，第 169 页。

费尼（'Alā' al-Dīn Aṭā Malik Juwaynī, 1226—1283）在《世界征服者史》（*Ta'rīkh-i Jahān-Gushā*）中的记载，当时札兰丁遭到蒙古军队包围，无路可逃，最后跳入印度河逃走。成吉思汗对札兰丁的英勇十分赞赏，不仅制止属下追击他，还对众子弟说"为父者须有子若此"。[1]这是一段脍炙人口的历史事件。

关于成吉思汗在当时是否南进攻打印度，历史记载不一。根据蒙古文史料《蒙古秘史》第 264 节记载，成吉思汗派遣巴剌（Bala）追击札兰丁与赫拉特（Herat）总督蔑力克汗（Malik Xān Amīn al-Mulk）到欣都思地方（即印度），但仍未寻得。回程时掳掠了欣都思边地的百姓与牲畜。成吉思汗从当地班师，在额尔齐斯河处过冬。不过已故澳洲国立大学教授罗依果（Igor de Rachewiltz, 1929—2016）指出，《蒙古秘史》此段记载应有误，蔑力克汗并未随札兰丁逃往印度。[2]古拉提根据波斯文史料记载，认为成吉思汗后来似乎放弃了这个计划。《世界征服者史》与《纳昔尔史话》指出，成吉思汗放弃南征印度的原因是当时契丹人与唐兀人（指西夏）等东方领地人心浮动，有叛变之虞，故班师回军。

---

1 志费尼：《世界征服者史》，何高济译，商务印书馆，2004 年，上册，第 148 页。

2 Igor de Rachewiltz, trans., *The Secret History of the Mongols: A Mongolian Epic Chronicle of the Thirteenth Century*, 2nd impr. with corr., Leiden: Brill, 2006, vol. 2, p. 943.

　　古拉提在该书第 82 页引用其他学者的研究指出，成吉思汗未进军印度是因为耶律楚材的强烈反对。但作者对此仅一笔带过，未提及耶律楚材反对的经过。其实此事出自《元史》。《元史》卷一《太祖本纪》记载："太祖十九年甲申，是岁，帝至东印度国，角端见，班师。"卷一四六《耶律楚材传》记载："甲申，帝至东印度，驻铁门关。有一角兽，形如鹿而马尾，其色绿，作人言，谓侍卫者曰：汝主宜早还。帝以问楚材，对曰：此瑞兽也，其名角端，能言四方语，好生恶杀。此天降符，以告陛下。陛下天之元子，天下之人，皆陛下之子。愿承天心，以全民命。帝即日班师。"这段耶律楚材以瑞兽角端出现劝谏成吉思汗不应南征印度的典故，可能是因为作者不熟悉中文史料，而未能详述。

　　根据《世界征服者史》记载，成吉思汗后来得到札兰丁出没于印度河北岸的消息，曾先后派出察合台与朵儿伯·朵黑申前往搜索，但都没能成功捉到札兰丁。朵儿伯·朵黑申渡过印度河，席卷了南答纳（Nandana）、木勒坦（Multan）与剌火儿（即拉合尔 Lahore）等地。但由于天气炎热，故在当地抢掠破坏后北撤，回到成吉思汗大营。[1] 此后，至成吉思汗过世之前，蒙古的兵锋未再次指向印度。这很有可能是因为当时的德里苏丹伊

1　志费尼：《世界征服者史》，上册，第 156 页。

勒杜迷失（Iltutmish, 1210—1236 在位）拒绝给予札兰丁庇护，试图在蒙古与花剌子模之间的战争中保持中立之故。[1]

有学者认为，蒙古人无意征服印度，原因在于酷热的天气以及旁遮普地区（Panjab）缺乏蒙古人游牧所需的草场（参见古拉提该书第 84 页）。虽说天气酷热确实是 1224 年朵儿伯·朵黑申撤退的主要因素，但这并不足以解释蒙古人未能占领旁遮普的理由。前述彼得·杰克逊的研究指出，一方面，蒙古人在其故乡早已适应严酷气候，另一方面，14 世纪时蒙古人实际上经常在印度过冬，这表示蒙古人可能已在当地找到适合的草场。[2]所以用天气与草场两个理由来解释蒙古人未能征服印度，并不充分。

要想解释蒙古帝国为何没能征服印度的主要原因，恐怕还是脱离不了对蒙古帝国内部的政治局势分析，特别是大汗的过世与随后的汗位争夺所造成的政局不稳。例如，我们可以看到，1229 年窝阔台继任为新的蒙古大汗后，很快就对呼罗珊与阿富汗地区发起新的进攻。德里苏丹国的西北边疆马上就面临极大压力。这次蒙古大军的目标是由哈散·哈剌鲁（Ḥasan Qarluq）所建立的哈剌鲁王国。该王国位于印度河东部地区，原先一直向蒙古人臣服并进贡。自 1225 至 1266 年，该地区一直是蒙古帝

1　Peter Jackson, *The Delhi Sultanate*, pp. 33-34.

2　Peter Jackson, *The Delhi Sultanate*, p. 106.

国与德里苏丹国的缓冲地带。在这次战争中，哈剌鲁人的领地遭到掠夺与破坏。原先在占领了哈剌鲁人的领地后，蒙古人打算继续向南进军印度，并于 1241 年再度占领剌火儿。但由于蒙古人随后得知窝阔台大汗去世的消息，这支军队遂退出剌火儿。剌火儿随即被康合思人（Khokhārs）占领。哈散·哈剌鲁则趁着蒙古内部政局混乱之际，重新收复了其领地。[1]

另一个例子在古拉提该书中并未着墨，但在彼得·杰克逊的研究中述及的是，在蒙哥汗统治与旭烈兀第三度西征期间，蒙古也曾经入侵剌火儿地区。1257 年冬天，旭烈兀曾经应其保护国信德（Sindh）的库术鲁汗（Küshlü Khan）之请，由萨里那颜（Sali Noyan）率领军队攻打木勒坦等地。但随后在 1259 年由于蒙哥汗在攻打南宋四川钓鱼城的战争中过世的消息传到旭烈兀耳中，故蒙古很快又与印度停战。这次的进军又因为蒙古帝国内部的政治不稳而告中断。[2]

此后在中亚的蒙古势力以窝阔台与察合台家族联盟势力为主。蒙古帝国与印度之间的战争仍旧持续不断。但这部分由于古拉提该书中已有比较详细的说明，此处不拟赘述。大致上来说，在察合台汗答儿麻失里（Tarmashrin, 1331—1334 年在位）过世后，蒙古与印度之间维持了六十余年的和平，直到 1398 年

1　Peter Jackson, *The Delhi Sultanate*, pp. 104-106.

2　Peter Jackson, *The Delhi Sultanate*, p.112, 114.

底帖木儿（Temür, 1336—1406）攻陷德里为止。之后，德里苏丹国日渐衰微与解体，最终由帖木儿的六世孙巴布尔（Babur, 1483—1530）于 1526 年征服了印度，建立莫卧儿帝国。印度的历史也迈入了一个新的阶段。

古拉提该书涉及的领域包括了蒙古史、中亚史与印度史，加上各种语文的转写系统不同，常出现一词多形的情况，故翻译难度之高可想而知。笔者对译者、审校者与责编所付出的心血与努力表示赞赏，只可惜该书未能校正英文原书的诸多手民之误，因此编校品质尚有较大进步空间。此处仅就该书中几处编校未尽之处提出修订意见如下：

序言第 1 页，Reuven Amitai Presiss 应作 Reuven Amitai-Preiss；Herbert Frank 应作 Herbert Franke；Danis Twitchett 应为 Denis Twitchett。第 2 页，Paul Ratchuevsky 应为 Paul Ratchnevsky；Bertold Spular 应作 Bertold Spuler。正文第 4 页，吉尔吉斯坦斯坦应作吉尔吉斯斯坦。第 5 页，什特 - 钦察应作达什特 - 钦察。第 12 页，玉龙杰苏应作玉龙杰赤。第 16 页，Illi River 应作 Ili River。第 96 页，原文提及察合台继承者达瓦（Dava）实为都哇（Du'a）的异译。另外，有鉴于一般读者可能对该书涉及的地理环境较不熟悉，建议再版时能将英文原书中的两幅中亚与印度地图补上，以资对照。

总而言之，该书的出版有助于补充中文学界在蒙元史和中世纪印度史研究中缺失的一块领域。该书可以作为高校相关领域的教材，也可以作为爱好蒙元史与中亚、印度史地之一般读者的进阶读物。未来，出版界也可以考虑译介相关著作，例如前述的彼得·杰克逊与彭晓燕等人的作品。有志于此的研究者可以在该书的基础上继续发掘汉文与其他语种的材料，精益求精。

　　本章原题《印度视角下的蒙古征服中亚史》，原载《澎湃新闻·上海书评》2017 年 10 月 18 日。

蒙古征服与后哈里发时代的穆斯林世界

13 世纪，蒙古人征服了中亚、中东、波斯与俄罗斯，对穆斯林而言，其历史意义在于阿拉伯的阿拔斯王朝被消灭，伊斯兰世界多数人公认的领袖哈里发也随之消失，这导致了伊斯兰世界陷入长期分裂的局面。此外，蒙古人在这场战争中的杀戮与破坏更是具有高度争议性的话题，与其相关的历史记忆仍然历久弥新。至今，中东的穆斯林在提及美国进攻伊拉克一事时，时常以蒙古人对波斯与中东的征服来做类比。

过去在西方学界探讨蒙古人与伊斯兰世界历史的，有德国东方学家史普勒（Bertold Spuler, 1911—1990）的早期经典研究

《蒙古时代：穆斯林世界的历史》[1]。较新的研究成果有大卫·摩根（David Morgen）的《蒙古人》[2]。如今摆在各位读者面前的这本《蒙古人与伊斯兰世界：从征服到皈依》（*The Mongols and the Islamic World: From Conquest to Conversion*）可以视为是关于这段历史迄今最全面的研究。其英文原版于 2017 年由耶鲁大学出版社发行。作者彼得·杰克逊为英国基尔大学历史系荣退教授，以中古史研究著称。

本书回顾了蒙古人兴起的过程以及当时内亚与伊斯兰世界的状况，探讨了蒙古人如何在短时间内征服广大的穆斯林领地，并比较了蒙古征服中东期间与后来内战所造成的破坏规模，旁及蒙古人如何让其穆斯林臣民接受其统治，后来蒙古人如何接纳伊斯兰教，以及蒙古统治对伊斯兰世界的影响等议题。

杰克逊认为，穆斯林对西辽（喀剌契丹）称霸中亚的看法预示了后来对蒙古帝国征服伊斯兰世界的评价，但两者之间存在不小的差异。简而言之，对穆斯林而言，蒙古人的统治较具侵入性和压迫性。而旭烈兀西征之所以能够顺利成功的因素之一，在于其军队中充满了许多穆斯林的同盟军。这不仅使其对手难以利用圣战（*jihād*）的名义抵抗蒙古大军，还有助减少其

1　Berthold Spuler, *The Mongol Period: History of the Muslim World,* Leiden: E. J. Brill, 1959.

2　David Morgen, *The Mongols*, 2nd ed., Oxford: Blackwell, 2008.

他穆斯林的反对。

关于蒙古人征服中亚与中东过程中发生的大规模屠杀，杰克逊指出，这主要发生于成吉思汗统治时期，而非后来的旭烈兀西征期间。这一方面是因为成吉思汗的军事行动带有报复性质，另一方面是因为旭烈兀西征时许多城市主动选择投降蒙古大军，所以也避免了被屠杀的命运。旭烈兀的军事行动和他祖父成吉思汗七年远征最大的不同之处并非没有造成屠杀或破坏，而是前者执行重建措施的速度来得更快。杰克逊提醒读者，若将伊斯兰土地的荒芜仅仅归因于从成吉思汗到旭烈兀远征期间的军事行动，恐怕都是不完整的。

虽然杰克逊也认为，因为有连年内战，1260 年之后蒙古帝国难以配得上 "蒙古治世"（*Pax Mongolica*）一词，但蒙古的统治所带来的东西方之间物质、科技与艺术交流成就确实难以忽视。在当时的蒙古诸汗国中，拜伊利汗旭烈兀及其继任者的经营所赐，大不里士成了当时国际贸易的主要中转站。大不里士富庶程度之高，以致当时的方济会士鄂多立克（Odorico da Pordenone, c.1286—1331）表示，法国全国的岁入还比不上伊利汗从这座城市所征得的岁收。金帐汗国内部的城市虽然无法和大不里士竞争，但其都城萨莱，还有塔纳和卡法，也都是重要的贸易枢纽。位于中亚的察合台汗国则有费尔干纳谷地的安集延作为重要城市。不过作者也提醒我们，蒙古内部战事所造成的损害并不仅限于农民和城镇居民。其实商人也往往是皇室觊觊或报复的显著目标。因此我们不应该高估蒙古帝国建立后对商业的正面作用。

关于穆斯林眼中的蒙古统治者形象，因草原习俗与伊斯兰教法抵触（例如收继婚和穆斯林宰杀牲畜的仪式），蒙古统治者收取不合乎伊斯兰教规定的税赋（特别是人头税），加上伊斯兰教和穆斯林官员失去了首要地位，穆斯林视蒙古统治为异族统治或压迫。但杰克逊也提醒读者注意，这些抵触与冲突实际上比过去所认知的来得小。以穆斯林宰杀仪式为例，公开宰杀和私下执行两者就被区别对待。而且蒙古对特定伊斯兰习俗的禁令，也随着地区和时间的不同而有所改变，不能一概而论。

蒙古人奉行成吉思汗对所有宗教平等的大札撒，因此有些西方观察者认为蒙古征服者具备了宗教宽容的大度。本书主张，后来蒙古统治者接受伊斯兰教（主要是苏非神秘主义教派）的原因，除了苏非托钵僧与蒙古萨满有类似之处，他们可能更加看重这些苏非能够行神通奇迹的能力，另外皈依伊斯兰教也能够争取穆斯林臣民的认同。而新皈依伊斯兰教的蒙古可汗之所以遭到反对，并非肇因于他们个人的改宗，而是因为他们试图在汗国内恢复伊斯兰教至高无上的地位以及实施伊斯兰法律。而反对派则是以草原守旧势力为主，因为这做法偏离了成吉思汗所立下的大札撒。

至于蒙古帝国征服伊斯兰世界的遗产，首先是"蒙古帝国文化"的创立与延续。这种帝国文化是蒙古和突厥文化的混合体，其中也包括穆斯林以及其他统治地区的文化。而人口迁徙导致了新民族的出现。其次，蒙古时代导致更互相紧密联系的世界兴起。正是因为印度、伊朗和近东之间更紧密的经济联结措施，这些地区在 14 世纪 30 和 40 年代同时经历了类似危机，包括了黑死病的流传，但这也反过来说明，当时蒙古帝国治下的欧亚大陆具有某种程度的整合性。最后，蒙古人或许在有限的程度上，促使了后来奥斯曼帝国的建立，而且大大促进了伊斯兰教的传播。

一般读者在阅读本书时，首先遇到的问题应该是书中提及的众多人物与地名。地名的部分还可以透过地图和古今地名对照来补足。不过人物的部分也许会比较困难，特别是西亚与中亚人。若是涉及元代中国的部分，尚有罗依果等人编著的《执事汗廷：蒙元初期的名人（1200—1300）》以及近期余大钧编著的《元代人名大词典》可供翻检。[1] 至于元朝领地以外的蒙古时代名人传记汇编，过去相对较为缺乏。不过近年来在这个领域新出了一些成果，弥补了这部分材料的缺乏。例如，由德格鲁伊特出版社（De Gruyter）发行的学报《亚洲研究》第 71 卷第 4

1　Igor de Rachewiltz, Hok-lam Chan（陈学霖）, Ch'i-ch'ing Hsiao（萧启庆）, and Peter W. Geier, *In the Service of the Khan: Eminent Personalities of the Early Mongol-Yüan Period (1200-1300)*. Asiatische Forschungen, no.121, Wiesbaden: Harrassowitz, 1993. 参见余大钧编《元代人名大词典》，内蒙古人民出版社，2016 年。

期，收录了由彭晓燕主编的专号"执事汗廷：蒙古时代的欧亚转变中的菁英"。[1]彭晓燕、乔纳森·布拉克（Jonathan Brack）与方斐蒂（Francesca Fiaschetti）合编的《蒙古时代的欧亚丝路之旅：将军、行商与知识分子》收录了许多蒙古时代的名人传记。此外，就本书提及的来自小亚细亚，后来成为忽必烈汗的通译，后来又奉命出使伊利汗国的爱薛怯里马赤（'Īsā Kelemechi,1227—1308），金浩东有专题研究论文收入后书。[2]

最后要说的是，本书作者本身并非蒙古学者出身，因此不具备蒙文与中文史料的解读能力。但他能运用大量的波斯文、阿拉伯文与拉丁文史料，并借助了察合台文、蒙文、中文、叙利亚文与俄文史料的西文译本，以及海量的二手西文研究成果，才得以完成这部巨作。本书的第一章是对述及蒙古的中世纪作者的介绍，完全能够独立视为一篇详尽的有关蒙古时代世

1　Michal Biran, ed., *In the Service of the Khan: Elites in Transition in Mongol Eurasia. Asiatische Studien – Études Asiatiques* 71, no. 4 (2017)，pp. 1051-1245.

2　Hodong Kim, "Īsā Kelemechi: A Translator Turned Envoy between Asia and Europe"，in *Along the Silk Roads in Mongol Eurasia: Generals, Merchants, and Intellectuals*, Michal Biran, Jonathan Brack, and Francesca Fiaschetti, eds. Oakland, CA: University of California Press, 2020, pp. 255-269. 这篇文章最早是以韩文出版，稍早已有中译文，参见金浩东《蒙元帝国时期的一位色目官吏爱薛怯里马赤（Isa Kelemechi，1227—1308）的生涯与活动》，载《欧亚译丛》第 1 期，余太山、李锦绣主编，商务印书馆，2014 年，第 224—263 页。

界史的多语种文献回顾，这样的介绍性文章更是中文世界不可多得的材料。这一方面反映了这段历史的研究难度之高，对译者而言，更是一项艰巨的任务，因此这本书能够引介到中文世界，特别要感谢译者的辛劳。另外也要感谢中国社会科学院古代史研究所副研究员李鸣飞博士协助审校书中关于波斯文史料的部分。

简言之，这本书奠基在扎实的史料解读上，对蒙古人与伊斯兰世界之间的历史做了详尽的回顾，是学术性相当高的原创性著作，对蒙古帝国史与伊斯兰教史有兴趣的读者不应错过本书。

本章原题《导读：蒙古征服与后哈里发时代的穆斯林世界》，原载《蒙古帝国与伊斯兰世界：从征服到改宗的历史大变局》，彼得·杰克逊（Peter Jackson）著，廖素珊、王紫让译，台湾广场出版社，2022年，第7—11页。

木格哈敦的珍珠耳饰

著名的13世纪波斯史家与政治家志费尼（Ata-Malik Juvaini，1226—1283）曾记述了一段轶事：

有一回窝阔台合罕在猎场时，一个人献给他两三个西瓜。不巧的是，当时他身边的随从身上没有可供施舍的金银或衣服，只有一旁的二皇后木格哈敦（Möge Khatun）耳边佩戴着两颗如星星般灿烂耀眼的珍珠。合罕便让木格哈敦把那两颗珍珠赏给那人。然而木格哈敦觉得那人不知道珍珠的价值，赏给他等于明珠暗投，于是建议合罕让那人明天到宫帐门前，另给金银锦衣打发即可。然而，合罕此时展现了他的仁慈，表示那人贫无立锥之地，等不到明天。并且预言就算把这些珍珠赏给那人，它们很快也会回到自己的手中。于是木格哈敦便将珍珠赏给了那人，那人高兴地离开了。但那人不知道珍珠的价格之高，便在市集上将珠子以低价卖出了。买主很高兴，认为这么好的珍珠难得，应当献给合罕，于是便来到合罕的跟前，将珠子进献给他。合罕高兴地收下了珠子，不仅跟身旁的木格哈敦夸耀自己的预言应验，而且还重重赏赐了献珠者。[1]

这则轶事巧妙揭示了珍珠在蒙古宫廷中的使用、看法与流通。然而蒙古人作为一个来自内亚草原的民族，是如何接触到这种来自海洋的珍稀物品？又如何取得与使用这些珍珠？珍珠对蒙古人而言又有什么功能与象征意义？珍珠与其他类似的奢侈品是如何在蒙古帝国所建立的政经体系中占有一席之地，甚至具有塑造帝国的作用的？近期出版的《珍珠在蒙古帝国：草原、海洋与欧亚交流网络》（*The Steppe and the Sea: Pearls in the Mongol Empire*）一书就讨论上述问题。

本书作者托马斯·爱尔森为著名美籍蒙古帝国史与内陆欧亚史专家。1979 年获明尼苏达大学比较亚洲史博士，曾任教于西肯塔基大学，1980 年起任教于美国新泽西州的特伦顿州立学院（Trenton State College，现更名为新泽西学院）历史系，直至 2002 年退休。他所掌握的研究语言包括了汉文、波斯文、阿拉伯文、俄文与其他欧洲语言。著有《大汗蒙哥在中国、俄罗

1　志费尼:《世界征服者史》，何高济译，内蒙古人民出版社，1980 年，上册，第 247 页。

斯与伊斯兰地域的统治政策》(*Mongol Imperialism: The Policies of the Grand Qan Möngke in China, Russia, and the Islamic Lands, 1251–1259*，1987)、《蒙古帝国的商品与交换》(*Commodity and Exchange in the Mongol Empire : A Cultural History of Islamic Textiles*，1997)、《欧亚皇家狩猎史》(*The Royal Hunt in Eurasian History*，2006，中译本 2017)，并曾为《剑桥中国辽西夏金元史》(1994)撰写蒙古帝国兴起与其在华北的统治相关章节。曾两度获美国国家人文基金奖(1998—1999，2003—2004)，并获颁古根海姆奖(2002—2003)。

本书为其遗作，英文原版于 2019 年 5 月由美国宾州大学出版社出版。简体中文版由南开大学历史学院副教授马晓林与南开大学历史学博士生张斌合译，于 2023 年 3 月由北京世纪文景公司出品，上海人民出版社发行。

本书除导言与结语外，共分为两大部分。

上部"从海洋到草原"共有八章，考察了珍珠与蒙古政治文化的关联。在这部分，作者分别阐述了珍珠作为一种海洋产品的特性、珍珠的生产与加工方式、蒙古人获取珍珠的方式、珍珠在蒙古宫廷中积聚与流通的规模与频率、珍珠在蒙古宫廷中的展示与再分配、与珍珠相关的消费文化、珍珠的象征价值，以及珍珠在后蒙古时期的欧亚世界中所起的历史作用。

下部"比较与影响"共有六章，试图将进入内亚和草原的珍珠放在更为宽广的时间和比较框架中，探讨蒙古帝国与南方海洋的积极交流，并说明珍珠与其他商品和名贵产品在欧亚大陆上流通模式的相似性。在这部分，作者探讨了珍珠的长期价格波动及成因、涉及珍珠的神话传说及其商业用途、珍珠的替代品和仿冒品如何成为前现代工业经济的要素、海上贸易与陆上贸易之间的关联、蒙古人如何管理其海洋边疆并适应海上贸易等议题。

作者首先从生物学出发解释珍珠的成因。软体动物（主要是贝类）为应对外界的刺激，会用带有碳酸钙的物质将入侵物裹住。由此凝结而成的物质便是珍珠。考古证据显示，目前所知人类开始使用珍珠的遗迹，来自公元前 4 至前 3 世纪的墓葬中，最早的文献记载则要到更晚时期才见于近东史诗中。在早期的欧亚大陆文明中，珍珠被视为美好而稀有的异域物事。越大、越重、越圆且色泽越奇特的珍珠越是昂贵。虽然东北亚的河流（例如松花江）也出产珍珠，但一般淡水珍珠被认为不及南方海域（主要为南亚、东南亚与波斯湾等地）出产的咸水珍珠来得名贵。其中上等的珍珠一般被称为"皇家珍珠"，与产自陆地的黄金一起被视为伟大君王的权力与财富的象征，并成为欧亚大陆各国权贵竞逐的珍品，后来的蒙古大汗也不例外。（第 24—25 页）

然而珍珠的生产过程需要付出大量努力。首先捕捞珍珠并不容易，而且劳动收益很低，有害健康，所以一般由少数族群或外来者担任，偶尔也能见到一些女性参与。捞上来之后先进行分类评估，再进行加工。在珍珠加工过程中，穿洞与穿线是一种手艺

活，且劳动回报较高，在蒙古时代，这类技术中心主要集中在霍尔木兹等海港和巴格达、大不里士等内陆城市。（第31页）

蒙古人跟其他草原游牧民类似，最初都是以抢掠的方式获取奢侈品。作者认为，蒙古人第一次大规模获取战利品是1215年攻陷金中都，可能就是在此时，蒙古人接触到金朝府库中所藏的珍珠。后来在进军中亚时又获得了大量珍宝，其中也包括了珍珠。除了抢掠，蒙古人还可以透过向属国征收贡物（例如1210年曾向畏兀儿人索取珍珠）以及长途贸易获取珍珠。元朝沿用了宋朝的市舶司制度管理海上贸易，许多商人便借此携带珍珠与其他奢侈品与蒙古权贵交易。蒙古宫廷积聚了许多珍珠，经常以珍珠作为赏赐，而且寻求大量的珠宝匠人对珍珠和其他珠宝进行加工。14世纪绘制的历任帝后像也显示，元朝宫廷大量且定期使用珍珠。无论是皇帝所佩戴的耳环或是皇后的耳饰与头饰，都有着又大又圆又白的珍珠。（第75—76页）

此外，皇帝、贵族与大臣在宴会与典礼上也穿着镶满珍珠和宝石的珠袍与腰带。蒙古大汗赠送或赏赐这些珍珠给臣下，有助于获得他们的支持与效忠。

然而，这种对珍珠（以及其他奢侈品）的渴求以及展示自身财富与地位显赫的虚荣心，也造成各种浪费与贿赂，以至后世认为，这种腐败导致了元朝的覆灭。

蒙古人除了喜爱珍珠的外形，也相信珍珠具有特别的魔力，例如可以促进丰产和生育，能给人带来福荫。这种对珍珠的喜爱在14世纪后期蒙古各汗国逐渐崩溃后，依旧广泛存在于明朝、帖木儿帝国与金帐汗国等欧亚宫廷中。

然而，作者并不满足于诉说珍珠在蒙古帝国的故事，而是更希望以珍珠作为一种奢侈品，将其相关的文化与流通与其他奢侈品进行比较，说明洲际贸易和文化标准如何对地方品味与经济造成影响。作者发现，珍珠的价格时常波动，一方面是因为珍珠供应存在波动性，另一方面，数量累积较多或是腐败的官员意图尽速脱手大量珍珠时，也会导致价格下跌。除此之外，商人也对价格具有影响力。譬如围绕着珍珠与宝石的各种传说故事（例如获取珍宝的特殊手段或是其所具备的超自然力量），就能够帮助商人营销，提升价格。

但珍珠跟其他名贵商品一样，刺激人们找寻更易得而实惠的替代品与仿冒品。自7世纪以来，中国便存在以人为方式将异物置入牡蛎，以生产人造珍珠，并出口到海外的情形。后帝国时期，蒙古人的强大购买力不复以往。价格昂贵的海水珍珠被较为廉价的珊瑚取代，成为重要的装饰品，其中又以红色的珊瑚最受欢迎。（第177页）

作者认为，佛教的兴盛使得作为佛教"七宝"之一的珍珠与珊瑚随着佛教思想进入了内亚草原佛教徒的视野中。而在蒙古人崛起前一个世纪中，来自南方海域的珍珠便已经由发达的海路与陆路贸易体系大量进入中国及内亚。对蒙古人而言，连结陆上丝绸之路与海上航路的枢纽是云南，元朝接受当地流通

的贝币象征他们也承认了当地的商贸关系。（第 195—196 页）

关于海上交通兴盛后是否会取代陆路贸易的问题，作者指出，即便有时候陆上的商业和外交交流会减少或中断，但其弹性与灵活性使得这些中断不会导致这些交流永久地转由海路进行。作者举了修士约翰·孟高维诺的警告、合赞汗遣往中国的使臣经历的苦难，以及基什与霍尔木兹之间的海上对抗，来说明海路交通同样存在危险和延误。（第 210—211 页）

蒙古人作为一个来自内陆草原的民族，对海上贸易的管理也在很大程度上沿袭了前朝的制度和方式，例如元朝沿袭宋朝的市舶司制度，伊利汗国将波斯湾商贸的税收包给了地方统治者，金帐汗国在黑海的贸易则是授予外国商人特许权，而从中收取税收。可以说，蒙古人获取海洋资源的能力主要归功其对外国商人的吸引力，后者表现在蒙古统治者对商人的友好态度以及不受限制的消费能力上。正如作者所言："蒙古人将中国航海技术与穆斯林商业网络嫁接起来，带来了南海商业的黄金时代。"（第 232 页）

从作者本身的研究理路来看，某种意义上来说，本书可以视为作者早期作品《蒙古帝国的商品与交换：伊斯兰织品的文化史》（*Commodity and Exchange in the Mongol Empire：A Cultural History of Islamic Textiles*，1997）一书的延伸。在《蒙古帝国的商品与交换》一书中，作者用"消费与使用""获取与制造""布料与颜色""文化传播"这样的篇章架构讲述伊斯兰织品的文化史。这一架构延续到了本书上部对蒙古帝国的珍珠这一论题的讨论中。

不过在本书下部中，很明显我们可以看到作者继续推进，希望将珍珠、宝石与织品等奢侈品放在更为宽广的时间和比较框架中，试图综合探讨蒙古帝国如何继承了过往欧亚政权的贸易网络与商业治理体系，并且加以扩大与整合，最后影响后世欧亚诸帝国对各式奢侈品的制造、消费与交易。在这个意义上而言，本书作为作者的最后一本专著，也具有集其过往研究之大成的意义。

作者所言"蒙古人将中国航海技术与穆斯林商业网络嫁接起来，带来了南海商业的黄金时代"，让人联想到杉山正明在《忽必烈的挑战：蒙古帝国与世界历史的大转向》一书中提及忽必烈所建立的蒙古帝国三大支柱：草原的军事力、中华的经济力与穆斯林的商业网络。[1] 蒙古人能将中国与穆斯林世界嫁接起来的基础自然是武力，这里的中华的经济力换成技术力其实也能说得通。作者爱尔森与杉山正明都注意到，蒙古人的成功并不是单一文明体系的力量所能造就的。

不过本书的性别视角是较为缺失的一环。也就是，作为珍珠、宝石等奢侈品的主要消费者，蒙古贵族妇女自身如何看待这些奢侈品？她们跟这些奢侈品之间的关系如何？

1　杉山正明：《忽必烈的挑战：蒙古帝国与世界历史的大转向》，周俊宇译，社会科学文献出版社，2013 年，第 134—136 页。

这些奢侈品与蒙古贵族女性的紧密关系并不逊于男性。如现任奥地利科学院伊朗研究所研究员布鲁诺·德·尼古拉（Bruno de Nicola）在《蒙古治下的伊朗妇女：以皇后为例的研究，1206 至 1335 年》中所言："奢侈品在帝国建立以前便存在于草原上，但其消费随着越来越多的资源流入哈敦手中而快速增长。"[1] 本文一开始引述的木格哈敦故事也显示，包括珍珠在内的奢侈品是蒙古贵族妇女的贴身物事，即便陪合罕出猎时也不除下，而且她们也深知这些物品的价值，十分珍视，即便合罕下旨都不情愿交给献瓜的穷人。

实际上，贵族女性在这些奢侈品流动的过程当中也扮演了重要角色。例如作者在本书中提到的蒙古人获取珍珠的三种方式：抢掠、征收贡物以及长途贸易。实际上，如果我们把珍珠扩大到所有奢侈品的话，就会发现实际上还有一种管道即嫁妆被作者忽略了。例如，《蒙古秘史》第 96 节有记载，铁木真初见其父的安答（义兄）王罕，见面礼为一件黑貂皮褂子，实际上，这件褂子原先是铁木真大妻孛儿帖的嫁妆。当时铁木真羽翼未丰，也缺乏财货，只有这唯一一件拿得出手的奢侈品尚可作为礼物，而且还是太太的嫁妆。可以说，这件黑貂皮褂子成为铁木真顺利与王罕联盟的敲门砖。蒙古时代的女性与奢侈品的消

1　Bruno de Nicola, *Women in Mongol Iran: The Khātūns, 1206-1335*, Edinburgh: Edinburgh University Press, 2017, p. 144.

费与流动也许是未来还可以再深入探究的方向。

本书的翻译水平让人满意，这要归功于两位出身蒙元史研究的译者。就笔者管见所及，只提出几处可供调整的翻译，也许更容易让读者了解文意。第 6 页："珍珠是诊断性而非决定性的"句中"诊断性"（diagnostic）也许译为"独特的"或"特有的"更达意些。第 7 页："珍珠与其他商品和贵重货物在大陆上都是平行流通的"，也许译为"珍珠和其他商品和贵重货物在大陆上的流通具有相似性"会更准确些。第 107 页，"尝试解答这一问题的最佳方式是比照南、北草原的情况"，句中"南、北草原"译为"（蒙古）草原以南和以北"会准确些。这些调整仅供译者与读者参考。整体来说，全书文句通顺且能正确掌握各种历史人名与地名，阅读起来是很愉快的体验。

总而言之，本书以小见大，以珍珠作为切入点，探究其在蒙古帝国政治文化形塑中所扮演的角色，随后以此为起点，将讨论扩展到奢侈品在蒙古帝国生产与流通的制度与模式。作者探寻了这些制度与模式的历史起源，还讨论了蒙古帝国所奠立的这些制度与模式对后世欧亚政权的影响。对喜欢蒙古帝国史、贸易史、物质文化史以及全球史的读者而言，本书是不可错过的作品。

本章原题《木格哈敦的珍珠耳饰》，原载《澎湃新闻·上海书评》2023 年 8 月 22 日。

重估"成吉思大交换"与蒙古治世

13至14世纪，蒙古人征服了欧亚大陆上的许多国家与民族，可以说他们的战马吃遍了整个欧亚草原的水草。蒙古征服在世界史上也留下了深远的影响。自20世纪70年代以来，许多西方历史学者都在研究与重估蒙古帝国的历史遗产。

例如，新西兰坎特伯雷大学教授约翰·乔瑟夫·桑德斯（J. J. Saunders）的《蒙古征服史》（1971年版）[1]与美国威斯康星大学麦迪逊分校教授大卫·摩尔根（David Morgan）的《蒙古人》

1　J. J. Saunders, *The History of the Mongol Conquests*, London: Routledge & Kegan Paul, 1971.

（1986 年初版，2007 年修订二版）¹。在这些人当中，美国罗格斯大学教授托马斯·爱尔森对这个课题做出了巨大贡献。他的《蒙古帝国的商品与交换：伊斯兰织品的文化史》(1997 年版）与《蒙古时代的欧亚文化与征服》(2001 年版）扩大了我们对当时欧亚文化交流的认识。²他的近作《欧亚皇家狩猎史》也于 2017 年 9 月由社科文献出版社出版了中译本。³

　　另外，随着新考古材料的出土，我们更能了解当时东亚和中东之间的科技与物质交流。以该主题所召开的学术会议，在会后也都出版了论文集，例如《成吉思汗的遗产：1256—1353 年间的西亚宫廷艺术与文化》⁴和《超越成吉思汗的遗产》⁵。

　　美国学者梅天穆（Timothy May）利用这些先行研究，并综合消化，加上他个人的开掘，于 2011 年出版了《世界历史上的

1　David Morgan, *The Mongols*, 2nd ed., Oxford: Blackwell, 2007.

2　Thomas T. Allsen, *Commodity and Exchange in the Mongol Empire: A Cultural History of Islamic Textiles*, Cambridge: Cambridge University Press, 1997; *Culture and Conquest in Mongol Eurasia*, Cambridge: Cambridge University Press, 2001.

3　Thomas T. Allsen, *The Royal Hunt in Eurasian History*, Philadelphia: University of Pennsylvania Press, 2006. 中文版参见托玛斯·爱尔森《欧亚皇家狩猎史》，马特译，社会科学文献出版社，2017 年。

4　Linda Komaroff, Stefano Carbonia, and Metropolitan Museum of Art, eds., *The Legacy of Genghis Khan: Courtly Art and Culture in Western Asia, 1256–1353*, New York: Metropolitan Museum of Art, 2002.

5　Linda Komaroff, ed., *Beyond the Legacy of Genghis Khan*, Leiden: Brill, 2006.

蒙古征服》[1]。本书简体中文版由后浪出版公司和民主与建设出版社于 2017 年 10 月推出，为我们重新评估蒙古征服在世界史上的影响提供了最新研究成果。

梅天穆现为美国北佐治亚大学历史、人类学与哲学系教授和系主任，曾在威斯康星大学师从大卫·摩尔根教授攻读博士学位，主要研究领域是蒙古帝国的军事史。其近作为 2016 年出版的两卷本《蒙古帝国历史百科》[2]，笔者亦有参与该书写作。

在南开大学历史学院讲师马晓林与北京大学历史学系博士生求芝蓉两位的合作翻译下，《世界历史上的蒙古征服》一书得以在短时间内与中文读者见面，两位译者实功不可没。在近年来出版界引进以杉山正明为代表的日本蒙元史与内亚史成果的风潮中，出版商逆势引进欧美学界的新近研究，有助于读者拓宽视野。

在导言中简短交代该书所采用的理论与材料后，作者梅天穆将该书架构分为两大部分："作为催化剂的蒙古征服"和"成吉思大交换"。作者认为，蒙古征服改变了欧亚的政治版图，并为成吉思大交换提供了一个平台。第一部分共有三章，分别讨论蒙古帝国的形成、解体与后果。由于梅天穆本身是蒙古军事史的专家，因此他为读者提供了相当清楚的蒙古征服欧亚史。第三

1　Timothy May, *The Mongol Conquests in World History*, London: Reaktion Books, 2011.

2　Timothy May ed., *The Mongol Empire: A Historical Encyclopedia*, Santa Barbara, CA: ABC-CLIO, 2016.

章则是目前笔者所见对后蒙古时期欧亚局势的最简明扼要综述。

第二部分包括七章，分别探讨关于成吉思大交换的主题，包括了贸易、战争（与技术）、行政、宗教、病菌（例如鼠疫）、人口、文化。

关于贸易，作者讨论了中国的纸钞如何影响中东的货币改革，并且指出，由蒙古人建立的首都哈剌和林与新萨莱都是随着蒙古帝国的兴衰而有所起伏，因为蒙古人在安排驿站的路线时也考虑到了商业的需求。关于蒙古的战争与其现代影响的部分，作者基本上取材自其首部作品《蒙古的战争艺术》[1]。他认为，很难证明在13世纪火药已应用在中国以外的地区，因为目前尚未发现任何考古证据，而历史语文学的证据尚不足以支撑此结论。在探讨行政的章节中，他指出，蒙古帝国内部的行政透过征税达到一致，大规模的人口普查则有利于征税。蒙古的治理模式对其后继者留下了深远的影响。

在宗教上，蒙古人以宗教宽容著称，但直到1260年帝国分裂以前，他们并未改信任何世界性的宗教。梅天穆认为，主要原因在于蒙古人信奉长生天（这也被某些学者称为腾格里主义），认为自己有征服世界的天命，而改信其他宗教则意味放弃自己的认同。即便后来蒙古人的确改宗了佛教与伊斯兰教，他

---

1 Timothy May, *The Mongol Art of War: Chinggis Khan and the Mongol Military System*, Yardley, PA: Westholme, 2007.

们所信奉的也都是这些宗教当中的综摄性（syncretic）宗派（例如藏传佛教和苏非派）。由于这些宗派对外来成分的接受程度较高，因此蒙古人不需担心改宗会牺牲其原有习俗与认同。

谈到移民时，作者认为所谓的蒙古治世（*Pax Mongolica*）不仅促进了移民，同时也导致欧亚各地出现突厥系国家。在最后一章中，作者讨论了一些被后人所低估的欧亚文化交流，例如食物与衣着等。

该书对蒙古帝国治下不同民族的角色与作用做了很详实的研究，不过有关畏兀儿人的重要性也许还有可以发挥的余地。作者正确指出，蒙古人最早入侵的定居政权为西夏，时间为 1205 年。但西夏并非最早归顺蒙古的定居政权，畏兀儿人才是，时间约为 1211 年。畏兀儿人对蒙古人所负有的义务与规定，后来也成为其他被纳入蒙古的民族与国家所必须遵守的。例如，归顺蒙古人的民族或国家，其统治者必须亲自前往朝见蒙古大汗，而且必须遣送其儿子或近亲前往蒙古大汗处作为人质。蒙古帝国有权在其领地征税、征兵以及设置驿站。

畏兀儿人对蒙古的文化影响亦相当重要，例如，成吉思汗便采用畏兀儿文字来拼写蒙文，畏兀儿人塔塔统阿则被认为是蒙文的创造者。因此在蒙古帝国的行政体系中也常见畏兀儿书记官，而且其中不乏高层官员。例如镇海（？—1252）曾任窝阔台汗与贵由汗帐下的大臣，据信他就是畏兀儿人出身。因此我们可以说，蒙古征服也造成了畏兀儿文化在欧亚世界的传播。[1]

随着时间的过去，书中提到的学界研究现状也需要更新。例如在书中第 311 页，作者感叹关于蒙古后妃的英文著作仅有杰克·威泽弗德（Jack Weatherford）的《最后的蒙古女王：成吉思汗之女如何拯救蒙古帝国》[2]。不过在这期间，已有英国圣安德鲁斯大学（University of St. Andrews）ISLAMANATOLIA 项目中东历史研究员布鲁诺·德·尼古拉（Bruno de Nicola）的《蒙古治下的伊朗妇女：以皇后为例的研究，1206 至 1335 年》（2017 年版）与美国马萨诸塞大学阿默斯特分校（University of Massachusetts Amherst）历史系教授安妮·布罗德布里奇（Anne F. Broadbridge）的《妇女与蒙古帝国的形成》（2017 年版）。[3] 期待未来这些书也能发行中译版。

在谈到蒙古认同的转变（第 41 页）与蒙古草原上的移民

---

1 关于蒙古与畏兀儿的关系，参见 Thomas T. Allsen, "The Yüan Dynasty and the Uighurs of Turfan in the 13th Century", in Morris Rossabi, ed., *China among Equals: The Middle Kingdom and Its Neighbors, 10th-14th Centuries*, Berkeley and Los Angeles: University of California Press, 1983, pp. 261-269。

2 Jack Weatherford, *The Secret History of the Mongol Queens: How the Daughters of Genghis Khan Rescued His Empire*, New York: Crown Publishers, 2010. 简体中文版参见赵清治译《最后的蒙古女王：成吉思汗之女如何拯救蒙古帝国》，重庆出版社，2012 年。

3 Bruno de Nicola, *Women in Mongol Iran: The Khātūns, 1206-1335*, Edinburgh: Edinburgh University Press, 2017; Anne F. Broadbridge, *Women and the Making of the Mongol Empire*, Cambridge: Cambridge University Press, 2018.

（第 281 页）时，作者都提到了成吉思汗创造了"全体蒙古兀鲁思"（*Khamag Monggol Ulus*）（如克烈部与乃蛮部）。他认为在成吉思汗兴起以前就存在一个名为"全体蒙古兀鲁思"的政体。因此它可以被视为 1206 年后蒙古向外扩张后形成之"大蒙古国"（*Yeke Monggol Ulus*）的原型，但作者梅天穆在此并未注明此说的出处。这里的问题症结在于蒙文的兀鲁思（*ulus*）一词本身就具有国家、民族和人群的意思。笔者自己原先读到这一段时，认为虽然有些苏联与蒙古国学者也有类似主张，但受到著名蒙古史与阿尔泰学家罗依果所译的《蒙古秘史》英译本所影响，觉得这里译为"全体蒙古人"可能比较适切，而不是一种成吉思汗以前的蒙古国名或称谓。[1] 该书中译本译后记基本上也采取了类似的立场（参见第 372 至 374 页）。

　　然而当笔者在 2012 年美国内陆欧亚学会年会上就此问题当面请教作者梅天穆时，他向笔者表示，此说的出处实为蒙古国立大学社会人类学系教授孟和额尔登（Lkhamsuren Munkh-Erdene）2005 年的北海道大学博士论文《蒙古认同与民族主义：起源、转变与本质（13 世纪至 1920 年代中期）》[2]。这篇博士论文后来改

1　Igor de Rachewiltz, trans., *The Secret History of the Mongols: A Mongolian Epic Chronicle of the Thirteenth Century*, 2nd impr. with corr., Leiden: Brill, 2006, vol. 1, p. 296.

2　Lkhamsuren Munkh-Erdene, "Mongolian Identity and Nationalism: Origin, Transformation and Nature (from Thirteenth Century to Mid-1920s)", PhD diss., Hokkaido University, 2005.

写为期刊论文《蒙古帝国从何而来？中世纪蒙古人的民族、国家与帝国概念》[1]。该文分析了 13 与 14 世纪的蒙古文材料，包括《移相哥碑》（又称为《成吉思汗碑》）《蒙古秘史》以及《华夷译语》等，得出一个结论：在 13 与 14 世纪时，得以被称为兀鲁思的一共只有三种范畴，即蒙古、已灭亡的中国朝代（例如商朝、周朝与宋朝）、印度历史与神话中存在的国度（如西天须摩提与摩揭陀）。亦儿坚（*irgen*，意为民）被用来称呼包括蒙古人在内的所有人群。孟和额尔登由此主张，在 13 至 14 世纪，兀鲁思是一种国家社群的政府范畴，同样"全体蒙古兀鲁思"也应当是具有政府与国家形式的概念，而非仅是一种对人群的泛称。

后来在 2013 年出版作为《蒙古秘史》英译本补编的第三册中，虽然罗依果引用了一些俄罗斯与蒙古国学者的新作，再度讨论了兀鲁思的问题，但并未将孟和额尔登的观点放入讨论，并且维持前述意见。[2]

笔者研读完这些讨论后，目前反倒认为梅天穆与孟和额尔登两位的看法可能更具说服力。当然有关这个问题的讨论肯定

1　Lkhamsuren Munkh-Erdene, "Where Did the Mongol Empire Come From? Medieval Mongol Ideas of People, State and Empire", *Inner Asia*, vol. 13 (2011), pp. 211-237.

2　Igor de Rachewiltz, trans., *The Secret History of the Mongols: A Mongolian Epic Chronicle of the Thirteenth Century*, vol. 3 (Supplement), Leiden: Brill, 2013, pp. 59-63.

未来还会持续下去,笔者也期待见到新材料与新研究的发表。

梅天穆的书也提醒了我们,在中世纪发生的"成吉思大交换"中,蒙古人实际上扮演了主动角色。在蒙古兴起之前,中东的伊斯兰文明与东亚的儒家文明对国际性的交流并不感兴趣。若是没有蒙古征服欧亚世界,这两大欧亚文明也许不会被迫进行大型且长期的思想、文化与科技互动。随着世界史与全球史越来越受到重视,该书想必会受到相关教师与学生等读者的欢迎。

该书中译本不仅将原书的黑白图片都改以彩色印刷,还改正了英文原版的许多错误。例如,原书将蒙古著名佛教寺院额尔德尼昭的建造者误植为土默特部的俺答汗(或译为阿勒坦汗),该书改正为喀尔喀部的阿巴泰汗。在第 290 页,原书作者将京剧(Peking Opera)误以为是受到蒙古人的赞助而兴起的。实际上京剧是一直要到 19 世纪中期,融合了徽剧和汉剧,并吸收了秦腔、昆曲、梆子等,才在北京形成了戏剧艺术。中译本发现了这个问题,并更正为元代的北方杂剧。可以说译者们下了不少功夫。

最后仅就该书若干校订未尽之处,做一说明。

第 9 页,美国东亚学者费正清的英文原名应为 John K. Fairbank 而非 Jonathan K. Fairbank。第 125 页,蒙古国成为世界上第二个共产主义国家的时间误植为 1912 年,应为 1921 年,或更为正确的是 1924 年。第 194 页,作者论及火药在草原地区的普及时,提到清代康熙皇帝与准噶尔蒙古的噶尔丹交战时,卫拉特使用瑞典路德会士制造的加农炮。此处的瑞典路德会士应为被准噶尔人俘虏的瑞典炮兵雷纳特（Johan Gustaf Renat, 1682—1744）。实际上他要等到 1716 年才被俘虏。而当时噶尔丹的准噶尔军队所使用的火器为土耳其式的赞巴拉克。详见中国社会科学院近代史研究所助理研究员张建的博士论文。[1]

综上所述，该书观点新颖，别出心裁，适合作为高校蒙元史与世界史的参考读物。一般大众若对这段历史有兴趣，如肯下功夫亦不难入门。在此也期待出版界能够多引进欧美学界的相关研究，相信能有助于促进目前出版市场上外国蒙元史与内亚史研究的多样性。

本章原题《重估成吉思大交换与蒙古治世》，原载《澎湃新闻·上海书评》2018 年 2 月 15 日。

1　张建：《火器与清朝内陆亚洲边疆之形成》，南开大学历史学院博士学位论文，2012 年。

蒙古帝国是如何"发明"世界史的?

在史学界,冈田英弘(Okada Hidehiro,1931—2017)以其东洋史与蒙古学研究蜚声学界,生前为日本东京外国语大学亚非语言文化研究所名誉教授与东洋文库专任研究员。他曾因参与神田信夫与松村润等人主持的《满文老档》译注工作,而以26岁青年学者之姿荣获日本学士院奖,该奖项是仅次于日本文化勋章的荣誉。然而在中国,他被引介的作品多半是与满学与蒙古学相关的学术论文,数量与其专著相比实为九牛一毛。

《世界史的诞生:蒙古帝国的文明意义》的日文原名为《世界史の诞生—モンゴルの発展と伝统》,日文初版于1992年发行,1999年再版。繁体中文版《世界史的诞生:蒙古的发展与传统》最早于2013年在台湾地区出版。该书简体中文版以繁体中文版为底本，并经中央民族大学副教授袁剑审校后，由北京出版社于 2016 年发行。与繁体中文版相较，简体中文版删略了部分内容与所有地图，但基本上保持了原书风貌。虽然从现今的角度看，该书内容已略显陈旧，但仍可从中一窥冈田史学之梗概。

作者主张，由于蒙古帝国的出现而使世界史变得可能。因为在古代文明中，书写历史是作为一种文化出现的。而最早拥有历史文化的仅有两大文明：西方的地中海文明与东方的中国文明。其余的文明原本缺乏历史文化，但后来受到这两大文明影响而产生书写历史的文化。东西方的历史文化观分别以源自西方地中海文明的希罗多德《历史》和源于东方中国文明的司马迁《史记》两书为代表。

地中海型历史观以希罗多德的《历史》为代表。该书研究的对象并非希腊世界，而是横跨亚非的波斯帝国，所描述的是尚未统一的弱小希腊如何战胜亚洲强国波斯的故事。这种希腊系文化的历史叙事与另一支后来透过基督教进入罗马帝国的犹太系历史文化（以《圣经·启示录》为代表）中的善恶对决世界观相重合，结果是确立了地中海文明以"善良欧洲战胜邪恶亚洲为历史宿命"为代表的对决历史观，以变化为主题。后世的西欧人身为受到基督教影响的罗马帝国后裔，其历史观则在希腊系与犹太系两种文化之间摆荡。

中国型历史观则以司马迁的《史记》为代表。该书记载的是中国帝制的历史，讨论的是皇权的起源与转移的过程。皇权的转移是天命转移的结果，天命传承的顺序被称为正统。天命的正统万一出现了变化，皇帝的权力将无法维持。因此中国型的历史观选择忽略外部世界的变化。在这种以正统递嬗为主轴的历史观下写出的历史，基本上是一种停滞不变的范式。其历史舞台主要局限于中国内地，无法将中央欧亚地区的历史反映出来，例如《元史》仅是蒙古帝国中元朝部分的正史。

第六章为全书重心所在。作者主张，前述两种历史文化都是从自身所处的区域来看世界，两大文明各自认为自己的区域才值得被称为世界，且这两种不同的历史模式无法兼容。然而13世纪横跨欧亚的蒙古帝国出现，使得这两大历史文化透过"草原之道"结合在一起，为世界史的出现搭设了舞台。该书作者主张，由于蒙古帝国统合了欧亚大陆，并重新划分其政治边界，因此可以说后来的中国、俄罗斯与土耳其等民族国家的出现也是蒙古帝国统治下的遗产。他更进一步认为，资本主义经济其实首先诞生于华北，在蒙古帝国统治下经由欧亚草原传入地中海世界与西欧，加上海上贸易发达，因而揭开了现代的序幕。而且蒙古帝国独占了欧亚的陆路贸易，以至于处在外围的日本与西欧被迫转向海路贸易，遂开启了海洋帝国的时代。

作者认为，在蒙古帝国治下，整个世界可以被视为整体，牵一发而动全身。因此可以说蒙古帝国成立之前的时代是世界史以前的时代，13世纪后才出现了真正的世界史。其中又以14

世纪初期供职于伊利汗国合赞汗廷的拉施特（Rashid al-Din，该书译为拉希德丁）所编著的《史集》为代表。该书从蒙古人及其他游牧部族的历史写起，然后述说了蒙古大汗的历史以及蒙古以外各国人民的历史，包括自《旧约圣经》中的亚当以降的先知的历史，穆罕默德及其继承者的阿拉伯帝国以及波斯、塞尔柱、花剌子模、中国、法兰克（包括罗马皇帝与教皇）、印度等地的历史，规模远超过以往的历史著作。（第 194—196 页）

哈佛大学中国与内亚史教授傅礼初认为，在 16 世纪以前不可能有所谓早期现代（1500—1800）的全球整体史（integrative history），因为直到 15 世纪末，美洲新大陆的文明仍旧与亚、非、欧洲隔绝，而且学界对该地区的早期历史仍旧缺乏了解[1]。其论点确实也有理有据，不过如果我们将冈田英弘的论点做些修正，称《史集》这部以成吉思汗黄金氏族为中心的欧亚史，在规模上堪称最接近现代意义的前现代世界史作品，也许争议会更小，且能更适切地描述其意义。

当时在蒙古治世下，这种欧亚世界一体的想象不仅反映在史学的时间概念上，也反映在制图学的地理概念中。日本京都

1　Joseph Fletcher, "Integrative History: Parallels and Interconnections in the Early Modern Period, 1500-1800", *Journal of Turkish Studies*, vol. 9 (1985), pp. 37-57. 中译文参见董建中译《整体史：早期近代的平行现象与相互联系（1500—1800）》，载国家清史编纂委员会编译组编《清史译丛》第 11 辑，商务印书馆，2013 年，第 4—36 页。

大学东洋史与蒙古史教授杉山正明在《颠覆世界史的蒙古》一书中就曾经比较过当时分别成于欧亚大陆两端的两幅世界地图。

一是由犹太人亚伯拉罕·克列斯克(Abraham Cresques)绘制,现庋藏于法国国家图书馆的《加泰罗尼亚地图》(Catalan Atlas,也译为《卡塔兰地图》),成图时间约为元朝失去对中原控制不久后的 1375 年。一是朝鲜王朝绘制于 1402 年的《混一疆理历代国都之图》。前者由八张长幅图组成,西起大西洋、不列颠岛,经北非、中东与印度,东达中国。里面的许多地名明显受到《马可波罗行纪》的影响。后者应当是以元代流传的《声教广被图》和《混一疆理图》两种底图绘成,其中记载的诸多行政区名称为元代称呼。该图东起日本、朝鲜半岛与中国,并包括阿拉伯半岛在内的欧亚大陆与非洲,西至欧洲边际。

这两幅世界地图对距离本文化越远之地区的记载粗略程度不一,但呈现出欧亚一体的意识和视野,则是它们的共同特征。如同《混一疆理历代国都之图》中的"混一"所表示的,蒙元不仅终结了中国史上三个半世纪宋辽金南北分治的局面,也是华夷的混一,其范围约相当于当时的欧亚世界。[1]

作者认为,明朝实行带有元朝色彩的军户制与封建制等(第 166—167 页),这些确实都有蒙古统治的成分在内。但到了

---

[1] 杉山正明:《蒙古颠覆世界史》,周俊宇译,生活·读书·新知三联书店,2016 年,第 126—129 页。

明代中叶，虽然封建制仍旧存在，军户制却已日益废弛，并逐渐改为募兵制。

关于明朝继承元朝制度的问题，学界也有了更为细致的理解。在西方中国史学界，近年来风行的宋元明转折论就强调元朝在这段时期中的关键角色。在中国学界，南开大学教授李治安近来提出两个南北朝的理论，即第一个南北朝与后来的宋辽夏金第二个南北朝，唐宋变革则是两个南北朝之间的过渡时期。[1] 在中国历史与制度发展上，存在着南朝与北朝两条发展线索。元明之间的继承关系在这个理论中，则可以视为由辽夏金元代表的军户制、户役法与封建制等北朝传统在明初被继承，但明中叶以后如募兵制、一条鞭法与民营纳税等近似中唐两宋为代表的南朝制度逐渐复苏。因此后来形成南北两种体制并行的情况。这种分析其实要比冈田英弘仅以明初的情况下结论要来得更加全面，也更能描述即便明承元绪，但其后来的发展轨迹是逐渐偏离元朝传统的情况。

作者对地中海型与中国型历史的诠释做了过度概括，故出现将两者本质化而无法互通的情形。但就笔者看来，地中海型与中国型历史中其实也有互通之处，即都强调定居民族与游牧民族之间的关系。例如希罗多德的《历史》中，确实存在如作

1　李治安：《两个南北朝与中古以来的历史发展线索》，《文史哲》2009 年第 6 期，第 5—19 页。

者所言希腊与波斯两大定居文明间的对抗，但作者忽略了该书的另一个主题，即定居波斯文明与游牧斯基泰文明之间的和战。

至于作者所谓停滞的中国式史观，从该书着重分析的《史记》来看，北方游牧匈奴民族与南方定居汉朝的对抗也是一个重要主题，而且这种对抗是出自两种文化间不可化约的差异。如同宾夕法尼亚大学教授金鹏程（Paul R. Goldin）在《在古典中国里作为哲学问题的草原游牧民族》一文中所提到的，古典中国哲学中原先认为所有人类的本质相同，只是存在文化习俗上的差异，但这种差异在圣贤的教化下是可以被改变的。但到了《史记·匈奴列传》，司马迁所记载之中行说与汉朝使节间的对话，正表明了汉文化习惯不见得适合所有人（如匈奴），并承认即便是教化亦有其界限。[1]

反观其他在蒙古帝国影响下编纂的史书，也并非都如《史集》一般具有广阔的世界视野。以据信出于蒙古史家之手的《蒙古秘史》为例，其内容也是详于蒙古本部与黄金氏族的历史，而在述及其他定居文明时，同样存在着记载粗疏与年代不清的情形。因此《史集》的出现，其实某种程度上算是一种特例。

也就是说，地中海型、中国型以及后来的蒙古型（或中央

1　Paul R. Goldin, "Steppe Nomads as a Philosophical Problem in Classical China", in Paula L. W. Sabloff, ed., *Mapping Mongolia: Situating Mongolia in the World from Geologic Time to the Present*, Philadelphia: University of Pennsylvania Museum of Archaeology and Anthropology, 2011, pp. 220-246.

欧亚型）这三种历史观之间的差异可能并不像作者所说的如此水火不容，定居民族与游牧民族之间的关系则是三者之间共有的主题。因此我们在思考前现代欧亚世界史的写作模式时，如果能从定居民族与游牧民族之间的关系出发，那么前述的这三种历史模式其实都能作为我们撰写前现代世界史的思想资源。

另外在第七章"从东洋史与西洋史到世界史"中，作者对日本史学界历史分期的反思也值得我们思考。冈田英弘认为，传统日本史学界的日本史、东洋史和西洋史三大分支，由于缺乏共同的分期标准，因此无法从中为新的世界史发展出一个适当的研究架构。例如，内藤湖南的唐宋变革论将皇帝专制视为中国走向"近世"（即近代）的指标之一，但在西方，专制主义主要的发展仅仅限于法国，并不能作为整个西方的发展代表，因此并不是一个很好的指标。这个批评也促使我们应当重新思考中国史与世界史分期的分期问题，而该书主张以蒙古帝国成立为世界史分期的标准也值得纳入考虑。

最后，该书一些说法存在疑问，亦有校订未尽之处。正文第 1 页将阔阔出视为铁木真的堂兄弟，是因为阔阔出之父蒙力克曾对铁木真有恩，故铁木真尊称他为"蒙力克父亲"（*Mönglik echige*）。但实际上，铁木真与阔阔出应无真正的血亲关系。第 72 页，回鹘汗国的"吉尔吉斯人"，历史上称其为"黠戛斯"。第 161 页，"伊儿汗国"为旧译名，现多译为"伊利汗国"。第 199 页，《蒙古源流》一书误作《蒙古流源》。同页"布儿罕合。

勒敦山"中之句号为手民之误,应去之。第 215 页,"满州语"
应作"满洲语"。

简言之,笔者同意该书的主张,即以蒙古帝国成立为分期
的中央欧亚视角有潜力成为未来世界史学界的典范,但同时认
为,这并不需要以贬抑其他文明的史观为代价。反之,我们实
可以从这些不同的史观中持续汲取养分,以便创造出更具解释
力的世界史典范。

本章原题《蒙古帝国是如何"发明"世界史的?》,原载
《东方早报·上海书评》2016 年 4 月 17 日。

马可波罗是否到过中国？

    在世界史上，威尼斯商人马可波罗（Marco Polo, c. 1254—1324）无疑是最伟大的旅行家之一。据称他于 1271 年随着其父亲尼可洛（Niccolò）与叔叔马费奥（Maffeo）自威尼斯出发前往汗八里（Khanbaliq，即大都，今北京），并且服务于忽必烈汗廷，直到 1295 年才回到威尼斯。但他是否真的到过中国，一直是学界争论的焦点。

    疑问早在 19 世纪初期，即由意大利历史学家巴德礼·波尼（G. Baldelli Boni）与英国历史学家马尔斯登爵士（Sir William Marsden）等早期编译《马可波罗行纪》的学者们提出。他们主张，马可波罗未曾到中国，因为在其行纪中并未述及长城、茶叶与缠足等中国事物。德国中古史家于勒曼（Karl Dietrich

Hüllmann）在 1829 年更主张马可波罗未曾越过今日俄国喀山（Kazan）以南的地区。这些质疑都为玉尔爵士（Sir Henry Yule）于 1860 年再度提出。英国汉学家吴芳思（Frances Wood）于 1996 年出版的《马可波罗到过中国吗？》（*Did Marco Polo Go to China?*）一书是这些质疑的现代版化身。[1]

吴芳思的怀疑论调很快就受到许多欧洲中古史家与蒙古学家异口同声的反驳。其中又以彼得·杰克逊的论文《马可波罗及其"行纪"》，以及罗依果的长篇书评《马可波罗去过中国》为代表。[2] 近年来，英国学者郝史第（Stephen G. Haw）在 2006 年出版的专书《马可波罗之中国：一位在忽必烈汗国中的威尼斯人》中，基本上也认为《马可波罗行纪》相当可信。[3]

除了欧美学者，中国历史学者多半也反对吴芳思的说法。诸如杨志玖、蔡美彪、陈得芝、黄时鉴与党宝海等学者都曾经从马可波罗的旅行路线与年代以及行纪中有关中国的记载进行

1　Frances Wood, *Did Marco Polo Go to China?* Boulder, CO: Westview Press, 1996. 简体中文版参见洪允息译《马可波罗到过中国吗？》，新华出版社，1997 年。

2　Peter Jackson, "Marco Polo and His 'Travels'", *Bulletin of the School of Oriental and African Studies, University of London,* vol. 61, no. 1 (1998), pp. 82-101. Igor de Rachewiltz, "Marco Polo Went to China", *Zentralasiatische Studien,* vol. 27 (1997), pp. 34-92.

3　Stephen G. Haw, *Marco Polo's China: A Venetian in the Realm of Khubilai Khan*, New York: Routledge, 2006.

考察，并认为马可波罗的记述可信度很高。[1] 近年来，学者彭海更反驳了过去认为在汉文史料中缺乏关于马可波罗记载的说法，认为《元史·脱脱传》与《元史·世祖本纪》中提及的内臣孛罗即为马可波罗。[2]

杰克逊将吴芳思反对马可波罗到过中国的理由归纳为三点：（1）马可波罗在其行纪并未交代缠足、饮茶与长城等任何外国人游历中国时会感到印象深刻的事物；（2）马可波罗的名字从未在任何中文文献中被提起；（3）马可波罗自言曾参加过围攻襄阳之役，而这明显是他个人的自吹自播。

为反驳吴芳思的说法，杰克逊认为，我们必须要先对《马可波罗行纪》有正确的认识，才能做比较公允的评价。因此他的文章主要处理以下几点问题：（1）《马可波罗行纪》是什么？（2）其撰写目的为何？（3）书中究竟说了什么？（4）该书在何种程度上反映了马可波罗的个人经历？

首先，杰克逊分析了《马可波罗行纪》的作者与传抄

1 杨志玖：《马可波罗与中外关系》，《杨志玖文集》第 3 册，中华书局，2015 年；蔡美彪：《试论马可波罗在中国》，《中国社会科学》1992 年第 2 期，第 177—188 页；陈得芝：《马可波罗在中国的旅程及其年代》，《元史及北方民族史研究集刊》第 10 期（1986 年），第 1—9 页，第 47 页；黄时鉴：《关于茶在北亚和西域的早期传播——兼说马可波罗未有记茶》，《历史研究》1993 年第 1 期，第 141—145 页；党宝海：《元代城墙的拆毁与重建——马可波罗来华的一个新证据》，《元史论丛》第 8 辑（2001 年），第 46—53 页。
2 彭海：《马可波罗来华史实》，中国社会科学出版社，2010 年，第 71—96 页。

者，比较了巴黎版、托斯卡纳版、多明我会的托钵修士皮皮诺（Francesco Pipino of Bologna）的拉丁语译本、另一个不同于前者的拉丁语译本，以及拉穆西奥（Giovanni Battista Ramusio）于16世纪整理的版本，说明《马可波罗行纪》并非出自马可波罗本人之手，而是透过其牢友鲁斯蒂谦（Rusticello）的记载反映出来的马可波罗游历，因此不能对其叙述多加着墨，马可波罗书中未提及的事物，也不无可能存在于其他已失传的版本中。

至于马可波罗是否真有其人，根据其他历史文献记载，14世纪的多明我会修士达揆（Jacopo d'Acqui）曾述及马可波罗于1296年在与热那亚人的海战中被俘，在病中的他也曾表示他所说的尚不及他所见的一半。医生与哲学家狄阿巴诺（Pietro di Abano，卒于1316年）也说自己见过马可波罗。最后，有关马可波罗家族的文献也保存了下来。这些都是马可波罗真有其人的证据。

有关《马可波罗行纪》的撰写目的，杰克逊认为《马可波罗行纪》是由一个职业传奇冒险故事作家所作，但在后世传抄与流通的过程中，该书被赋予了不同的意义。该书事实上是一个世界各地的百科全书式研究，并非严格按照时间先后顺序组织而成的。

关于《马可波罗行纪》为个人观察还是道听途说的问题，杰克逊认为，即便如教皇使者柏朗嘉宾（John Plano of Carpini）等人曾经亲历蒙古汗廷，其游记中亦不乏如犬首人身国等道听途说之词。《马可波罗行纪》也不例外,但行纪的作者确实试着把个人经验与道听途说进行区分。

至于马可波罗究竟去过哪些地方,杰克逊认为,他除了去过云南、汗八里等地外,也确实去过印度。他特地强调了印度行纪的重要性,因为正是在 1290 年左右,马可波罗结束了印度之旅回到汗八里后,由于陆路不安全,才决定改由海路护送元朝宗女阔阔真(Cocacin,即 Kökechin)前往伊利汗国。

至于欧洲人在元朝的情况,杰克逊提到,在马可波罗之前,1261 年已有富浪国(即法兰克人)访问忽必烈汗的记录,但马可波罗是第一个访问远东的意大利人。在他之后,才有方济会士孟高维诺(John of Montecorvino)于 1307 年抵达汗八里,并且成为汗八里的第一任大主教。在他与威尼斯商人达鲁卡隆戈(Pietro da Lucalongo)的通信中,也曾经透露后者为其在中国买地建立教堂一事。因此马可波罗的中国之旅早于前述两位历史文献所记载的意大利人。

针对马可波罗未能提供许多中国生活细节这一点,杰克逊认为,首先,马可波罗很可能大部分时间都花在为忽必烈汗效劳上了,例如出使印度等,因此不一定长期待在中国一处。其次,他身为色目人的身份也可能减少了他与汉人有更多接触的机会。此外,马可波罗声称自己通四种语言,但从他将伯颜丞相的名字误释为百眼可知,这其中可能不包括汉语。不过,他很可能通波斯语和突厥语,前者为当时欧亚大陆所通行的语言,这反映在他以波斯语或是突厥语的形态来转写地名与人名上。

马可波罗护送阔阔真前往伊利汗国一事,一直被视为证实《马可波罗行纪》真实性的有力证据之一。阔阔真一事见于波斯文与中文史料,前者为拉施特(Rashid al-Din)的《史集》(*Jami' al-Tawarikh*),后者则为《永乐大典》(最早由杨志玖所发现)。马可波罗的名字不见于波斯文与中文史料中这点,构成了吴芳思不承认此一证据的主因之一,然而罗依果认为《马可波罗行纪》精确记载了三个使臣的名字以及其中两人死于途中一事,这已足以证明其叙述的真实性。至于马可波罗之名未被记载之因,罗依果认为这只是说明马可波罗并不像他声称的一般在使节团中有重要地位罢了。杰克逊则进一步认为,这与中国将外国商人视为贡使的传统相关,但事实上商人在使节团中只是作为蒙古大汗之商业利益的官方代表,并不真正具有重要性,自然也就不会被记载在史册当中。

罗依果认为,马可波罗获得过蒙古大汗的牌子,那也是他曾经来过中国的重要的证明之一。牌子,简单来说就是圣旨,有了它,使者可以任意征用所需要的资源,各驿站也有义务提供使者膳食与马匹。他同时也澄清,马可波罗一行人一共拿到了七个牌子,而非吴芳思所称的情况,即行纪中对牌子数目的记载有混乱。根据罗依果的统计,1266 年,马可波罗的父亲与叔叔在第一趟旅程中从忽必烈汗手中拿到一面牌子;1290至 1291 年,马可波罗一行三人从忽必烈汗手上拿到两面牌子;

1293 年，三人从海合都汗手中拿到四面牌子。一共七面。牌子
的数量之所以重要，是因为吴芳思认为，后来马可波罗骗了马
费奥的钱而导致争讼，其中牌子成为两人争夺的焦点。罗依果
认为，吴芳思误读了记载，因为原文并没有提到任何欺骗行为，
只是纯粹赔偿在特拉布宗（Trebizond）经商的损失罢了。

很多学者认为马可波罗没有来过中国，证据之一是，在中
文史料中找不到有关马可波罗的记载。不过值得注意的是，其
实有很多色目人来到中国，也都没有出现在中文史料中。例如
前述方济会士孟高维诺，他的事迹也不见于中文史料。一般认
为马可波罗在忽必烈汗底下做的工作是幕僚或顾问性质的非正
式工作，并不在有品级的中国官僚系统之内，也因此不会出现
在中文史料中。

至于《马可波罗行纪》中没有提到长城的问题，根据美国
历史学者林蔚（Arthur Waldron）的研究，在明代以前其实不存
在长城。因此在《马可波罗行纪》没有留下相关记载就不成为
问题了。

有关《马可波罗行纪》的性质，杰克逊做出了很中肯的分
析：该书是一部描述已知世界的著作，而非马可波罗本人的回
忆录或旅行日志。在许多事情上，《马可波罗行纪》提供了许多
翔实的信息，以至于让读者很难相信在缺乏亲身经历者的口述
下，鲁斯蒂谦能够编造出这些情节。马可波罗也许未曾游遍中
国，但他似乎确实在中国与印度之间进行过海上探险。对他们

曾游历的地方，相关记述多半是组织松散的。马可波罗本人、行纪执笔者以及后世传抄者等人在对中国的描述以及马可波罗的地位上，确实有夸大其词的嫌疑，但这并不能代表马可波罗未曾到过中国或是甚至未曾跨越克里米亚。

然而，即便吴芳思的怀疑论调已遭受到许多反驳，之后仍然有其他学者从不同角度支持其看法。例如，2011年，意大利学者彼得雷拉（Daniele Petrella）从考古学角度出发，认为日本考古发掘的船舰残骸显示，蒙古船舰应为三桅船，这与《马可波罗行纪》中记载的五桅船明显不同。因此他认为，马可波罗的记载有问题，并怀疑其中国之旅的真实性。[1]

近年来，关于这个争论，德国图宾根大学汉学教授傅汉思更进一步另辟蹊径，从元代中国的货币、食盐与税收等方面，提出支持马可波罗曾经来过中国的证据。其成果是2013年出版的《马可波罗到过中国：货币、食盐与税收方面的新证据》[2]。在该书中，他将数种《马可波罗行纪》不同版本中关于中国的纸钞、贝币、盐币、盐业与税收制度的段落与其他记载相对比，发现马可波罗的记载不仅在质量上都优于与其他同时期的欧洲、波斯与阿拉伯旅行者，例如柏朗嘉宾（John Plano of Carpini）与

---

1 Nick Squires, "Explorer Marco Polo 'Never Actually Went to China' ", *The Telegraph*, August 9, 2011.

2 Hans Ulrich Vogel, *Marco Polo Was in China: New Evidence from Currencies, Salts and Revenues*, Leiden and Boston: Brill, 2013.

伊本·白图泰（Ibn Battuta）的相关记载，同时也与中国的汉文史料记载若合符节。

该书结构共分为八章。首章为导论，说明全书的结构并进行文献回顾。同时相当全面整理了马可波罗是否到过中国的正反意见。关于《马可波罗行纪》的作者、抄本流传，该书的本质、风格与目的，书中以波斯语形式记载的中国地名，书中对蒙古文化与汉文化的记载，忽必烈汗廷中的"拉丁人"，马可波罗是否参加了襄阳之役，马可波罗任官扬州、受派到中国各地，波罗家族与汉文史料，马可波罗的回乡之旅，以及大汗赏赐给波罗家族的金牌等争议点，作者都做了很好的整理。

第二章的主题是元代中国的纸钞。作者将马可波罗对元代纸钞的描述与汉文记载与出土材料对照，认为他的记录相当可靠。这包括他所提到的纸钞之设计，共有 13 种面额，颜色为黑色，尺寸大小随面额不同而改变，纸钞破损换新的手续费为原面额的百分之三，纸钞可以用来做缴税、交易与付款的媒介等。此外，作者认为马可波罗没有提到元代福建使用纸钞一事并非巧合。因为，当时纸币的流通上确实存在着南少北多的不均衡情形。这肇因于中国南方仍有许多南宋铜钱流通，且蒙古人对新征服之南宋领地的统治不稳固，加上地方官员敷衍塞责推行不力，或是囤积纸钞以待升值，另外纸币本身的质量不佳与数量不足，这些因素都导致了元朝纸钞当时在中国南方使用不广的结果。

　　第三章讨论的是在云南与东南亚流通的贝币。《马可波罗行纪》中提及，贝币在云南地区流通，且这些贝币是从印度输入的。这些记载对照汉文史料都能够得到印证。元代的材料说明，这些贝币不只来自丝路南端，也来自广西、贵州与四川等地，以及沿海如上海、杭州、泉州与广州等地的市舶司。其中马尔代夫又是当时亚洲贝币的主要产地。即便直到1305年，元朝纸钞被引入云南后，贝币仍旧持续流通。此外，贝币不仅用于小额支付，在公家与私人交易上，面额较高的贝索都用于支付巨额款项。马可波罗也特别注意到云南当地不同于其他元朝行省，因为当地居民并不被强迫使用纸钞且允许金银流通。另外，在贝币流通的区域上，《马可波罗行纪》的记载与汉文史料也若合符节。除了《马可波罗行纪》，目前并未发现任何非汉文史料提及云南的贝币。

　　第四章的主题为云南与西藏的盐业与盐币。吴芳思认为，马可波罗在描写中国西南的盐业时，将云南产盐误认为四川自贡。但实际上，云南盐业有很长久的历史，而自贡一直要到18世纪晚期才成为重要的盐业中心。云南盐业与四川不同在于，前者在技术上较为落后，且从业者多半为当地的少数民族。马可波罗正确指出，云南制盐是从盐井中汲出卤水后火煮而得，盐课是当地财政的重要收入，以及盐作为云南与西藏的货币。从成书于9世纪中叶的樊绰《云南志》与元代的《云南志略》等作品中可以看出，早自8世纪末至12世纪中期，盐在中国西南就已被当作货币使用了。而且元代云南其实同时有数种货币流通，包括贝币、盐币、金、银与纸钞。作者也发现，马可波罗所提到的盐币重量、价值、在西昌与中国其他地区的盐价，与盐币的流通和功能，都不至于与汉文材料相差太远。马可波罗还是第一个提到在云南地区盐作为货币的非中国人。

第五章讨论长芦与两淮的食盐生产、税收与贸易。在这章中，作者认为，马可波罗评论淮河流域的盐课为整个帝国带来丰厚收入的说法并不夸张。因为根据作者的统计，在元代，该地区的盐课占了全国盐课总额的三成以上。马可波罗没有提及扬州盐业的重要性，可能是因为，直到元代统治中国南方初期，该地仍未设立管理盐业的单位。另外，关于马可波罗是否曾在扬州任官的问题，作者认为，我们无法抹消这个可能性，但他应该没有担任过盐业的主管官员。因为马可波罗如果曾经担任过扬州盐业的主管官员（例如两淮盐运使司），那么他不可能会没有认识到扬州盐业的重要性。

第六章考察了杭州与其辖地的税收，包括了盐课与其他财政收入。作者延续了150年前法国汉学家颇节（Jean-Pierre Guillaume Pauthier，1801—1873）考察马可波罗所言的杭州税收之研究方向，并且提供了更为详尽的研究。他根据元代1328年以纸钞给付的课税收据说明，有大约八成的税收是来自盐课。这也印证了元人曹监"天下赋入，盐利逾半"之说。

有关马可波罗所言原本南宋的领土共分为九个王国一事，

作者认为这里的王国应指宋代的一级行政区——路。根据《元史》记载，1276 年忽必烈汗征服的南宋领地数目，包括了两浙路（两浙西路与两浙东路）、福建路、江东西路（江南东路与江南西路）、湖南北路（荆湖北路与荆湖南路）、两广路（广南东路与广南西路）与四川。马可波罗曾言将四川划出南宋领地之外（可能是由于当时四川早已落入元朝控制），因此可以得到九个路（王国）之数。而马可波罗所给出的杭州盐课收入数字，经过作者换算后，约等于当时金 554210 至 818362 两，对照汉文史料所统计出的数字，约为金 469799 至 906040 两（第 377 页）。因此马可波罗提供的信息也在合理范围内。

至于马可波罗如何取得这些财政数字与盐政信息的问题，作者认为，马可波罗很可能是地方上的低层官员。由于元代地方行政采合议制，即便身为低层官员的马可波罗也可能有机会能够接触到这些信息与数字。

第七章讨论元代中国的行政地理区划。马可波罗在关于扬州的部分中提到，当时共有 12 位男爵（baron）管理 12 个行省（sajes）。作者认为这完全符合元代 11 个行中书省加上中书省的情况。关于马可波罗提到忽必烈治下共有 34 大省（provences）的问题，作者也提出至少四种解释。作者认为，马可波罗观察中国城市时更像是一名蒙古官员而非旅行者。例如，在其叙述行政地理相关事务时，他并不是根据各行省的行政区域单位，而是以城市为主来组织的。除了喀剌和林、大都与杭州等具有政治、历史与行政重要性的城市，对其余城市的描写都千篇一律，或一笔带过，但若是路或行省的首府时，他则会给予更多关注。

透过前述种种分析与证据，作者在最后的结论一章中认为，通过比对《马可波罗行纪》和元代文献与出土文物，再综合当代的历史研究成果，可以看出《马可波罗行纪》的记载基本上相当可靠。《马可波罗行纪》不仅在元代钞币的记载上较其他欧洲、波斯与阿拉伯材料详实，还是唯一记载了云南与西藏贝币、盐币与云南盐业的中世纪著作。如果说马可波罗并未亲自走访这些地方，仅凭道听途说或抄袭而能取得这些精细的信息，确实很难让人信服。因此作者认为，马可波罗确实是曾经到访过中国的。

该书还附上了各种版本的《马可波罗行纪》对纸钞、盐币等事物的记载，以及当时在威尼斯、波斯与中国的各种货币的重量与比率。这些对其他研究者来说，也都是相当好的工具。

不过值得注意的是，虽然作者赞同马可波罗来过中国的说法，但他对其他支持者的论调仍然保持着批判性，且认同是有选择的。例如他对彭海所谓《元史》记载了马可波罗来华的诠释就采取比较保守的态度。他认为彭海的论点相当大胆，仍然对其保持怀疑（第80页），而且彭海可能也误读了关于马可波罗在扬州任官的记载（第362页）。

如果将反驳马可波罗不曾来中国的段落拿掉，该书便成了一部杰出的元代中国经贸金融史研究，而且修正了许多前人的说法与错误。例如作者修正了市丸智子（Ichimaru Tomoko）在元代银、钞与铜钱的相互关系之研究中的统计错误（第197页，注204）。另外作者认为彭信威在《中国货币史》中认为元代钞币每年5%的报销率估计过低，而大幅上修至93%（第217页）。作者认为玉尔（Henry Yule）对于威尼斯货币重量单位 *saggio* 重4.8克的估计过高，而下修至4.3克（第237页，注237）。另外他也批评了玉尔认为元代纸钞一锭等于十两银的说法不仅忽略了元代纸钞兑换金银的比率不同，同时也忽略了兑换比率随时间浮动的问题（第368页）。

最后针对该书校订未尽之处做一补充。例如，"腾川"应为"腾冲"（第248页），"赛典赤瞻思定"一般译为"赛典赤瞻思丁"（第251、262页），"钉"应作"锭"（第112、263、488页），frustrum-shaped salt 应为 frustum-shaped salt（第286页），*toman* 为突厥语和蒙语同源词 *tümän*，书中误作 *tüman*（第368页）。

简言之，诚然如吴芳思等学者所言，《马可波罗行纪》中存在着一些问题，但其中所记载中国相关信息大体仍然相当准确。如果说马可波罗并未亲自走访这些地方，而仅凭道听途说而取得这些精细的信息，确实很难让人信服，目前西方学界主流还是认为马可波罗确实是曾经到访过中国的。

围绕这一争论，未来随着更多考古与文献材料的发掘，势必还会出现更多讨论。作为研究者，笔者也期待，这些讨论有助于我们对马可波罗以及他所游历的元代中国有更为深广的认识。

本章原题《马可波罗是否真的到过中国，还需要争论吗？》，原载《澎湃新闻·私家历史》2014 年 12 月 16 日。

世界史上的蒙古时代及其遗产

蒙古帝国是有史以来疆域最广大的陆上帝国，人们一般习惯将1206年成吉思汗建立大蒙古国视为蒙古世界帝国成立的时间点。

然而如何看待成吉思汗缔造的这一欧亚世界及其历史？蒙古帝国何时灭亡？其后继者为何？蒙古帝国留给后世的历史遗产为何？这些问题因回答者的立场与认知不同，答案也有差别。如今杉山正明在其《蒙古帝国的漫长遗绪》一书中，针对这些问题给出了他个人的答案，相当值得我们深思。

本书收录于日本讲谈社为百年社庆所发行的"兴亡的世界史"丛书，为其第九卷，日文初版于2008年2月，后来于2016年4月发行文库版。如今发行繁体中文版，译者为陈心慧。本书的简体中文版则于 2020 年发行。[1]

过去已有许多杉山正明的作品被引介入中文世界，包括了《游牧民的世界史》《忽必烈的挑战：蒙古与世界史的大转向》《蒙古颠覆世界史》《疾驰草原的征服者：辽 西夏 金 元》与《蒙古帝国的兴亡》等。相信中文读者对他的作品并不陌生。那这本书与其他作品相较之下，有什么特色呢？我想，关键如书名所言，本书除了着重于蒙古帝国，还关注蒙古帝国崩解之后的欧亚世界新面貌。

本书序章以 1920 年中亚布哈拉汗国与希瓦汗国灭亡破题，指出虽然蒙古帝国已经崩溃，但其残影直到上个世纪才消失。这已颠覆一般大众的认知。而且在那段时期前后，清朝、俄罗斯帝国、奥斯曼帝国、德意志帝国与哈布斯堡帝国都相继崩溃，然而这些大帝国实际上都与蒙古帝国有着或深或浅的关系。

文中也批评，当今以欧美为中心所描绘的世界史，将其起点定于 15 世纪末西欧进入海洋是一种"海洋观点"。然而 13—14 世纪的蒙古帝国统合了欧亚大陆，开启了新的世界史。从蒙古帝国出发的世界史"陆地理论"也许更适合将过去的世界史统合起来，作者将此称之为"欧亚世界史"或"欧亚非世界史"。在这种架构中，世界史以蒙古帝国为分界点，可以分为

1　参见乌兰译《蒙古帝国与其漫长的后世》，北京日报出版社，2020 年。

"蒙古时代"以及"后蒙古时代"。作者希望透过这种对历史认知的重构，能够创造出人类共有的历史样貌，有助于面对未来的挑战。

由于欧亚大陆作为人类历史的重要舞台，作者着重介绍，"亚洲"（Asia）与"欧洲"（Europe）两词源自亚述语，分指日出（*asu*）与日落（*ereb*）之地，后来传到希腊才成为亚洲与欧洲的定称。然而近代以来，欧洲成了文明的代表，亚洲则成为负面事物的代表。"欧亚"一词是欧洲与亚洲的合称，主要为 20 世纪初的地缘政治学者使用。其中麦金德（Halford John Mackinder，1861—1947）提出了陆权论，主张谁能控制欧亚大陆的心脏地带，谁就能取得世界霸权；以俄罗斯为首的北方国家，继承了蒙古帝国的遗产。这一论调为后来的冷战立下了基础，并且在冷战之后仍旧存在，例如布热津斯基（Zbigniew Kazimierz Brzeziński，1928—2017）所主张的欧亚地缘政治学。游牧民作为推动欧亚大陆历史演进的动力，他们的历史在过去一直被忽略。从斯基泰人萌芽，到匈奴建立包含基本架构的军事联合体，最终到蒙古帝国的欧亚一体化，必须说，世界史存在着这些欧亚国家绵延不绝的传统。

建立起世界帝国的蒙古人自己眼中的世界史又是什么面貌？作者以伊利汗国为例指出，其合赞汗在位时期由拉施特所编纂的《史集·突厥蒙古诸部族志》中的突厥乌古斯可汗传说显示，二十四长政体与过去的匈奴和后来蒙古帝国的政治结构有着惊人的相似，可以说是以游牧民为中心的欧亚世界史。蒙古时代所绘制的《混一疆理历代国都之图》与《加泰隆尼亚地图》，则分别从欧亚的东西两端，描绘出类似的世界样貌。作者认为，过去的历史学界过度推崇了大航海时代的重要性，忽略了蒙古时代所取得的世界地理认识，有必要修正这样的认知。

成吉思汗被认为是蒙古帝国的奠基者。在"蒙古"这张大伞下，包括了突厥系民族、汉人、唐兀、女真、中东的穆斯林、俄罗斯与东欧的基督徒在内，存在一个极具包容性的国家。他所建立的蒙古帝国由其后代继承，是一个由大汗兀鲁思与其他黄金家族成员的兀鲁思构成的多元复合体。成吉思汗也因此被波斯史家志费尼称为"开启世界之人"。

关于术赤西征俄罗斯与东欧，作者指出，过去关于成吉思汗与其长子术赤之间有不和以及术赤悲剧性死亡的说法都是后人的想象。西征的主要目标不在于征服俄罗斯与东欧，而是为控制钦察草原的突厥游牧势力。后来，在 1241 年的莱格尼察战役中蒙古军队残杀波兰与条顿骑士团联军一事，被作者认为是西方学者夸大东欧联军死伤的结果。所谓蒙古金帐汗国统治的俄罗斯在历史上被视为"鞑靼桎梏"的时代一事，作者也予以批判，认为正是在蒙古扶持下，莫斯科公国的亚历山大·涅夫斯基才得以崛起，后来更继承了金帐汗国的遗产。

关于旭烈兀西征伊朗与中东并建立起伊利汗国一事，作者也认为是一个偶然的结果。蒙古之所以能够顺利击败伊斯玛仪教团与阿拔斯王朝，则要归功于蒙古完善的事前准备与情报搜集，以及蒙古军队使人闻风丧胆的威名。作者更将蒙古西征的成功与后来美国攻打伊拉克相附会，认为美国的失败之处正是在于对于伊拉克的了解太少，以及没有尊重部族社会的传统，实行间接统治。蒙古统治留给中东的遗产则在于，将突厥蒙古式的军事权力与体系引入中东，另外确立了后来由军事、财政与宗教组织三者为国家支柱的统治形式。在建筑方面留下的影响是偏好蓝色与壮丽的帝都建筑等。

至于当时的欧洲，正是组织十字军试图收复耶路撒冷时期，面对强大的伊斯兰异教徒敌人，欧洲人听说在遥远的东方有一群强大的蒙古人，不知道它们是敌是友。1248 年，由蒙古大将燕只吉台遣送的聂斯托里派基督徒使者前往欧洲，面见当时滞留于塞浦路斯的法王路易九世，法王路易九世希望能够与蒙古人建立同盟，如此一来便可以从东西双方夹击穆斯林。然而由于贵由汗的过世，路易九世念兹在兹的同盟未能缔结，他本人最终也于 1250 年被埃及大军击败被俘。后来到了忽必烈汗时期，则有出身汪古部的拉班·扫马与马克两人获得忽必烈的牌子，从大都（今北京）前往耶路撒冷朝圣，后来在伊利汗国停留时，扫马又被阿鲁浑汗委派前往欧洲寻求与基督教国家缔结同盟，并且在罗马与巴黎受到热烈欢迎，顺利完成出使任务。作者认为，扫马的游记成了从东方亚洲与蒙古的视角留下的欧洲见闻录，也是当时东西交流高峰的见证。

　　作者认为，14世纪后半的后蒙古时代，虽然在海上出现了由欧洲国家主导的大航海时代，但欧亚大陆上的其他主要国家都由蒙古公主的驸马爷统治，蒙古帝国的影响力并未完全消退。

　　例如，崛起自察合台汗国西部的帖木儿帝国就是一个典型。帖木儿本身是一个突厥化的蒙古巴鲁剌思部人，他靠着拥立具有成吉思汗家族血统的昔兀儿海迷失为傀儡大汗，又迎娶察合台家族的公主为妻，而能以驸马身份君临中亚。后来，由帖木儿的后裔巴布尔在印度北部所建立的莫卧儿帝国，也可以被视为是帖木儿帝国的延续。再后来，首位俄罗斯沙皇伊凡四世，以并吞金帐汗国的后继者喀山与阿斯特拉罕汗国，开启未来俄罗斯帝国成为欧亚大帝国的序幕著称。但他的母亲与第二位妻子都有术赤家族的血统，可以说伊凡四世本身不仅有一半的蒙古血统，同时也是蒙古黄金家族的女婿。最后，清朝的满洲统治者皇太极也是在击败了蒙古察哈尔部的林丹汗，取得了元朝的"传国玉玺"，因此改国号为大清称帝，成为大元的继承人，而且他娶了科尔沁蒙古贵族的女儿后，某种程度上成了蒙古贵族驸马。可以说，当时在欧亚大陆上的主要政权或多或少都继承了蒙古帝国的统治正当性，统治者也有蒙古驸马的身份。

　　作者在终章以阿富汗杜兰尼王朝作为最后的游牧帝国，说明作为文明十字路口的阿富汗，即便到了18世纪后半叶，仍旧是一个强大且有组织的游牧民国家。即便外界已进入了海洋时代，但它的历史发展和过去的欧亚游牧民国家并没有太大的差异。进入 20 世纪以来，阿富汗先后受到英国、苏联与美国的入侵，呈现动乱不稳的情况，但长久以来阿富汗内部的民族文化多样性与部族政治的游牧民国家特征，并没有因为西方文明的入侵而消逝，例如蒙古时代的政治议事制度，仍旧以"支尔格"（*jirga*）的形式存在于今日的阿富汗。可以说蒙古帝国在欧亚大陆的影响仍旧延续至今。从长期来看，俄罗斯与中国作为广土众民的帝国，也是蒙古的遗产。

本书倡议，以欧亚游牧民的视角看待世界历史的演进过程，并说明蒙古在世界各地的征服与影响。书中关于法王路易九世所领导的十字军与蒙古之间的关系，过去的中文作者较少谈及。而且坊间一般的书籍在谈到蒙古时代的东西交流时，多半着重在柏朗嘉宾、鲁不鲁乞与马可波罗身上，偶尔提及伊本·白图泰。而这些多半是从西方向东方旅行的人物。本书将拉班·扫马出使欧洲的旅行作为重点，而且强调了他的行纪提供了一种亚洲与蒙古看待欧洲的观点，这种设计可见作者的用心。作者提出后蒙古时代在蒙古驸马统治下的欧亚则在强调成吉思家族血统与后世政治权威的关系。以上这些都是这本书的特点。

作者主张后蒙古时代的特征为这些后继国家多半由蒙古驸马统治，美国北佐治亚大学历史、人类学与哲学系教授梅天穆则从一个更长久的视角探讨这些驸马的出身与阶层，并认为，1260 年蒙古帝国分裂为四大汗国后，除了元朝，哈剌出

（*qarachu*，此处指不属于成吉思家族的异姓蒙古贵族）阶层逐渐在各个蒙古汗国中取得了优势，并握有废立可汗的大权。除了先前提到的察合台汗国内部的帖木儿，在伊利汗国后期的斡亦剌惕贵族捏兀鲁思，金帐汗国后期的诺盖贵族马麦，北元的瓦剌贵族也先，还有莫斯科大公国的伊凡四世都可以归入这个范畴。[1] 所以作者所指出的这个情形实际可以追溯到四大汗国时期。

作者在第七章的终段提醒读者注意一点，也就是在后蒙古时代所出现的所谓"大航海时代"中，"海进"和"陆进"实际上是同时展开的。在陆地方面，欧亚大陆被分割为数个"区块"的新型地域帝国。陆权与以欧洲各国为代表的海权开始逐渐分流。在这种情况下，作者在终章中提出，我们可以用"帝国"作为后蒙古时代世界史研究的单位，毕竟帝国这种形态直到今天仍旧在欧亚大陆上保持着生命力，而且对作者而言，美国更代表了一种全球帝国的形态，与曾经雄踞欧亚大陆的蒙古帝国互相辉映。

另一方面，万一"帝国"这种政治形态动摇甚至瓦解，反作用力也将是可怕的。然而在如今这个全球化社会中，应对新冠疫情、环保问题与气候变迁这些全球性问题需要整合全人类

1　Timothy May, *The Mongol Empire*, Edinburgh: Edinburgh University Press, 2018, pp. 338–349.

的力量。未来的世界史应当用什么样的框架书写？也许也可以参照人类应对全球性问题的方式进行吧。

　　本章原题《导读：世界史上的蒙古时代及其遗产》，载《蒙古帝国的漫长遗绪：后蒙古时代与世界史的重新构图》，杉山正明著，陈心慧译，2019年。

后蒙古时代与明清中国

明清中国史：一部从"小中国"到"大中国"的演变史

由明朝的汉人统治者始建，并经清朝的满洲统治者保存与扩大的紫禁城，大概是最广为人知的中国历史建筑之一，也是反映中国多民族文化的历史结晶。其规模之大与富丽堂皇，更被外国人视为传统帝制中国历史的载体。

如今，紫禁城作为故宫博物院，是向广大人民群众开放的。稍早于2017年5月由社科文献出版社推出的《紫禁城的荣光：明清全史》[1]一书，正是以紫禁城为主轴，叙述明清中国发展的通论著作。

---

[1] 神田信夫、松村润、冈田英弘：《紫禁城的荣光：明清全史》，王帅译，社会科学文献出版社，2017年。

该书日文原版最初由日本文艺春秋出版社于 1968 年刊行，是"大世界史"丛书的第 11 卷。原先在版权页上仅载明作者为神田信夫教授，但实际上在结语中已有说明，该书实为神田信夫、松村润、冈田英弘三位教授合著的成果。后来于 2006 年作为学术文库之一册，由日本讲谈社修订后再版，并且恢复了三人合著的形式。三位作者曾于 1957 年以《满文老档》研究而一同获得日本学士院奖。因此，可说在明清史领域中，三人都是学有专精的博学硕彦。如今，透过中央民族大学历史文化学院博士生王帅的译介，这本优秀的日文明清史读物得以和广大中文读者见面。

该书共分为十六章。书中就华南华北的差异，以及蒙古草原的生态、长城的防御意义、北京作为边境城市与西伯利亚商路终点的重要地位等课题进行阐述。该书主张，今日中国作为多民族统一国家的原型早在元朝就已形成。明朝原先打算重建元朝霸业，也试图控制内亚草原，但最终未能实现其愿望。因此，现代中国的概念实际上要等到清朝建立之后才真正成形。

书中提到，明太祖朱元璋登基后为完成中央集权而发起胡惟庸案，诛杀功臣集团与红巾军旧部。但后来，到晚期的蓝玉案时，背后实际上有来自新官僚集团与诸王的压力，事态已脱离朱元璋的掌控。这种清洗旧部的做法也削弱了明军的团结与战力，以至于后来明太祖朱元璋过世后，建文帝与燕王朱棣斗争时，让朱棣能够以少数精锐部队成功发起政变。朱棣即位后就开始着手在北京修建新的宫殿，完成后便将首都从南京迁到北京。此举主要出于两方面考量，一是北京原本就是他的封地，远离建文帝势力范围内的南京，二是建都北京易于防御北元的入侵。整体而言，北京不仅是最适合控御满洲、蒙古与内地的政治枢纽，同时也是当时东亚最重要的国际都市，商业与文化都有高度发展。

该书的一大特色是重视明清时期蒙古、西藏、突厥斯坦、台湾、琉球、日本与朝鲜等地区的发展。元朝退回蒙古本部以后，仍旧是一股不容忽视的势力，并对明朝的合法性与安全持续造成威胁。该书特别注意 1368 年后蒙古内部的政治发展。一般的历史书籍都将 1368 年明军攻占大都（北京）视为元朝灭亡的时间，但该书认为，实际上要到 1388 年元帝脱古思帖木儿被明军击败，在逃亡过程中遭也速迭儿所弑，才算是元朝灭亡。但元朝的传统并未在漠北断绝。该书将 1388 年以后的蒙古史分为三个时期：一是从 1388 至 1454 年，可以称为瓦剌时代，以其首领也先在土木之役中俘虏明英宗为最高峰；二是达延汗（1464—1524）重振北元正统皇权的时代，这个时期一直到 1634 年北元末代皇帝林丹汗败于满人之手为止，在这段时期，蒙古与西藏透过藏传佛教建立起紧密的连结；三是从瓦剌部发展出来的准噶尔部与清朝对峙的时期，直到 18 世纪中叶被清朝击败为止。

该书也着重明清时代东亚海域的历史。而当时朝鲜、日本与琉球和明朝建立起朝贡关系是重要国际事件。特别是幕府将军足利义满为与明朝开展贸易而接受永乐皇帝赐予的日本国王封号。京都女子大学教授檀上宽在《永乐帝》[1]一书中甚至认为永乐帝不费一兵一卒就让日本回到朝贡体系当中，其功业可说远迈其父洪武帝与元世祖。明代中叶，倭寇成为东南沿海的重要问题。直到 16 世纪 60 年代以后，才以武力进剿与开放海禁双管齐下解决此问题。后来于 1592 年爆发的朝鲜之役耗损了明朝与朝鲜的国力，而使得位处满洲南部的建州女真得以发展成未来的霸权。明朝宫廷苦于东林党与阉党之间的政治斗争，加上为了与女真作战，加征辽饷、剿饷与练饷等土地附加税，造成人民生活困窘，各地流寇四起。明朝最终于 1644 年亡于流寇李自成之手。

建州女真在努尔哈赤的领导下于 16 世纪末崛起，1616 年建立金国，史称后金。1619 年在萨尔浒之战中以寡击众，大败明军。1626 年，努尔哈赤病逝，其子皇太极继位，克绍箕裘，分别降服了朝鲜与察哈尔蒙古，取得了元朝的传国玉玺。因此于 1636 年改族名为满洲，定国号为大清。但皇太极于明朝灭亡前一年病逝，其弟睿亲王多尔衮辅佐年仅六岁的顺治皇帝，和明朝山海关守将吴三桂合作，入关扫除流寇，并消灭了南明的残

1　檀上宽：《永乐帝：华夷秩序的完成》，王晓峰译，社会科学文献出版社，2015 年。

余势力，初步确立满洲在关内的统治。之后的康熙皇帝在南方平定了汉人降将吴三桂等人发起的三藩之乱，荡平了台湾的郑氏政权。在内亚地区则遏止了沙俄在满洲与蒙古北部的扩张，签订了《尼布楚条约》。康熙皇帝还击败准噶尔部噶尔丹博硕克图汗的入侵（外蒙的喀尔喀蒙古也因此归附清朝），并于1720年远征拉萨，将准噶尔势力驱逐出西藏。

该书对雍正皇帝则轻描淡写，主要强调他剥夺了功臣与诸王的实权，从而强化了皇权。而将一部分火耗作为官员的养廉银，剩下的上缴国库之举，一方面增加了由皇帝支配的经费，另一方面又能断绝了京官进行党争的财源。设立军机处之举加强了中央集权，同时大兴文字狱控制言论。

谈到乾隆皇帝时，作者强调了其十全武功与清朝疆域的扩大，以及这使其成为满、汉、蒙、藏、维五族的大中国皇帝。乾隆的豪奢与庞大财力也使得他能对艺术与学术加大资助。以扬州为中心的长江下游地区则在经济与文化上得到长足发展。然而他晚年宠信和珅，导致官场腐败，加上庞大的人口压力和有限耕地，导致农村经济衰败和秘密宗教兴盛。到嘉庆年间，爆发了白莲教与天理教之乱，甚至连紫禁城都被乱党侵入。紫禁城的荣光也逐渐黯淡消逝。

如果将该书与近期出版的同类书相比较，可以更加凸显该书的特色。譬如2005年出版的立教大学教授上田信的《海与帝国：明清时代》[1]，虽然是在该书出版后三十余年才面世的新作，但明显能看出两本书的着重点有所不同。上田信的后出之作明显受到近年来全球史与环境史的影响，立基于银钱并用的双重经济架构，从物的流通和海洋贸易史的角度，讨论明清中国在东欧亚与近代世界体系中的地位。但对明清时期的主要政治经济事件和明清中国在内陆欧亚的扩张则相对着墨较少。因此这两本书正好有互补之处。

也许有些读者注意到，该书所讲述的历史分别以两起白莲教动乱为标志：以元末白莲教乱始，以清中叶白莲教与天理教乱终。虽然不清楚这样的安排是不是作者用心良苦，因为该书没有特别提到明末山东由白莲教徒徐鸿儒所领导的民变。但就元明清三朝都苦于白莲教这点看来，这至少是个有意思的巧合。

"白莲教"在中国历史上被视为邪教、秘密宗教或民间宗教的源头或是总称。元史学者杨讷早期的《元代白莲教资料汇编》以及《元代白莲教研究》都很值得参考，后者是篇幅短小的入门读物。[2] 另外值得介绍的是，牛津大学教授田海（Barend ter

---

1 上田信：《海与帝国：明清时代》，高莹莹译，广西师范大学出版社，2014 年。

2 杨讷编：《元代白莲教资料汇编》，中华书局，1989 年；杨讷：《元代白莲教研究》，上海古籍出版社，2017 年第 2 版。

Haar）1992 年出版的《中国历史上的白莲教》[1] 一书的中译版也已于 2017 年 11 月出版。该书挑战了过去学界对元末白莲教的理解，认为元末红巾军韩山童等人的宗教思想与白莲教传统并无联系，而白莲教被视为一个整体且带有负面形象的情况，则是自明代中叶逐渐发展起来的复杂结果。

《紫禁城的荣光》一书提到清代天理教乱时表示，清朝宗室昭梿的《啸亭杂录》详细记录了这次事件的经过。但要注意的是，天理教徒的口供与昭梿的描述实际上有所出入，具体内容详见中国社会科学院研究员马西沙的《清代八卦教》[2] 一书。美国学界对清代白莲教乱的研究当以普林斯顿大学历史系荣退教授韩书瑞（Susan Naquin）于 1976 年出版的《千年末世之乱：1813年八卦教起义》[3] 以及 1981 年出版的《山东叛乱：1774 年王伦起义》[4] 两本书为代表。

近年来的新研究着重于探讨天理教对后来清朝在政治、学

1　Barend ter Haar, *The White Lotus Teachings in Chinese Religious History* Leiden: E.J. Brill, 1992. 简体中文版参见刘平、王蕊译《中国历史上的白莲教》，商务印书馆，2017 年。

2　马西沙：《清代八卦教》，中国社会科学出版社，2013 年新版。

3　Susan Naquin, *Millenarian Rebellion in China: Eight Trigrams Uprising of 1813*, New Haven and London: Yale University Press, 1976. 简体中文版参见陈仲丹译《千年末世之乱：1813 年八卦教起义》，江苏人民出版社，2010 年。

4　Susan Naquin, *Shantung Rebellion: The Wang Lun Uprising of 1774*, New Haven and London: Yale University Press, 1981. 简体中文版参见刘平、唐雁超译《山东叛乱：1774 年王伦起义》，江苏人民出版社，2008 年。

术与社会层面的影响。例如，中国人民大学历史学院副教授张瑞龙的《天理教事件与清中叶的政治、学术与社会》一书，就透过探讨天理教徒攻进紫禁城对清廷和官员所造成的巨大冲击，认为此事件在政治上刺激嘉庆皇帝整顿吏治；在社会上促成政府大力铲除"邪教"，强化对基层社会的控制；在学术上则引发士人议政的新风尚以及对乾嘉考据学的反省，后来导致汉宋调和及今文经学的兴起，强调学问的致用性，等等。[1]

《紫禁城的荣光》一书的译文流畅易读，并且添加了许多译注。在这点上，译者和责编居功厥伟。这里仅就内文部分编校未尽之处作一补充说明。

第 161 页提到发现永宁寺碑并将其公之于众的俄国人别尔米金时，有编译者脚注称其"俄文全名及生卒年月不详"，事实上，该人全名为 G. M. Permikin。[2] 第 216 页提到的察哈尔部的布鲁尼与第 241 页的察哈尔亲王布尔尼实为同一人，一般以后一译法为主。第 246 页将康熙皇帝的长子胤礽的太子妃误植权臣索额图之女，实际上应为武将石文炳之女。第 254 页提到喀尔喀部的朝克图珲台吉，一般译为绰克图；原译文提及他是藏传佛教噶玛派的信徒，此处有漏字，应作噶玛噶举派，或简称噶

---

1 张瑞龙：《天理教事件与清中叶的政治、学术与社会》，中华书局，2014 年。

2 《伦敦皇家地理学会学报》第 28 卷（1858 年 7 月）刊有别尔米金与其他人共同撰写的《阿穆尔河及其周边地区考察纪行》一文的英译。在此也要感谢中国人民大学清史研究所博士生惠男见告此文。

举派。第311页提及法国传教士蒋友仁之法文原名时，误将其姓与名倒置，应作 Michel Benoist。

　　总体来说，《紫禁城的荣光》是一部优秀的明清史入门作品，对明清时期的中国与周边地区及国家的重要事件与彼此间的关联做了深入浅出的介绍，展现了明清中国从小中国到大中国的演变史。该书适合作为高校通史教材与大众历史读物，若能搭配上田信的《海与帝国：明清时代》阅读，不仅能对历史学界的较新研究成果有所认识，也更能掌握明清帝国的历史全貌。

　　本章原题《明清帝国史：一部从小中国到大中国的演变史》，原载《澎湃新闻·上海书评》2018年1月25日。

作为清朝边政与外交制高点的承德

近年来，美国学界对中国与内陆亚洲之间历史研究所做的广泛修正，被称为"中国研究的族群转向"。

首先，长期以来的汉化假定遭到了怀疑。在人类学观点的运用下，学者们重新检视满、蒙、回、苗及其他族群在历史脉络下的身份认同。汉人自我中心的概念也受到重新检视。其次，中国在历史上被视为一脉相承且从未改变的看法受到了质疑。例如，朝贡制度被视为传统中国对外关系的一般模型，但清朝对待邻国的方式，如政治婚姻、宗教赞助、商业、外交、战争等，都与朝贡或汉人自我中心主义无关。

在此一背景下，《新清帝国史：清朝在承德所建立的内陆亚洲帝国》[1]一书聚焦于清朝与内陆亚洲之间的关系及其政治与文化基础。清朝的王朝特征透过检视承德的发展历程，可以略窥一二。由于位处中国北方边疆，基于战略考虑，承德在实际上与象征上成为满洲统治者协调中国、俄国与内陆亚洲三者关系的指挥中心。自 1703 年起，康熙皇帝开始在承德兴建避暑山庄。此后至 1790 年间，承德的景观（landscape）逐渐改变，满洲统治者借此反映与颂扬清朝在中亚与内陆亚洲的扩张。避暑山庄与其周围的外八庙，整合了中国、西藏与中亚的关键文化遗迹。承德的一切都证明，清朝化解了农业中国与游牧内陆亚洲的冲突。

1708 年，康熙皇帝正式将承德的夏宫命名为避暑山庄。精心设计的自然环境是这座山庄的主要吸引力所在。康熙与乾隆皇帝在避暑山庄外围各营造了三十六景，并且留下刻石与诗词以志之。除了有中国内地的景色外，也有其他表示蒙古、中亚与西藏等外部边疆的景色。透过重建从西藏到江南的著名景点，避暑山庄成为清帝国的缩影。

无独有偶，透过对不同欧亚政体的比较，可以发现类似的历史过程。中国的承德和法国的凡尔赛两座都市一样，都是由

1　James A. Millward, Ruth W. Dunnell, Mark C. Elliott, and Philippe Forêt, eds., *New Qing Imperial History: The Making of Inner Asian Empire at Qing Chengde*, London and New York: RoutledgeCurzon, 2004.

强有力的王权所建立,并透过积聚文化资源以进行中央集权。而法王路易十四、印度莫卧儿帝国的阿克巴大帝与清朝的乾隆皇帝,三者同样从都市中心迁移到乡间建立新首都,且这三个专制君王皆意图借此展示其皇权并巩固之。

然而,自 1820 年嘉庆皇帝驾崩后,新的地缘政治挑战使得清朝忽略了承德。时至今日,承德被复振为大众旅游景点。由此,承德丰富的自然与人文景观在不同的时代被赋予了不同的意义。

就架构而言,本书集结了 11 篇论文及 6 篇与承德相关之史料的英译,共分为五部分。第一部分"作为内陆亚洲首都的承德",提供了与本书相关之清朝历史背景的简介。第二部分"帝国的仪式",检视了承德如何与相关的木兰猎场以帝国首都的形式运作。第三部分"皇帝的多重面孔",研究了乾隆皇帝在多样化的媒介与文化模式中的表现。同时,使用不同帝国成员的语言是大一统皇帝的表现。第四部分"来自承德的声音",集结了与承德相关的御制诗文、西方传教士书信、班禅朝见乾隆皇帝的藏人记载以及承德的民间故事等。从其来源包括了汉文、满文、法文与藏文的情况看来,来自承德的声音实充满了民族与文化的多样性。第五部分"今日的承德",讨论了清朝崩溃后外国探险家重新发现承德的经过。

由于本书为论文集,相较于稍早出版的《图解承德:清朝的景观事业》[1]，其结构较为松散。但两书着眼点并不完全相同，后者主要是针对承德之自然与人文景观的改变进行研究，前者则主要是针对发生在承德的清代历史事件与意义，以及对承德景观的多重文化特色进行分析。两者的内容实有互补之处。

限于篇幅，本文无法就《新清帝国史》中各篇论文进行通盘讨论，以下仅针对数篇论文进行讨论：

第一，透过对承德建筑的考察，法国藏学家安娜·莎耶（Anne Chayet）发现，在承德所建造的西藏庙宇，并非以真正的西藏佛寺为蓝本，而是以佛教唐卡为蓝本而建造。唐卡画中想象的西藏佛寺，在皇帝的权力下化为真实。避暑山庄的建筑形式，无法被简单归类为传统中国式、蒙古式或西藏式，而是上述三种的特别混合形式，应称为"清式"建筑。可以发现，这样的建筑风格某种程度上反映了清朝的复杂性与特殊性。

第二，美国亚洲研究学者凡·西蒙斯（Van J. Symons）在其论文中统计出，乾隆皇帝一年大约有三分之一的时间待在承德，他还将乾隆皇帝从北京到承德的旅程比拟为帝制中国传统中的"巡狩"（tour of inspection）。西蒙斯借由此举说明了乾隆皇帝不仅是有意识地以汉人模式的儒家君王自称；同时，乾隆前往关外围猎与宴请外藩臣属又暗示了他也以内陆亚洲的大汗自称

---

1 Phillippe Forêt, *Mapping Chengde: The Qing Landscape Enterprise*, Honolulu: University of Hawai'i Press, 2000.

的目标。

第三，美国汉学家欧立德与华人学者贾宁的文章则讨论狩猎在内陆亚洲民族文化中的重要性，并且延伸讨论狩猎对清朝皇帝的政治意义。本文将木兰围猎视为一种被发明的传统（invented tradition），不同于满洲人旧有的打猎风俗（custom），并讨论其成为清朝皇室家教祖制的过程与意义。此外，木兰围猎对清帝与汉官而言，存在着不同的意义：前者视其为光荣的民族传统，后者则视其为皇帝沉溺游乐的象征。这种诠释上的差异，也提醒读者注意满洲人统治下的阿尔泰与汉人世界仍旧存在的鸿沟。

第四，1771 年，土尔扈特蒙古自俄国前来归顺清朝。乾隆皇帝认为这个历史事件是自清朝建国以来经略内陆亚洲的顶点，因此作了《御制土尔扈特全部归顺记》以纪念之。美国清史学者米华健以此为背景，探讨清朝在平定准噶尔蒙古后，乾隆皇帝以盟旗制度统治蒙古的意义。由于蒙古人过去的部落被地理划分的实体所取代；原先对超凡魅力领袖的忠诚也改为臣服于被科层制行政体系环绕的皇帝。米华健认为，这些改变不仅防止了广泛部落联盟的可能性，也避免出现新的超凡魅力领袖挑战清朝的权威，因此在这个意义上，内陆亚洲草原被有效地与世隔绝了。可以说，清朝的治蒙政策有效地使蒙古臣服清朝的统治之下。这种情势一直到清末在蒙古推行新政，引起蒙古贵族与喇嘛的不满，加上俄国的介入，清朝在蒙古的统治才瓦解。[1]

第五，美国东亚宗教学者约瑟夫·阿德勒（Joseph A. Adler）以承德文庙的兴建为例，说明乾隆皇帝跳脱了程朱理学的传统，并以古典儒家理想中的圣王自称。借此，不仅儒士官僚失去了批判皇帝的理论基础，皇帝也巩固了清朝统治关内汉人的道德正当性。

第六，有关乾隆皇帝对藏传佛教的信仰究竟是出于真诚还是为了绥服蒙古的问题，美国亚洲研究学者伊丽莎白·贝纳德（Elisabeth Benard）以记述乾隆皇帝接待六世班禅额尔德尼的藏文材料为基础，以及对乾隆皇帝陵寝的分析，试图说明乾隆皇帝对藏传佛教的追求不仅仅是出于策略，更包含了他个人对藏传佛教信仰的虔信。

如果我们从帝国边缘的承德来反观清朝历史，可以发现这个规模不大的新兴城市在清朝历史上实占有重要地位。1689年，康熙皇帝在木兰行围期间和俄国签署了《尼布楚条约》；来年在木兰围场附近的乌兰布通，由康熙皇帝领导的清军击败了噶尔丹的入侵。1691年，康熙皇帝在多伦诺尔接见了前来归顺的喀尔喀蒙古王公。80年后，1771年，乾隆皇帝在承德接见了自俄

---

1 有关清朝在蒙古统治的瓦解过程，参见 Mei-hua Lan, "The Mongolian Independence Movement of 1911: A Pan-Mongolian Endeavor", PhD diss., Harvard University, 1996。

国来归清朝的土尔扈特蒙古领导者渥巴锡（Ubashi）。1780 年，乾隆皇帝与西藏重要政教领袖之一的六世班禅额尔德尼贝丹益希于承德会面，并在万树园设宴款待之。另外，书中未着重探讨的部分，还包括了 1793 年乾隆皇帝在这里接待了英王乔治三世的特使马戛尔尼。这些清朝历史上的重要事件都与承德息息相关。我们必须承认，外国政要也许对承德比北京更为熟悉。承德不仅是当时内陆亚洲的首都，更是世界上重要的政治中心之一。

清朝皇帝从北京巡狩至承德，建文庙以修文，行围猎以讲武。在藏传佛教领袖的赐福、蒙古王公的臣服与儒士汉官的协助下，清朝皇帝得以成功统治广大的疆土。透过这本书所提供的承德边缘视角，我们可以看到它在清朝皇帝维持帝国一统中的作用：名为避暑，实为柔远；围猎为名，讲武是实；宴请来使是象征，宣示主从关系为意义；崇尚佛教是手段，笼络蒙藏为目的。承德不仅是清朝大一统国家的象征缩影；反过来，它也在清朝维持大一统的过程中起了实际作用。从承德这个制高点往下俯瞰，当可使我们更清楚清朝在维持多民族国家统一上的细腻之处。

事实上，承德景观之混合文化特色与清朝基于族群主权所实施的各种民族隔离与地域封禁政策之间，存在着极大的落差。

但似乎少有相关研究讨论此一落差的意义。[1]针对治下的不同民族，清朝皇帝"因其教，不易其俗"，尊重其文化与信仰，但同时也实行各民族之间的隔离政策，而自己则以唯一得以跨越不同民族文化藩篱的统治者自称。

本章原题《评 James A. Millward, Ruth W. Dunnell, Mark C. Elliott, and Philippe Forêt, eds., *New Qing Imperial History: The Making of Inner Asian Empire at Qing Chengde*》，原载《历史人类学学刊》（香港）第 5 卷第 1 期（2007 年 4 月），第 202—205 页。

1　有关清朝的民族隔离与地域封禁政策，参见马汝珩、马大正编《清代的边疆政策》，中国社会科学出版社，1994 年。

世界史上的中亚

经过长时间的翻译与审校后,《中国西征》的繁体中文版已于 2021 年 1 月出版发行。笔者作为译者之一,一方面感到高兴与期待,另一方面也感到不安与惶恐。毕竟这本书篇幅大、内容广,让这次的翻译工作难度增加不少。在该书翻译过程中,笔者与作者濮德培保持联络,修订了英文原版中的一些错漏,并且请教了一些问题。借由此次撰写译者序的机会,笔者也略读了其他两位译者的译文并予以初步审订。与此同时,笔者的译稿也由濮德培教授的学生与助理审读,并给出修改建议。希望该书中文版的发行能够有助于厘清该书在中文学界中所引起的争议与误解。

《中国西征》的作者濮德培于 1981 年获哈佛大学历史与东亚

语言学程博士，现任耶鲁大学历史学系教授。他的研究兴趣包括了清代中国史、边疆史、环境史以及世界史。《中国西征》[1]于2005年由哈佛大学出版社旗下的贝尔纳普出版社发行。该书探讨中国、准噶尔蒙古与俄罗斯三方在中亚角力的历史，主轴放在准噶尔部的兴亡上。作者主张，欧亚这三大相互竞争的力量，其实和欧洲各国存在相似之处。三者都受到地缘政治竞赛的驱动，并且调动资源，进行武力、贸易和外交的对抗。[2]此一过程影响了这三个帝国的国家构建过程。该书获得由美国亚洲学会颁发的2007年"列文森图书奖（20世纪前）"（Joseph Levenson Prize）。

该书自2005年出版至今，已有十六个年头。在这段时间内激起许多书评与讨论，这里笔者先简单回顾一下。在英文学界，明代中国军事史学者戴德（Edward L. Dreyer）从军事史角度称赞本书，认同该书从军事考量与国家政策角度解释历史变迁的做法。[3]俄国史与全球史学者大卫·克里斯蒂安则称赞该书展示了边疆如何在欧亚史上占有一席之地，以及如何在现代世界史中定位中国。但克里斯蒂安也认为，该书对中国与西方世界关系

1 Peter C. Perdue, *China Marches West: The Qing Conquest of Central Eurasia*, Cambridge, MA: Belknap Press of Harvard University Press, 2005.

2 Peter C. Perdue, *China Marches West*, p. 18.

3 Edward L. Dreyer, Review of *China Marches West: The Qing Conquest of Central Eurasia*, by Peter C. Perdue, *The Journal of Military History* vol. 69, no. 4 (October 2005), pp. 1203–1204.

之官方叙述中的决定论倾向反应过度，毕竟欧洲确实跟中国在发展历程上有所差异。[1]宾州大学东亚系教授艾骛德（Christopher P. Atwood）则从蒙古史的角度切入，一方面称赞该书在讲述清朝一方的历史书写时相对详实且可靠，另一方面认为该书在论及准噶尔一方时充满诸多省略与不准确的描述，忽略了准噶尔自身的历史书写传统，更在拼写专有名词与蒙文词汇上有着前后不一致的情况。[2]自该书出版以来，还有许多新的研究出现，各自从不同角度探讨这段历史以降的发展，此处不再赘述。

中文学界很早就有针对该书的讨论。例如现任云南大学历史与档案学院副教授田宓，曾在 2005 年 10 月发表一篇书评，赞同作者濮德培对中西国家形成所采用的历史比较取向。不过她也从华南学派的地方社会视角出发，认为该书未能探讨地方精英与属民如何想象帝国，因此无法回答帝国如何被维系的问题。[3]

该书在中文学界所引起的较大争议之一，主要源于作者在序言交代选用书名"中国西征"的原因时表示，尽管清朝征服

1 David Christian, Review of *China Marches West: The Qing Conquest of Central Eurasia*, by Peter C. Perdue, *Kritika: Explorations in Russian and Eurasian History* vol. 8, no. 1 (Winter 2007), pp. 183–189.

2 Christopher P. Atwood, Review of *China Marches West: The Qing Conquest of Central Eurasia*, by Peter C. Perdue, *The American Historical Review*, vol. 111, no. 2 (April 2006), pp. 445–446.

3 田宓：《〈中国西征：清朝对欧亚大陆腹地的征服〉书评》，《历史人类学学刊》（香港）第 3 卷第 2 期（2005 年 10 月），第 187—191 页。

准噶尔帝国的故事被现代的中国民族国家所认可，但他仍觉得
这其实是"清朝的征服"（Qing Conquest）而非"中国的征服"
（Chinese Conquest），因为主要的参与者其实并不是汉人。濮德
培强调征服过程其实带有"前民族"（pre-national）的特征，因
为当时尚未出现所谓"民族国家"（nation-state），因此这些士
兵与商人当时只是追逐自己的利益，心里并没有民族国家这样
的概念。作者主张，后人在读这段历史时，应当认识到这一点。
濮德培还注意到时人的行为替后来的民族主义奠定了重要的
基础。[1]

濮德培的立场在该书第十四章有更为清楚的阐释：

> 在现代意义上的"蒙古人""满族""中国人""维吾尔
> 人、回人"的民族意识并没有一致参与这场斗争的同一边，
> 或者表达出统一的观点。他们的行动是为要保有他们作为城
> 镇、部落、家庭或者个人，在一场来自不同背景的精英联盟
> 追求权力的斗争中之利益。[2]

作者这段文字是为提醒读者，必须认知到作为帝国的清朝与
后来作为民族国家的中国，两者的性质其实是有所差异或不完全

---

1 Peter C. Perdue, *China Marches West*, xiv.

2 Peter C. Perdue, *China Marches West*, p. 509.

重合的。这种差异也反映在清代学者与现代中国大陆学者对清朝武功的解释上。濮德培以 1984 年中华书局发行的魏源《圣武记》点校本《前言》里，韩锡铎与孙文良两人对魏源论点的批评为例，认为从中国大陆学者的社会主义观点来说，魏源犯了两个严重的"错误"。首先，魏源带有"阶级偏见"，态度上倾向镇压人民起义。其次，魏源否认中国边界的永久性。特别是魏源认为《尼布楚条约》所划定的中国边界领土，有很多是新进入版图的"不毛之地"。此外，魏源主张台湾"自古不属中国"。韩锡铎与孙文良坚持，"这些无疑是十分错误的，也不符合历史事实"。[1]

值得强调的是，濮德培并未否认清朝与中国两者之间存在连续性，作者更在书中多次使用中国（China）或清代中国（Qing China）来代称清朝，作为可互换的词语。[2] 可以说，濮德培该书对"清朝"和"中国"的用法，顶多是存在前后不一或语带暧昧的情形，但并未走到两者互斥的极端立场上。

然而，中文学界有部分学者欲以此做文章，主张作者认为清朝不是中国。这造成了一项以偏概全的误解：仿佛作者要把

---

1 Peter C. Perdue, *China Marches West*, p. 509. 韩锡铎与孙文良的评语参见魏源《圣武记》，中华书局，1984 年，"前言"第 3 页。

2 例如"清代中国与中央欧亚的关系"（Qing China's relations with Central Eurasia）或是"中国西北活动的重要性"（the importance of China's northwest campaigns），参见 Perdue, *China Marches West*, xv。

清朝"去中国化"。[1]部分学者从各方面批判濮德培的立场，便是立基于此一误解之上。这些学者从史料出发，在清代满文文献中找到中国绥服回部的满文表述。[2]更有甚者，将对濮德培的批评上升到"歪曲历史""别有所图"的政治批判的高度。[3]但这其实很可能落入了稻草人谬误，因为在笔者看来，濮德培此书对"清朝"与"中国"的用法以及其实际立场，并没有批判者所说的那么极端。

　　该书在中文学界还引发了另一项争议：我们是否能把清朝与近代欧洲的殖民帝国相提并论？最早提出这项质疑的是时任中正大学讲座教授的汪荣祖。他在2005年12月的书评中，一方面赞许该书将清帝国征服中亚的历史置于世界史的视野来观察，另一方面也批评该书实际上还是从清朝视角来叙事，低估了清朝的汉化，并且认为"大清帝国无疑是漠北蒙古的宗主国。这种政策与布局显然与作者所谓的近代殖民主义大不相同"。[4]晚些时候，现任台北"中研院"近代史研究所副研究员吴启讷则

1　钟焓：《去中国化的〈中国西征〉》，《澎湃新闻·上海书评》2016年12月19日。

2　钟焓：《清朝史的基本特征再探究——以对北美"新清史"的反思为中心》，中央民族大学出版社，2019年，第169—170页。

3　刘姗姗：《歪曲新疆历史别有所图》，《历史评论》2020年第3期，第75—78页。

4　汪荣祖：《〈中国向西迈进：大清征服中亚记〉书评》，《汉学研究》第23卷第2期（2005年10月），第526页。

从清朝的伊犁将军与沙俄的突厥斯坦总督比较上入手,对濮德培所提出的"满洲殖民主义"论点表示了类似的质疑。[1]中国人民大学清史研究所教授刘文鹏则从清朝对新疆的统治存在理藩院体制到将军、大臣驻防体制的转变批评"满洲殖民主义"论点忽略了清朝在统治新疆之行政体系上的转变。[2]

这个争议确实比较复杂,症结在于各学者对"殖民"和"帝国"的定义其实出入不小,而且清朝在不同边疆地区所实行的治理制度也有所不同,以至于这样的讨论其实并不容易聚焦。笔者想提醒的是,在我们讨论这个问题时,还需要注意今日继承了清朝遗产的不同民族国家在这个议题的立场也有所不同。

综上所述,笔者简单说明了该书的翻译与审校过程,同时也简单回顾了本书在学界的评价与引起的争议。许多议题至今仍在学界热烈讨论。笔者也期待该书中译本能为这些讨论添砖加瓦,并提供一个更全面理解该书的途径。

本章改写自《译者序》,收入《中国西征:大清征服中央欧

1　吴启讷:《清朝的战略防卫有异于近代帝国的殖民扩张——兼论英文中国史学界中"欧亚大陆相似论"和"阿尔泰学派"》,载汪荣祖主编《清帝国性质的再商榷——回应新清史》,台湾远流出版公司,2014年,第81—108页。

2　刘文鹏:《论全球史观下的"满洲殖民主义"》,《中国人民大学学报》2017年第2期,第138—145页。

亚与蒙古帝国的最后挽歌》，濮德培著，叶品岑、蔡伟杰、林文
凯译，台湾卫城出版社，2021年，第15—18页。

清代八旗制度

满洲人所建立的清朝是中国历史上由非汉民族统治时间最长的一个朝代。然而，清朝皇帝如何以少数的征服民族之姿，遂行对广大汉人的统治，同时能维持满族自身的统治地位，一直是学术界所重视的问题。

一般认为，清朝的满洲统治者之所以能巩固在中国的统治，对汉文化的学习与采借是一个很重要的因素。然而这也使得清朝满人是否汉化的问题成为学界争论的焦点之一。过去主流的汉化学派（Sinicization School）观点，随着近二十年来对满文相关史料的整理与应用，逐渐受到强调满洲性的新兴阿尔泰学派

（Altaic School）的质疑。[1]在此一学术潮流的影响下，《满洲之道：八旗制度与晚期帝制中国的族群认同》[2]一书探讨清朝八旗制度与满洲身份认同之间的关系。作者欧立德，在该书 2001 年初版时任美国加州大学圣塔芭芭拉分校历史系副教授，现为美国哈佛大学东亚语言与文明系与历史系马克·史华兹教授及哈佛大学国际事务副教务长。

八旗制度为清太祖努尔哈赤于 17 世纪初创制的一种兵民合一、军政一体的社会制度。旗是旗分的简称，满语 *gūsa* 的汉译。八旗制度初创时仅有八旗满洲一部。到了清太宗皇太极统治时，随着金国对察哈尔蒙古与辽东汉人的征服，又创建了八旗蒙古与八旗汉军，奠立了日后八旗制度的规模。

该书主要论点大致可归纳为以下三点：

首先，清朝统治中国的权威基础有二：一为新儒家式的正 当 性（neo-Confucian legitimacy），二 为 族 群 主 权（ethnic

---

1　有关两者间的辩论，以何炳棣与罗友枝（Evelyn S. Rawski）之间的"论战"最受瞩目。Ping-ti Ho（何炳棣），"The Significance of the Ch'ing Period in Chinese History", *Journal of Asian Studies*, vol. 26, no. 2 (February 1967), pp. 189-195; Evelyn S. Rawski, "Reenvisioning the Qing: The Significance of the Qing Period in Chinese History", *Journal of Asian Studies*, vol. 55, no. 4 (November 1996), pp. 829-850; Ping-ti Ho, "In Defense of Sinicization: A Rebuttal of Evelyn Rawski's 'Reenvisioning the Qing'", *Journal of Asian Studies*, vol. 57, no. 1 (February 1998), pp. 123-155.

2　Mark C. Elliott, *The Manchu Way: The Eight Banners and Ethnic Identity in Late Imperial China*, Stanford: Stanford University Press, 2001.

sovereignty）（第 13 页）。前者指的是清朝入关后，为顺利统治关内的汉地，因而崇儒重道，起用大批汉人官僚，以儒家圣主的形象统治汉人；后者则指清朝皇帝透过各种不同的族群政策，使其能保持本民族的特殊性，创建并维持一个大一统的多民族帝国。

其次，出于维护族群主权的考虑，清朝皇帝给予满人多项优惠与特殊待遇，并且设法使其与汉人隔离以保持其传统（内容包括了满语、骑射与俭朴忠诚等特质）。清朝皇帝对满人的照顾以及满人处于广大汉人敌意包围下的态势，也增强了满人的共同命运感。

再次，随着清朝对中国从暂时征服转变为长久占领，自 18 世纪初起，满人受到汉人的涵化（acculturation）情况日渐严重，八旗驻防各地导致旗人与中央的联系日渐薄弱，同时八旗人丁的增长也成为清朝财政的沉重负担。清朝的族群主权基础出现了危机，于是清朝试图解决这些问题。就前者而言，虽然清廷努力遏止满人渐入汉习，却仍然无法扭转此一情势；就后者而言，清廷透过将八旗制度科层化，以及改革八旗财政与户口登记等措施，成功地使旗人得以重新附着于八旗制度上。八旗制度得以维持，也使满洲身份得以保存。清廷理想中以文化为基础的规范性（normative），至此亦逐渐被以旗人身份为基础的履行性（performative）所取代。八旗制度与满洲身份认同是密不可分的。

从前述中可以发现，作者着重讨论了两个概念：一个是族群属性（ethnicity），另一个则是八旗制度。其主要对话对象则是美国达特茅斯学院历史系教授柯娇燕（Pamela Kyle Crossley）。

首先，在族群属性的讨论上，柯娇燕在《半透明镜：清帝国意识形态下的历史与身份认同》[1]一书中，避免以族群属性作为理解清朝治下不同文化团体的概念工具。她认为，当时对这些人群的分类与历史建构，事实上受到满洲统治者的意识形态（ideology）影响，与现代脉络中的族群（意指被民族国家边缘化的人群）不同，因此她另以帝国成员（constituency）称呼之。[2]她并且认为旗人与被征服的汉人在文化上的区分，到了乾隆朝时改变为世系（genealogy）与种族（race）上的区分，同时以清高宗敕纂《八旗满洲氏族通谱》与对八旗汉军的祖源追溯为其佐证。[3]她认为，一直要到清末太平天国之乱后，满人才开始产生现代意义上的族群认同。[4]

1　Pamela Kyle Crossley, *A Translucent Mirror: History and Identity in Qing Imperial Ideology*, Berkeley and Los Angeles: University of California Press, 1999.

2　Crossley, *A Translucent Mirror*, pp. 3-6.

3　Pamela Kyle Crossley, "*Manzhou yuanliu kao* and the Formalization of the Manchu Heritage", *Journal of Asian Studies*, vol. 46, no. 4 (November 1987), pp. 761-790; "The Qianlong Retrospect on the Chinese-Martial (*hanjun*) Banners", *Late Imperial China*, vol. 10, no. 1 (June 1989), pp. 63-107.

4　Pamela Kyle Crossley, *Orphan Warriors: Three Manchu Generations and the End of the Qing World*, Princeton: Princeton University Press, 1990, pp. 4-5.

然而欧立德并未遵循柯娇燕的做法，他认为，以族群属性来讨论清代中国的满人，除了有益于理解满人真正自我认同的过程，使研究者更容易区分文化群体与族群的不同，还能让我们在更广阔的比较历史脉络下检视中国的族群（第 17—18 页）。

其次，欧立德对前述柯娇燕的修正主义观点并不完全赞同，并提出一种新传统主义式的观点。柯娇燕坚持认为，满人事实上从未被汉人真正同化，而满洲身份的性质则历经了从文化、种族乃至族群的演变过程。然而欧立德认为自 17 世纪初八旗制度建立之后，满洲身份的本质事实上一直是族群性的（第 34 页）。欧立德承认满人的确受到汉文化很大的影响，但他认为某族群在文化实践上的转移并不必然表示该族群的自我感知或他者对该族群的理解也会有所转移（第 28 页）。

如果欧立德承认满人与汉人之间的文化区别逐渐模糊，却又不认为满人就因此失去其族群认同，那么构成满族认同的主要动因（agency）为何？[1] 在这个问题上，欧立德提供了一个可能的答案。这也是该书的第二个重点：八旗制度。

柯娇燕指出，清高宗对继嗣（descent）与世系的强调是满洲身份演化过程中的转折点。欧立德对此现象则提出了另一种

---

[1] Agency 中文译为能动性、能动作用或动因，在此指一切能使社会结果有所不同的人的行动，无论是集体、结构以及个人的行动。在此主要是取其作为历史"推动因素"之意，故译为动因。参见 David Jary 与 Julia Jary 编《社会学辞典》，周业谦、周光淦译，台湾猫头鹰出版社，1998 年，第 14 页。

解读。他认为此一转向并非肇始于乾隆朝，而是之前的雍正朝（甚至更早）。此外，欧立德认为，雍正朝的八旗登记改革在满洲身份的演化上代表一个转折点，并非因为满洲身份首度与继嗣相称，而是因为满洲身份与旗人资格更加紧密结合。因为清廷不再假定每个旗人在继嗣上都属于八旗（第329页）。也就是说，对旗人血统的清查，目的在保持八旗内部的纯净。米华健认为欧立德借此倒置了汉化理论，即：满洲之道的危机并不在于满洲人的汉化，而在于混入满洲之汉人的满洲化。[1]

然而，笔者以为，清朝皇帝的用意实际上在于划清满汉之间的界线，而前述两种情形都可能造成满汉身份的混淆危机，这对其正当性建立于族群差异性之上的清朝来说是很不利的。

柯娇燕强调由上而下的帝国意识形态在满洲身份之构成过程中的政治作用。对此，欧立德并不否认。但他也指出，若是缺乏文化、历史与世系的正当性，这样的政治建构是无法成功的（第353页）。欧立德将八旗制度与法国社会学与人类学家布尔迪厄（Pierre Bourdieu）提出的习性（*habitus*）相结合，认为八旗制度产生了模式化的满洲生活实践与表征（第354页）。八旗制度维持了满洲族群身份存在所需的社会经济基础，满人对此一身份的认同又强化了八旗制度存在的必要性。也就是说，

---

1 James A. Millward, Review of *The Manchu Way*, by Mark C. Elliott, *Harvard Journal of Asiatic Studies*, vol. 62, no. 2 (December 2002), p. 477.

在满洲身份认同的产生上，柯娇燕强调由上而下的帝国意识形态作用，欧立德则强调由下而上的制度作用。

由前述可知，欧立德与柯娇燕之间对满洲认同形成过程的一个争议点在于，两者对影响满洲认同的历史动因有不同解释：帝国意识形态与制度何者较具有决定性？但事实上，要判定何者为决定性的历史动因是很困难的。八旗制度本身就是出于征服与文化考虑的帝国意识形态的产物，与帝国本身的扩张有密切关联；[1] 但八旗制度的发展也不时脱离帝国意识形态的掌控，使得皇权不得不做出让步。因此，重点不在判定帝国意识形态与制度何者为决定性的历史动因，而是要设法厘清两者在满洲认同形成中的互动过程。如果我们将清朝前期复兴满洲传统文化的一系列政策视为人类学中的复兴运动（revitalization movement），[2] 以美国人类学家萨林斯（Marshall Sahlins）的人类学理论来加以解读，也许有助厘清在满洲认同形成过程中帝国意识形态与制度的互动过程。

在欧立德前揭书中，清朝皇帝所强调之代表满洲传统的文

1 　Peter C. Perdue, Review of *The Manchu Way*, by Mark C. Elliott, *Journal of Interdisciplinary History*, vol. 33, no. 2 (Autumn 2002), p. 344.

2 　复兴运动（revitalization movement）一词为美国人类学者安东尼·华勒斯（Anthony Wallace）所创。其定义为一个社会的成员刻意、有意识并有组织地去创造一个更好的文化所做的努力。相关研究参见 Anthony F. C. Wallace, "Revitalization Movements", *American Anthropologist*, vol. 58, no. 2 (April 1956), pp. 264-281。

化符号，除八旗制度，还包括满语、骑射、纯朴等技能与秉性。这些被清朝皇帝强调是满洲入关前的旧习。在技能上，满人被要求必须勤习满语，学习汉语则成为次要；此外，重视满人固有的骑射长技，皇帝要求满人在学习汉人的文艺之前，必须在骑射上有所成就。在秉性上，皇帝要求满人效法先祖的纯朴风俗，不可学习汉人浮靡之风。在八旗制度上，由于旗人人口越来越多，而清朝资源有限，为贯彻首崇满洲的国策，因此在待遇上八旗满洲的优待未曾稍减，但在文化与起源上与汉人相近之八旗汉军的优遇却遭到牺牲。此外，在氏族系谱上，着重于八旗满洲在血缘继嗣上的一贯性，并且将混有汉人血统的八旗满洲视为是较不纯正的满人。根据前述可知，满文化复兴运动的目标，在于培养出满语娴熟、骑射优长、生活简朴、忠于皇帝，并且以身为征服民族后裔为傲的纯正满人，以成为皇帝统治汉人最忠心的臣仆。

传统上，学界认为，清朝皇帝复兴满洲文化是因为担心满人被汉人同化而失去统治特权。[1]康雍乾三朝所推行的一系列的满洲文化复兴运动，正表现了清朝皇帝对满洲文化的重视。但为何政经特权的维持，需要透过文化的复兴运动达成？关于这

1　这种看法以魏特夫（Karl A. Wittfogel）为代表，参见 Karl A. Wittfogel, "General Introduction", in Karl A. Wittfogel and Chia-shěng Fěng（冯家升）, *History of Chinese Society: Liao, 907-1125*, Philadelphia: American Philosophical Society, 1949, p. 15。

个问题，必须透过检视清朝满汉关系史以及因此而产生的文化
意义来讨论。

萨林斯（Marshall Sahlins）主张文化分类会影响人们的日常
实践。[1]笔者认为，清朝皇帝即受到满汉文化分类的影响，而将
满人的政经特权与本民族文化的优越性相联接。在满汉接触的
历史中，满汉之分主要是建立在身份与文化差异的基础之上。
入关前的满洲文化对清朝皇帝而言，是征服民族优势的象征。
因此可以说，清朝皇帝透过复兴满语、骑射与八旗制度等满洲
文化符号，以及排斥汉习的做法，来重申（或重塑）满洲特性
（Manchuness）[2]，借此重新巩固满汉对立的二元意义结构，以及相
应的"满洲—汉人或统治—臣属"地位（此即满洲与汉人的关
系等同于统治与臣属的关系）。从这里我们可以了解帝国意识形
态作为历史动因，在满洲认同形成过程中所发挥的作用。

然而帝国意识形态在形塑满洲认同的过程中并非无往不利。
即便满洲文化复兴运动行之有年，在清朝皇帝的上谕与御制诗
文中，仍不时见到皇帝对满语教育成效不彰以及旗人骑射废弛
的责难与嗟叹。皇帝将此归咎于官员苟且草率，未尽监督教导
之责，以及满人渐染汉习、忘却满洲之道之故。随着旗人人口

1　Marshall Sahlins, *Culture and Practical Reason*, Chicago: University of Chicago Press, 1976, pp. 166-204.

2　这里引用柯娇燕对 Manchuness 的用法，参见 Crossley, "*Manzhou yuanliu kao* and the Formalization of the Manchu Heritage", p. 779。

增加，清廷财政不堪负荷，不得不削减对非正身旗人的待遇，并且听任八旗汉军出旗为民；清廷唯恐八旗驻防兵丁忘其根本，渐染汉习，更以北京为旗人之原籍。但驻防旗人苦于迁徙之累，加之生计困难，至清高宗乾隆时不得不予以退让，让驻防八旗改以驻防地为原籍。从这里我们可以见到，八旗制度对清廷所造成的沉重负担，官僚制度敷衍塞责的弊病，以及该运动对下层旗人缺乏强制力等制度性因素，都限制了帝国意识形态在形塑满洲认同中的作用。

最后，虽然清廷试图以官方力量塑造满人对满洲旧习的认同以维持清朝统治的目标并未达成，但保存下来的满洲传统，包括语言、历史、宗教与社会制度等元素，得以存在于满人的记忆中。后来这些记忆中的满洲传统成为满族身份的本质内涵。如果没有帝国意识形态的发扬与制度的持久性影响，这些满洲传统文化可能会消失得更早更快，也就不会存在于满族人的历史记忆当中。因此，两者对后世满族认同的形成，同样具有重要意义。

欧立德与柯娇燕之间对满洲认同形成的另一个争议点在于两者对族群属性的定义不同。人类学长久以来重视田野调查，因此在研究上受限于材料的时间纵深不足，其成果在运用到历史研究时即捉襟见肘。在该书中，欧立德试图将人类学中族群属性的概念历史化，使我们在定义族群属性时不必与民族（nation）的现代性相抵触。因此，欧立德使人类学的族群研究增加了历史深度。

此外，欧立德在该书中大量运用了未整理的满文档案，正如其自言"每个新档案都需要一个新历史"[1]。美国华盛顿大学历史学系教授盖博坚（R. Kent Guy）将该书列为满洲研究的"四书"之一，正是对该书重要贡献的肯定。[2]

本章原题《评 Mark C. Elliott, *The Manchu Way: The Eight Banners and Ethnic Identity in Late Imperial China*》，原载《政治大学民族学报》（台北）第25期（2006年12月），第293—301页。

---

1 参见欧立德著《满文档案与新清史》，李仁渊译，《故宫学术季刊》（台北）第24卷第2期（2005年冬季），第2页。

2 R. Kent Guy, "Who Were the Manchus? A Review Essay", *Journal of Asian Studies*, vol. 61, no. 1 (February 2002), p. 152.

皇帝的面具与帝国意识形态的局限

> ……俯瞰近世欧亚，会发现帝国意识形态趋向于一种普世的表述方式，其并不奠基在"全体如一"的基础上（all-as-one，如许多现代共和主义意识形态），而是在"一如全体"（one-as-all）的基础上，且这个"一"就是皇帝。
>
> ——柯娇燕

近二十余年来，历史学界围绕北美新近清史研究的学术观点与东亚学者对"新清史"的批评，掀起了热烈的讨论。"新清史"一般指称的是源自1990年代初期，北美东亚学界受内亚研究影响所出现的松散"学派"，而本文所评述的著作，就是北美新近清史研究的代表著作之一，柯娇燕的《半透明镜：清帝国意识形态下的历史与身份认同》[1]。

柯娇燕生于1955年，1983年获美国耶鲁大学历史学博士学位，现为美国达特茅斯学院（Dartmouth College）历史学荣誉教授，她长期研究清史、内亚史、比较史和全球史，着重于探讨现代认同的根源，特别是民族认同与近世帝国统治结构的关连性。代表作除了本书之外，还包括《孤军：满洲三代家族与清世界之灭亡》（*Orphan Warriors*, 1991）、《什么是全球史？》（*What is Global History?*, 2008）与《锤和砧：打造现代世界过程中的游牧统治者》（*Hammer and Anvil: Nomad Rulers at the Forge of the Modern World*, 2018）等。即将出版新作《中国的全球帝国：清，1636至1912年》（*China's Global Empire: The Qing, 1636–1912*）。至于本书英文原版，乃于1999年由加州大学出版社发行，并于2001年荣获美国亚洲研究协会列文森奖。

本书正文除绪论与后记外，共分为"长城""父家""天柱"三大部分，每部分都由两章构成。首先，柯娇燕认为清朝的皇权（emperorship）性质是合璧性的（simultaneous），一方面表现在皇帝公开言论的多语性（包括满文、汉文、蒙古文、藏文

---

[1] Pamela Kyle Crossley, *A Translucent Mirror: History and Identity in Qing Imperial Ideology,* Berkeley and Los Angeles: University of California Press, 1999. 本书同时也是盖博坚（Kent Guy）所写的综合书评中所介绍的满学 "四书" 之一，参见 R. Kent Guy, "Who Were the Manchus? A Review Essay," *Journal of Asian Studies*, vol. 61, no. 1 (February 2002), pp.151–164。

与回文）上，另一方面则表现在皇帝的不同人格面具（persona）上：康熙皇帝面对汉人时是儒家圣王，面对蒙古人时是成吉思汗继承人，面对藏人时则是佛教统治者与高僧之徒。而乾隆帝则希望成为超然而普世的统治者，具备抽离且客观的仁善，以及内在完满、外在全能的风范。而这种清朝的普世主义形象的源头，除了可以追溯至儒家的普世主义，还能追溯至中古后期的中亚统治者与蒙古帝国大汗向后世统治者展现出的超验姿态。

在皇权概念的基础上，本书继承了1970年代清史学者康无为（Harold Kahn）对清代历史建构与皇帝"自我形象"表述的研究，而着重于探讨早期清朝皇权（皇太极以降至雍正朝）与后期清朝皇权（乾隆朝）的意识形态之间持续的紧张关系，而帝国意识形态的转变也影响了清朝对于帝国成员的身份界定。初期阶段（天命至天聪年间）的特色在于资料短缺以及制度尚未发展健全的限制。第二阶段（崇德年间至18世纪中叶）的特色则是受征服与占领所支配。这个时期的资料在身份认同议题上呈现出转型主义的意识形态。第三阶段的乾隆朝皇权，征服受限于各种因素而未能开展，同时在身份认同议题上，对帝国内部而言从转型主义变为本质主义；对皇帝而言则转变为一种排外的普世身份认同。简言之，康熙和雍正意识到有士人批评清朝统治者为野蛮夷狄，缺乏统治中国的正当性，因此援引过往的儒家经典说明满人已经经历了道德转型，清朝乃是行德政仁治，故已具备充分统治的正当性。然而乾隆皇帝则否定了其父祖的意识形态，认为皇权是推动转型者，而非被转型者。对乾隆皇帝而言，皇权扮演了一个普世主宰的角色，能超越其所有臣民文化的界限，但同时又体现了其臣民文化的一切。而爱新觉罗氏的统治正当性则系于其受上天眷顾之上。

至于为何清朝身份认同的意识形态会出现成分变化的问题，柯娇燕认为有三大因素：首先，1645 年后，清廷无法将大量的新归附者纳入八旗，其次是三藩之乱、八旗驻防在文化同化与多样化上的证据，最后是顺治和康熙皇帝与汉人知识分子和官僚阶级合作的欲望正逐渐加深。其结果是清廷引入世系论述以便在后征服时代中稳定衡量身份的标准，同时在内政事务上为清朝建立明显的儒家形象，并重写八旗汉军的历史特质。

柯娇燕也注意到清帝国在试图强化中央集权的同时，仍维持了政治组织上的相对多元及独立性，例如始终维持自治的蒙古与西藏，这是清帝国从本质上有别中国历代王朝的关键之处。清帝国的性质乃是建立在"多元且统一"的意识形态上的多民族帝国，用"汉化帝国"或"满洲帝国"都无法简单描述它，其历史遗产也影响了现代中国之国家／民族认同的建构。

20 世纪末的西方学界一方面流行以社会科学治史，另一方面也关注身份认同与族群性。首先，在族群属性的讨论上，柯娇燕对于将这个概念用来理解前现代帝国是有所保留的。她在书中避免以族群属性作为理解清朝治下不同文化团体的概念工具。她认为当时对这些人群的分类与历史建构，事实上受到满洲统治者的意识形态的影响，与现代脉络中的族群（意指被民族国家边缘化的人群）不同，因此她另以帝国成员（constituency）来称呼之。柯娇燕认为旗人与被征服的汉人在文化上的区分，到了乾隆朝时改变为世系（genealogy）与种族（race）上的区分，同时以清高宗敕纂《八旗满洲氏族通谱》与对八旗汉军的祖源追溯为其佐证。[1] 她认为一直要到清末太平天国之乱后，满人才开始产生现代意义上的族群认同。[2] 在满洲汉化的问题上，柯娇燕坚持认为满人事实上从未被汉人真正同化。而满人身份的性质则历经了从文化、种族乃至族群的演变过程，而清高宗对继嗣（descent）与世系的强调是满人身份演化过程中的转捩点。

在这里，我想引入欧立德后来的研究成果《满洲之道》作为与本书的对话起点。[3] 在运用族群属性分析清帝国身份认同的议题上，欧立德其实并不认同柯娇燕的看法。欧立德认为以族群属性来讨论清代中国的满人，除了有益于理解满人真正自我

1　Pamela Kyle Crossley, "*Manzhou yuanliu kao* and the Formalization of the Manchu Heritage," *Journal of Asian Studies*, vol. 46, no. 4 (November 1987): pp.761–790, and "The Qianlong Retrospect on the Chinese-Martial (*hanjun*) Banners," *Late Imperial China*, vol. 10, no. 1 (June 1989): pp.63–107.

2　Pamela Kyle Crossley, *Orphan Warriors: Three Manchu Generations and the End of the Qing World,* Princeton: Princeton University Press, 1990, pp.4–5.

3　Mark C. Elliott, *The Manchu Way: The Eight Banners and Ethnic Identity in Late Imperial China,* Stanford: Stanford University Press, 2001.

认同的过程，使研究者更容易区分文化群体与族群的不同以外，还能让我们在更广阔的比较历史脉络下检视中国的族群。[1]另外，欧立德还认为自 17 世纪初八旗制度建立以来，满洲身份的本质事实上一直是族群性的，[2]而构成满洲族群认同的主要因素则是八旗制度。不过柯娇燕与欧立德在满洲是否汉化的立场上倒是取得了一致，两人都不认为"汉化"是个有效的分析概念，且不认为满人采借了汉文化就改变了其族群认同。

柯娇燕强调由上而下的帝国意识形态在满洲身份构成过程中的政治作用。对此，欧立德并不否认。但他也指出，若是缺乏文化、历史与世系的正当性，这样的政治建构是无法成功的。[3]欧立德将八旗制度与布尔迪厄（Pierre Bourdieu）提出的习性（habitus）相结合，认为八旗制度产生了模式化的满洲生活实践与表征。[4]八旗制度维持了满洲族群身份存在所需的社会经济基础，而满人对此一身份的认同又强化了八旗制度存在的必要性。也就是说，在满洲身份认同的产生上，柯娇燕强调由上而下的帝国意识形态作用；而欧立德则强调由下而上的制度作用。至于如何调和柯娇燕与欧立德的不同看法，笔者认为可以引入早期美国人类学界所提出的"复兴运动"（revitalization

---

1 Elliott, *The Manchu Way*, pp.17–18.

2 Elliott, *The Manchu Way*, p.34.

3 Elliott, *The Manchu Way*, p.353.

4 Elliott, *The Manchu Way*, p.354.

movement）的概念来理解帝国意识形态与制度之间的张力。详情可参阅本书收录的《清代八旗制度》一文。

最后必须指出的是，若以学术著作的标准来衡量，本书的英文原版确实存在不少史实问题。例如页 11 注 17，作者将北京香山实胜寺的另一座同名寺庙误植为热河承德，实应为盛京；页 39 注 78，作者误称俄罗斯彼得大帝在夺得奥斯曼帝国的伊斯坦布尔后采用了"皇帝"（imperator）的称号，实际上他应是在赢得对抗瑞典的大北方战争（1721 年）后才称帝。类似的问题不一而足。

综上所述，本书探讨了帝国意识形态如何塑造了清朝臣民的历史与身份认同，并且揭示了这些受到皇权意识形态高度影响的历史如何对后世中国的民族国家构建产生影响。对于对清史、近世与当代中国政治史、族群史与比较近世帝国史有兴趣的读者而言，本书是不可错过的经典之作。

满洲汉化问题新论

自 20 世纪 90 年代以来，美国匹兹堡大学中国史教授罗友枝（Evelyn S. Rawski）与华人历史学家何炳棣对满人汉化与清朝本质的争论，一直是学界讨论的焦点。[1]

2011 年出版的《满人的再定位：一项汉化[2]的研究（1583——

1　罗友枝与何炳棣的论辩和相关讨论，参见王成勉《没有交集的对话——论近年来学术界对"满族汉化"之争议》，载汪荣祖、林冠群主编《胡人汉化与汉人胡化》，中正大学台湾人文研究中心，2006 年，第 57—82 页。

2　关于 sinicization 一词的中译，作者认为，译为汉化并不适当。董建中翻译的本书导言中将其翻译为中国化。但笔者认为将 sinicization 译为中国化，不仅脱离学界的习惯用法，也不符合清朝的历史脉络。清朝皇帝屡次提到满人渐入"汉习"，而非渐入"中国习"；这里的"中国"所指为何，在本书与董建中的译文中也缺乏明确的定义。因此笔者认为"汉化"这个译名虽不能令人满意，但至少受到学界认可，且合乎历史脉络。因此，本文仍然将 sinicization 译为汉化。关于学界有关满族汉化的讨论，参见王成勉《没有交集的对话——论近年来学术界对"满族汉化"之争议》；关于董建中翻译的本书导言，参见黄培著、董建中译《满族文化的转向（1583—1795）·导言》，《清史研究》2012 年第 3 期，第 136—149 页。

1795)》[1] 一书可视为是支持何炳棣论点的代表作。作者黄培，为美国俄亥俄州扬斯敦州立大学（Youngstown State University）历史系荣誉教授，以雍正皇帝（1678—1735，1723—1735 在位）生平以及考证满洲族名源流等清史相关研究享誉学林。[2]

该书意图说明满人如何借用汉人的统治方法与生活方式，以及从努尔哈赤（1559—1626，1616—1626 在位）起兵反明至乾隆（1711—1799，1736—1795 在位）末年之间，满人在经济、法律、社会制度等方面的种种改变，并且主张满人汉化始于努尔哈赤，至乾隆年间臻于高峰。由于意识到北美新近清史研究学派的研究主张，作者小心翼翼地强调，此时的满汉交流并非单向过程，满洲文化同样影响中国，但由于该书主题在于满人汉化，因此暂不处理该论题（第 2 页）。

有鉴于汉化定义的分歧，该书导论首先梳理"汉化"一词的用法。"汉化"一词最早出现于 1898 年，当时用来评论日本神道信仰的汉化。有些学者将汉化视同于族群同化，有些则视为制度采借或文化融合。该书将汉化定义为对汉人生活方式的

---

1 Pei Huang, *Reorienting the Manchus: A Study of Sinicization, 1583-1795*, Itha-ca, NY: East Asia Program, Cornell University, 2011.

2 关于黄培教授的代表作，参见 Pei Huang, *Autocracy at Work: A Study of the Yung-cheng Period, 1723-1735*, Bloomington: Indiana University Press, 1974; "New Light on The Origins of The Manchus"，*Harvard Journal of Asiatic Studies*, vol. 50, no. 1 (June 1990), pp. 239-282。

采借、适应与参与，同时被汉化的满人不会意识到自己被汉化，并认为满洲传统是满人对自身文化的再诠释，其中包含透过满汉接触而接受的汉文化成分。汉化与同化（assimilation）、涵化（acculturation）及教化过程（civilizing process）等概念各有不同之处；"汉化"这个词语本身并无问题，有问题的是其用法（第3—11页）。

该书正文共分为八章。第一章"满洲源流与其族群成分"指出，满洲内部除了女真，亦有非女真的族群成分，如蒙古、汉人与朝鲜等。这种异质性是满人汉化的重要催化剂（第44页）。值得一提的是，本章强调朝鲜与汉人传统的共同之处，以及朝鲜对于满洲汉化的作用，此面向过去较为学界所忽略。

第二章"清朝肇建"着重探讨女真从部落发展为国家的历程。努尔哈赤建立八旗制度与创制满文，有助于女真人维持认同（第72—73页）。而到了皇太极（1592—1643，1626—1643在位）时，他安抚汉民、起用汉官、翻译儒家经典、采用明制、改国号为大清，在其统治下，努尔哈赤所遗留的蒙古制度渐次取消，金国改行汉制（第79页）。最后，清朝在多尔衮（1612—1650）领导下顺利入关，取明朝而代之。多尔衮实行明制的举措，不仅加速满人汉化，也确保清朝征服明朝的成果（第81页）。

第三章"经济力量"主张，经济因素是满人汉化的主要动力，而经济同时也受到地理的影响。作者指出，农业使女真人接触汉文化，边市则增加女真人与汉人的接触，并促使通事出现。女真与明朝、朝鲜之间的边界贸易使其从渔猎采集与农耕的混合经济转为以农业为主（第113页），朝贡则使女真人得以停留北京，进而熟悉各种中国仪式和规定（第115页）。

第四章"边民与越边民人"讨论明清边界的边民与越边民人（包括军户、被流放的罪犯与商人）如何影响女真汉化。由于汉人降臣、通婚与翻译《三国志演义》等因素，女真人对汉文化有了更深入的接触。又因为朝鲜文化近似汉文化，女真人受朝鲜边民文化影响的效果即类似汉化（第144页）。

第五章"行政与法律制度的兴起"讨论满人如何采借明朝行政与法律制度，例如文馆、六部与都察院的设置以及敕编《盛京定例》等。努尔哈赤统治下的早期金国制度仍是氏族联盟，缺乏清楚的分工；1644年以后，清朝数次修订律例，修订结果显示了清朝法律的汉化倾向。但清朝皇帝亦同时修改明朝制度以符合清朝作为多民族帝国的需要（第194页）。

第六章"社会制度的转变"讨论满人日常生活的汉化。这主要反映在婚姻、丧礼、幼子继承制、命名习惯的改变、满洲尚武精神的衰微等方面。清朝皇帝虽然试图重振衰微的满洲尚武精神，推行京旗移垦与汉军出旗等政策，但收效不大。作者亦认为，同治皇帝（1856—1875，1862—1875在位）允许旗人出旗为民，可视为八旗制度的结束（第219—220页）。

第七章"满洲语文与文学"讨论汉文化对满洲语文和文学的影响。失去母语的满人虽然未丧失族群认同，但缺乏共同语言，其族群归属感很可能会消失。1680 至 1780 年间是满人从使用满文转变为使用汉文的重要时期，满洲文学也显现汉文化的影响，满洲文人开始以汉文抒发自己的感怀。康熙朝（1662—1722）则是从书写满文转向汉文最为关键的时期（第 231 页）。

第八章"建筑、宗教与儒家思想"探讨满人在建筑、宗教信仰与接受儒家思想等方面的汉化情况。在建筑上，盛京是汉化最深的满洲都城，盛京清廷和北京明廷的宫廷建筑差异不大，这主要归功于萨哈璘（?—1636）在出掌礼部期间，将明朝典制引入清廷。在宗教上，满人原本信奉萨满教，其后汉传佛教与中国地方信仰逐渐影响满洲社会，例如顺治与雍正皇帝对禅宗的信仰，以及一般满人对玉皇大帝、城隍以及关公的崇拜等（第275—276 页）。至于满人儒化，作者认为，传统中国以儒家文化为主要认同，因此满人接受儒家思想即可视为汉化的表现，其中包括《圣谕广训》的宣讲，《四库全书》与《贰臣传》的编纂，以及逐年增加的满洲守节寡妇（第 280 页）。

结论部分重申对汉化的看法：汉文化的影响与满人的族群认同并不互斥，满人汉化是个相对性的词语，作者并列举满洲文化对汉文化的影响。至于满人对汉文化的反应，清朝皇帝视满洲文化为体，儒家思想为用；贵族对汉文化影响持负面态度；学者与文人喜好汉文化；一般旗人则对汉文化抱有复杂的情感。清朝与先前的中国朝代并没有太大差异，唯一的差异在于清代的满人是特权阶级。作者最后引用美国汉学家拉铁摩尔的看法总结全书：通古斯民族以其文化适应性强著称，采借汉人的生活方式正是满人重新定位自身的表现（第308页）。

　　该书运用中、韩、满文史料，并参酌日本与欧美的相关研究，举凡社会、经济、政治、法律、语言、宗教信仰等，作者都纳入讨论范围，可说是目前对满人汉化议题涉及层面最广的研究成果。

　　就该书的贡献而言，现任香港大学中国研究学程副教授金由美（Loretta E. Kim）认为，该书提供了一个对满洲历史与文化的全面研究，同时也说明，对汉人而言，女真—满人并非完全的异民族政权，因为女真的汉化历程早在入关前就已开始。[1]笔者认同这两点，并认为作者将朝鲜看作满人汉化的媒介，强调其在满人汉化过程中的影响，确实扩充了满人汉化议题的讨论广度与深度。此外，该书还试图从物质文化视角切入，讨论满人汉化，如以女真行军时佩带的用以盛弓箭罩的荷包（满文 *fadu*）逐渐变为装饰用的汉人荷包为例，讨论满人在入关后尚武风气衰微的现象（第220—221页）。这些都是该书在满人汉化议题上试图做出新贡献的努力。

　　在简述该书的贡献与成果后，以下将讨论该书的一些问题与可能引发争议的论点。首先，作者在导论中批评北美新近清

1 Loretta E. Kim, "Review of *ReOrienting the Manchus*, by Pei Huang", *Journal of Asian Studies*, vol. 71, no. 1 (February 2012), pp. 245-247.

史研究对汉化的拒斥立场（第5—11页），然而深入探究后就会发现，其争议点主要还是在于双方对汉化的定义不同。新清史的研究将汉化等同于满人改变文化与族群认同，因此认为汉化的概念有问题。而该书对汉化的定义则采广义，认为汉化仅仅表示满人在文化上接受汉文化，其仍保有族群身份。作者采取折中的立场，其目的在于让学界重新认同汉化概念。

"新清史"针对汉化学派提出了两大质疑：一是满人采借汉文化后，为何没有改变自身族群认同；二是为何满人汉化后，汉人的反满情结仍旧存在。作者认为这两点质疑都不成立。因为，一方面满人汉化与维持满洲认同两者并不扞格，另一方面汉人的反满情结早已随着时间淡化（第7—9页）。

关于作者对满洲认同之维持问题的响应，笔者认为作者实际上是向"新清史"妥协。但必须指出的是，"新清史"也从未否认满人采纳、借用汉文化的事实。[1]关于对汉人反满情结的响应，笔者认为，作者过度低估清末反满运动的力度，及其对满人造成的影响。

作者认为，辛亥革命仅仅取走满人的政治主宰权（第5页），并举清末保皇党的成立，以及后来学者赞扬清朝建立疆域

---

[1]　例如欧立德承认清朝之所以成功，正在于满人能采用汉人的政治传统，同时又能维持自我认同。参见 Mark C. Elliott, *The Manchu Way: The Eight Banners and Ethnic Identity in Late Imperial China*, Stanford: Stanford University Press, 2001, p. 3。

广大的国家与提倡汉文化为例，试图说明汉人反满情结与排满运动已逐渐消失（第9页）。

此外，该书在重提汉化概念时过度强调满人汉化现象的历史特殊性，使得汉化仅能作为描述性词语，而非分析性的概念工具。[1] 作者在解释其使用汉化而不用同化（assimilation）与涵化（acculturation）的原因时，说明涵化为人类学用语，源于美洲原住民与白人殖民者接触的历史；而同化则是社会学用词，用于讨论从属群体移入新社会后，试图融入主流社群的过程（第4页）；两者都不适用于满人作为少数统治者，被臣属的汉人同化的情况。

笔者同意满人汉化的情况确实不适合用同化解释，然而，涵化却不失为一个好的分析概念，至少它在原本的定义上与汉化并不冲突。[2] 视汉化与涵化为不同概念，不利于将满人汉化的例子放在世界史中进行比较讨论。如果比较17至19世纪的满

---

1 邵式柏（John R. Shepherd）将汉化当作描述性词语使用，参见 John R. Shepherd, "Rethinking Sinicization: Processes of Acculturation and Assimilation" ,in Bien Chiang and Ho Ts'ui-ping, ed., *State, Market and Ethnic Groups Contextualized*, Taipei: Institute of Ethnology, Academia Sinica, 2003, p. 140。

2 人类学界对"涵化"最早的定义，包括由个人所组成的不同文化群体，因直接的连续性接触，导致单方或双方原有文化模式的改变等现象。此定义参见 Robert Redfield, Ralph Linton and Melville J. Herskovits, "Memorandum for the Study of Acculturation", *American Anthropologist*, vol. 38, no. 1 (January-March 1936), p. 149。

人汉化与 13 至 14 世纪的蒙古汉化与伊斯兰化，特别是元朝、伊利汗国与金帐汗国，将会发现这些现象有异曲同工之处。[1] 这些例子都是外来的少数民族征服一地后，采用当地的主流意识形态以便取得统治正当性，并且在不同程度上接受当地文化。我们的确可以分别用汉化与伊斯兰化来描述这些现象，然而在进行分析与跨文化比较时，仍然需要一个可以概括这些现象的概念工具，涵化的概念正适用于此处。因此，在研究上并不需要刻意区分汉化与涵化。

在满文档案的重要性上，作者认为，满文档案至多对清史稍有影响，不致改变其概貌（第 8 页）。针对此一预言，鉴于目前对满文档案的研究尚处于起步阶段，还难以全面评估其成果，笔者只得按下不表。

八旗制度解体的时间也是该书具有争议之处。作者认为，同治皇帝允许旗人出旗为民之举，可视为八旗制度的结束（第 219—220 页）。但事实上，此一政策并未收效，旗人的响应并

1　关于蒙元的汉化，参见 Herbert Franke and Denis Twitchett, ed., *Alien Regimes and Border States, 907-1368*, vol. 6 of John King Fairbank, ed., *The Cambridge History of China*, Cambridge: Cambridge University Press, 1994, p. 517。关于蒙古帝国的伊斯兰化，参见 Devin DeWeese, "Islamization in the Mongol Empire", in Nicola Di Cosmo, Allen J. Frank and Peter B. Golden, eds., *The Cambridge History of Inner Asia: The Chinggisid Age*, Cambridge: Cambridge University Press, 2009, pp. 120-134。

不热烈。[1] 此后，八旗制度仍然持续运作，民国初年，仍旧被用以解决八旗生计，并具有行政职能，直到北洋军阀垮台为止。[2] 可见八旗制度直至民初仍是管理旗人的有效制度。

作者所谓的满语结构弱点也需要重新检视。论及满语式微的主要原因时，作者认为，满语不适合表达新奇或复杂的思想，因此无法与发展超过数百年的汉语竞争（第239页）。然而所谓的满语结构弱点本身即有疑义，清朝满文译书的成果包括儒家、佛教经典与西学。[3] 笔者认为，这些书籍恰恰能代表作者所谓的新奇与复杂思想。此外，满语的词汇演变亦与时俱进，乾隆朝颁布的《钦定新清语》即为一例。[4] 作者所言满语结构弱点一说恐怕过于偏颇。

此外，作者在讨论满语中的汉语借词时，其中一例也有待

1　Edward J. M. Rhoads, *Manchus and Han: Ethnic Relations and Political Power in Late Qing and Early Republican China, 1861-1928*, Seattle and London: University of Washington Press, 2000, pp. 35-36.

2　佟佳江：《清代八旗制度消亡时间新议》，《民族研究》1994年第5期，第101—108页。

3　儒家经典包括"四书"与《资治通鉴纲目》，佛经则有《满文大藏经》，西学则有《西洋药书》等。相关研究参见叶高树《满文翻译的汉籍及其相关研究》，《近代中国史研究通讯》（台北）第26期（1998年），第70—86页；蔡名哲：《〈西洋药书〉〈祛毒药油〉译注》，《中国边政》（新北）第187期（2011年），第69—78页。

4　佟永功、关嘉禄：〈乾隆朝"钦定新清语"探析〉，《满族研究》1995年第2期，第66—76页。

商榷：即将满语的马（*morin*）视为汉语马（*ma*）的借词（241页）。目前学界一般认为 *morin* 是满蒙同源词，蒙语的马即为 *mori*（*n*）。[1] 不可否认，满语中有许多汉语借词，书中也举出其他恰当的例子，然而就 *morin* 一词是源自汉语的意见，恐怕说服力有限。

作者提到满人接受儒家思想，但满人孝道概念的转化也是值得注意的面向。从早期努尔哈赤并举忠孝为统治工具的功利倾向，到后来清朝皇帝借由法律政策的制定、发布与落实，推行孝道为全国性的言行规诫，都反映了满人接受汉人的孝道概念。具体事例如：清初《孝经》典籍的大量翻译、注释与出版；孝子旌表制度的恢复与加强；养老制度与守制制度的执行；不孝罪无分满汉的惩处等。[2]

在评估满人的汉化程度时，作者引用大量的谕旨与奏折，说明乾隆朝时满人汉化的情况达到高峰。这类数据数量庞大且信息丰富，确实是相当好的研究材料。然而作者并未深入讨论皇帝颁布这些谕旨的特定动机，以及其他官员关于满人汉化的奏报是特例还是普遍现象，以至于该书的分析不足以回答满人

---

[1] William Rozycki, *Mongol Elements in Manchu*, Bloomington: Research Institute for Inner Asian Studies, Indiana University, 1994, p. 159.

[2] 黄丽君：《孝治天下：入关前后满族孝道观念之转化及其影响》，台湾中正大学历史学系硕士学位论文，2006 年。

汉化的细部问题。[1] 英国政治思想史家昆廷·斯金纳（Quentin Skinner）提醒我们，在讨论政治史中的言论及其意涵时，必须注意其宣传效力以及反身影响。如果清朝皇帝仰赖满人的武力与团结，以便向其臣属证明自己的统治合法性，那么其在臣属面前的行为，自然也会受这些思想制约。[2] 例如，乾隆皇帝斥责旗人"国语骑射"废弛，可能是拿特定事件大做文章，以便收杀鸡儆猴之效，当时满人"国语骑射"废弛的情况可能没有那么严重。

该书讨论满人在语文上的汉化时，仅于结论中提到子弟书对汉人的影响（第 304 页）。[3] 但当我们检视乾隆朝以后出现的满汉兼书的子弟书与笔记，则会发现该书所说明的满人汉化趋势似有过度夸大之处。满汉兼书的子弟书可能出现于 19 世纪，而内附少数汉文的满文笔记则以道光年间（1821—1850）的松筠（穆齐贤）《闲窗录梦》为代表。[4] 从前述材料看来，直到 19

---

1 针对这个问题的讨论，参见叶高树《"满族汉化"研究上的几个问题》，《中研院近代史研究所集刊》（台北）第 70 期（2010 年），第 213—214 页。

2 Quentin Skinner, "Interpretation and the Understanding of Speech Acts", in *Regarding Method*, vol. 1 of *Visions of Politics*, Cambridge: Cambridge University Press, 2002, pp. 103-127.

3 满汉兼子弟书包括《满汉兼螃蟹段儿》与《满汉合璧寻夫曲》，日本学者波多野太郎已对这类文本进行研究。相关研究的简短回顾，参见关家铮《二十世纪四十年代几种"俗文学"周刊中有关"满汉兼"及满文译本的研究》，《满族研究》2001 年第 3 期，第 76—81 页。

4 松筠:《闲窗录梦译编》，赵令志、关康译，中央民族大学出版社，2011 年。

世纪，旗人当中仍存在满汉双语并用的情况。但若仅从乾隆皇帝与官员的言论来判断，我们得到的印象则是满人汉化情况积重难返，很难相信到 19 世纪还存在这类满汉兼书的作品。因此仅仅仰赖乾隆皇帝与官员的说法，恐怕不足以完整说明当时旗人汉化的细节，这也导致书中所描绘的满人汉化形象仍旧模糊不清。但某种程度上来说，这并不全是作者与该书的责任，毕竟我们目前还很缺乏乾隆朝以前底层旗人的相关材料。因此，未来势必需要发掘更多底层旗人的史料，才可能对旗人的整体汉化情况有更多了解，并避免受限于帝国档案中隐含的意识形态。

最后，列举书中数条校对未尽之处以供参考：第 79 页，Gūlwalgiya 应作 Gūwalgiya ；第 139 页，Fushen 应作 Fushun ；第 243 页，Jinzhow 应作 Jinzhou ；第 311 页注 14，引用《康熙朝满文朱批奏折全译》第 2084 条，该条应位于第 833 页，而非第 83 页；第 341 页，引用华立之《清代的满蒙联姻》一文时，误植为《清代的满蒙婚姻》。

总结以上讨论，笔者认为，该书确实是目前在满人汉化议题方面讨论最为全面的作品；然而，因为在方法论与立场上的争议以及取材受限，事实上该书并未取得突破性的进展。与其说该书在满人汉化的议题上做出定论，倒不如说是奠下讨论的基础。未来研究此一议题的学者显然都无法绕开该书，而应以该书所掌握的广泛材料为基础，继续发掘与底层旗人有关的材料，才可能深化相关的讨论。

　　本章原题《评 Pei Huang, *ReOrienting the Manchus: A Study of Sinicization, 1583—1795*》，原载《史原》（台北）第 25 期（2013 年 9 月），第 319—330 页。

换一种视角看乾隆皇帝与马戛尔尼使团

　　近三十年来，有关乾隆皇帝的中文研究汗牛充栋，其相关传记出版有十本以上，而专题研究更是多如牛毛。近年来相关的电视剧（如《乾隆王朝》与《戏说乾隆》）以及二月河以乾隆皇帝为主题所写的历史小说等，都受到广大读者与观众的喜爱。

　　然而在欧美，乾隆皇帝的知名度与其历史地位相比，实显微不足道。因此哈佛大学东亚语言与文明系教授欧立德写下了西方第一本乾隆皇帝的传记《乾隆帝》（*Emperor Qianlong: Son of Heaven, Man of the World*，2009），让西方读者能够认识这位中国历史上的著名君主。

　　除了序言与结论两章外，全书共分为九章。

　　序言说明了乾隆皇帝在历史上的重要性及该书写作的出发

点。第一章"登基"叙述了乾隆皇帝登基以前的成长教育与入继大统的过程。第二章"当政"概括了乾隆皇帝登基之初所面对的各种挑战并如何取得初步成功。第三章"家庭，仪式和王朝统治"描述了乾隆皇帝的家庭生活及其扮演孝子、好丈夫与严父等角色的努力。第四章"满洲成功之困境"从满人如何以少数统治占多数的汉人角度出发，讨论乾隆皇帝如何应对满入关后所面临的汉化危机。第五章"巡游之治"关注的是乾隆皇帝透过北游盛京、南巡、五台山礼佛与山东祭孔等巡游，向其统治的各民族展现了不同的面貌。第六章"帝国的扩大"讲述乾隆皇帝征服准噶尔与回部并且绘图纂书以纪功，这一方面能宣扬其成就，另一方面又证明了清朝统治的合法性。第七章"文化巨人"描绘乾隆皇帝崇文兴学的一面。乾隆皇帝可能希望借此向人们展示在文殊菩萨和尚武之王以外，他作为儒家圣王的典范。第八章"清代的中国与世界"论及朝贡体制下的清朝对外关系，并且重新评价了英王派遣马戛尔尼使团访问清朝一事，试图为传统上认为乾隆皇帝对外界事物一无所知的自大形象进行辩解。第九章"晚期的国家秩序与衰败"指出，在乾隆朝末叶，老臣凋零，乾隆皇帝日益孤立而专信和珅，致使皇权旁落。其后，官僚腐败与日益增加的人口压力导致民变蜂起。在此背景下，乾隆皇帝让位于其子嘉庆皇帝，自居"太上皇"。乾隆皇帝驾崩后，埋葬他的地宫的墙上没有任何满文与汉文，仅刻着精美的佛教梵文咒语，这也许也反映了他个人的心灵归宿。

在结论部分，作者归纳出乾隆皇帝在 18 世纪时所遇到的主要问题（详后）。由于这些问题一定程度上也存在于当代中国，因此作者认为某种程度上可以把乾隆皇帝视为近代中国的第一个统治者。

附录包括了乾隆生平大事年表与书目介绍。后者是一份中西学界有关乾隆皇帝与清史研究的简要书单，对想要了解西方清史研究的读者而言相当有用。

由于本书定位是写给欧美读者的入门书，因此为了帮助读者进入历史情境，作者也将乾隆皇帝与西方读者熟悉的历史人物做模拟。例如作者在英文版序中提出了"设想约翰·肯尼迪总统若从 1960 年统治到 2024 年，美国将会是何种局面"的问题，试图让欧美读者了解乾隆皇帝统治的时间之久与影响力之大。作者还将乾隆皇帝与欧洲史上长保国力鼎盛的两位君主英女王伊丽莎白一世（在位 45 年）与法王路易十四（在位 72 年）相提并论（第 vi 页）。虽说这些是为便利欧美读者的做法，但同时也有助于中文读者理解乾隆皇帝在西方学界中的印象与评价。

本书作者欧立德是近年来在中国史学界引起热烈讨论的北美新近清史研究学派代表人物之一，因此该书在写作取向上也受到此一学派的影响。此前，中国社会科学院历史研究所定宜庄教授与本书作者共同发表的《21 世纪如何书写中国历史》一文，对北美新近清史研究的三个特点进行了评述：一是强调全球化的视角；二是强调满洲因素的重要性；三是强调使用满语与其他非汉族群语文档案的重要性。[1]

从上述"三个特点"出发审视，欧立德的乾隆皇帝传记与传统欧美与中文学界的研究有什么样的差异？也许透过比较该书与同类英文与中文作品可以看出一些端倪。

由于该书是西方第一本乾隆皇帝传记，因此与该书主题相同的英文作品付之阙如。但早在1974年，耶鲁大学历史系退休教授史景迁（Jonathan D. Spence）就已写下康熙皇帝的传记，中译本为《康熙：重构一位中国皇帝的内心世界》[2]。因此，透过比较这两书，可以略观四十年来北美新近清史学界对清朝皇帝的研究经历了什么样的转变。

史景迁在描写康熙皇帝时主要仰赖清代实录与方略等汉文材料以及耶稣会士的记述，这主要与当时清代满、汉文档案的整理出版尚不发达有关。不过，他注意到清朝皇帝的满洲身份及其政治影响。因此满汉关系、准噶尔战争，以及中西关系（主要是康熙皇帝与教廷间的关系）都是讨论重点。这些部分其实也都是欧立德所著的乾隆皇帝传记关注之处（不过中西关系主要聚焦于马戛尔尼使团上）。然而，史景迁主要是以康熙皇帝的视角写作，因此并未如欧立德该书一般太多描述康熙皇帝身处

1　定宜庄、欧立德：《21世纪如何书写中国历史："新清史"研究的影响与回应》，《历史学评论》第1期（2013年），第116—146页。

2　参见史景迁《康熙：重构一位中国皇帝的内心世界》，温洽溢译，广西师范大学出版社，2011年。

的时代背景，遑论比较清朝与同时期的欧亚帝国。这一方面是写作策略的问题，另一方面也反映了当时西方清史学界主要还处在奠基阶段的情况，并且这种将清朝放在世界史背景下观察的视角也尚未风行。

至于该书同类的中文著作，从该书的架构与内容来看，最接近的中文研究要数戴逸教授的《乾隆帝及其时代》[1]。戴逸教授为中国清史学界耆宿，并出任国家清史编纂委员会主任。虽然这本书初版于 1992 年，距今已有二十余年之久，但他的研究仍可代表中国学界对乾隆皇帝的研究基调。如果我们比较戴书与本书的内容，会发现两者确实有明显不同。

譬如，在比较乾隆皇帝治下的中国与其他国家时，两本书同样都以欧美各国为比较对象，但比较的方式不同。戴书注意到的是当时发生在欧美却没有发生在中国的类似事件，例如产业革命、科学发展、启蒙运动与美国独立等，并以当时乾隆皇帝未能像略早的彼得大帝引进西方事物来反衬当时中国的锁国与落后。

反观欧立德该书，则是去比较当时同样发生在中国与欧美的同类事物。首先以巡游为例，比较了乾隆皇帝与同时期英、法两国国王的巡游（第122页）。其次以远征为例，比较乾隆皇帝远

1　戴逸：《乾隆帝及其时代》，中国人民大学出版社，1992 年。

征准噶尔与法王拿破仑远征俄国，并认为前者在时间与空间上的跨度更大，并且取得了更大的成功（第124—126页）。

欧立德还将比较的对象扩及其他欧亚帝国，例如在谈到满人以少数民族之姿统治众多汉人时，就将俄罗斯帝国、莫卧儿帝国与奥斯曼帝国等纳入比较，认为与莫卧儿帝国从未改宗印度教相比，清朝接受了较多的汉人习俗（第22—24页）。该书还强调乾隆皇帝作为满洲统治者统治多民族的一面，也不时穿插满语词汇。例如第四章即探讨了八旗生计与《四库全书》收录满洲源流与传统相关的著作等现象。作者还分析了清朝在新疆、西藏等地的准军事化制度与清朝作为多民族帝国的意义。

反观戴书，则甚少触及这些议题，触及满汉关系议题的部分主要在于党争以及乾隆皇帝对满洲尚武之风的关注。提及十全武功时也仅强调此举在保卫祖国疆域的政治大一统面向，而较少探索底下的多元文化与制度面向。虽然这一方面与当时清代满、汉文档案的整理出版尚不发达有关（前述史景迁所写康熙传记亦有类似问题），但另一方面确实也反映了中国与欧美清史学界在观点与视角上的差异：中国学界对乾隆皇帝存在着一种矛盾心理：他既是现代中国广袤疆域的奠基者，也是导致近代中国落后西方的始作俑者。欧美学界则着眼于乾隆皇帝的身份背景与人生经验为他带来的优势及造成的限制：一方面赞许其功绩，另一方面又对其失误有一种同情的理解。

这从该书在论及1793年马戛尔尼勋爵使团访问中国一事时，

更能看出其与中国学界传统的评价有所不同。过去中国学界认为乾隆皇帝治下的中国正处于封建社会的高峰期，然而已显露出中衰迹象。而同时代的西方则经历产业革命与资产阶级革命的巨变，英国更挟其先进技术叩关中国。但由于乾隆皇帝的自大心理与愚昧无知，导致中国损失了一个认识外部世界的大好机会。

该书则指出，乾隆皇帝当时不仅熟悉西方地理，也清楚欧洲法、俄两国内部的情势。因此比较好的解释是，他事实上是故意展现他对远方的英国兴致缺缺，因为当时的清朝整体来说是一个和平且富有的国家。乾隆皇帝一方面年事已高，心有余而力不足，另一方面似乎也没有了解西方的迫切需要。

此外，作者的高足、现任美国西雅图华盛顿大学历史系助理教授马世嘉（Matthew W. Mosca）在其近作《从边疆政策到对外政策：印度问题与清代中国地缘政治的转型》[1]中，透过整合廓尔喀（今尼泊尔）方面的情报与马戛尔尼勋爵在与英国本土的通讯中所表达的顾虑说明，至少在马戛尔尼使团访问北京前后，清朝已认识到英国在印度与广州的势力。只因不同语种的信息在中译上的整合有困难，且清朝边疆政策较为分权化，加之其

---

1 Matthew W. Mosca, *From Frontier Policy to Foreign Policy: The Question of India and the Transformation of Geopolitics in Qing China*, Stanford: Stanford University Press, 2013.

他因素，清朝对英国的认识仍属有限，但并非如过去所想的对外界一无所知。

作者在结论中提到了乾隆皇帝所面对的五种矛盾：(1)乾隆皇帝以驯服蛮夷与殖民边疆来解决国内逐渐恶化的人口问题，反而造成了环境退化，对后代造成负面影响；(2)乾隆皇帝虽然提高了人民的生活水平，但在他治下的最后二十年也是官员腐败最严重的时期；(3)乾隆皇帝虽然在口头上强调满汉一家，但他的行为一直是偏向满洲的；(4)乾隆皇帝虽然赞助了许多文化工程，但同时也有许多作品在这些工程中遭到毁弃或删改；(5)乾隆皇帝努力维持国家的统一，但这是以牺牲成千上万的人命与文化多样性为代价的。

作者认为，乾隆皇帝最大的失败是晚期宠信和珅，导致中央大权逐渐流入官员之手，皇权受到严重削弱。但这并不能完全归咎于乾隆皇帝，因为大一统国家中永远存在着意欲集权的中央与试图自治的地方两者间的紧张关系。

2009年出版的《现代性的共有历史：中国、印度与奥斯曼帝国》[1]一书也许有助我们回顾清朝的历史经验。该书由土耳其海峡大学经济史与政治经济学教授伊湖丽（Huri Islamoğlu）与美国耶鲁大学历史系教授濮德培主编，主题是比较早期现代的清朝、

1　Huri Islamoğlu and Peter C. Perdue, eds., *Shared Histories of Modernity: China, India & the Ottoman Empire*, London: Routledge, 2009.

奥斯曼帝国与莫卧儿帝国在现代化过程中的发展历程。在边疆政策上，该书认为，与缺乏政策弹性的现代中央集权国家相较，这三个欧亚帝国透过地方分权与协商而得以在边疆政策上取得成功。即便在协商破裂后不得不诉诸武力，这些帝国皆未试图压制所有的反抗。换句话说，对这些皇帝而言，使用武力是为迫使对手坐上谈判桌并臣服在其权力下，而不是为一劳永逸地消灭反抗者。

回到《乾隆帝》一书所讨论的乾隆皇帝。雍正皇帝在西南苗疆推行改土归流政策，引起苗人反抗。乾隆皇帝即位之初，在处理苗疆之变时，虽然不得不以武力平叛，但乱平之后，为安抚苗人，在当地实行较其父雍正皇帝宽容的政策，包括土地永不征赋，以苗例解决苗人争端，等等。此外，在面对准噶尔问题时，乾隆皇帝最初也是设法与噶尔丹策零谈判并成功达成和平协议。虽然后来由于噶尔丹策零之死导致准噶尔内乱，和平协议失效，乾隆皇帝遂决定趁机以武力解决准噶尔问题，但如果没有这个契机，乾隆皇帝很可能不会主动撕毁和平协议而冒险出兵征准。因此我们可以说，乾隆皇帝以武力所缔造的大一统局面主要是政治上的，但在治理多元民族上，仍然秉持"因其俗不易其政"的原则。这种灵活的治理模式有助于 18 世纪的清朝因应国内的各种动乱。

最后就译文本身来讨论。该书英文原版于 2009 年出版，在短短五年内中译本[1]就能够面世，让中文读者一窥西方学者眼中的乾隆皇帝，译者们确实功不可没。

该书译者的用心处之一，在于加注了英文原版付之阙如的满文与汉文词汇。例如，在讲到满族的男性美德时，译者加注了满文 *hahai erdemu*（第 94 页）；谈到清朝外交礼节时，译者加注了行跪礼的满语 *niyakūrambi* 与叩头的满语 *hengkilembi*（第 186 页），等等。提及乾隆朝末叶的社会动乱与流动未婚男性时，译者也在后者加注了清代档案中常见的"光棍"一词（第 230 页）。

其次是对书中的人名与地名加了许多译注。例如，在比较清朝与英国的瓷器时，就为书中提及的英国陶艺家韦奇伍德（Josiah Wedgwood）与德国著名瓷都梅森（Meissen）加上了译注（第 198 页）。至于原书英译的引文，译者也都费心查考，还原为中文，用心程度可见一斑。

不过书中有几处手民之误仍旧有澄清的必要。例如，第 21 页，沙俄的罗曼诺夫（Romanov）王朝误植为罗马帝国；第 93 页，蒙古马琴一般中译为马头琴；第 126 页图中提及廓尔喀战役时，误作廊尔喀；第 212 页，颇罗鼐之子珠尔默特那木札勒误植为珠尔默特那木所勒。第 256 页，朱诚如误植为朱诚儒；

---

1 欧立德：《乾隆帝》，青石译，社会科学文献出版社，2014 年。

第 261 页博格尔的《空虚的帝国》与第 258 页白瑞霞的《虚静帝国》实为同一书；Evelyn Rawski 的中文名习惯译为罗友枝，而非罗有枝；第 259 页，狄宇宙的本名 Nicola Di Cosmo 误作 Nicola Di Cosma。最后，第 104 和 108 页，转轮王（chakravartin）与文殊菩萨（Mañjuśrī）两者的梵文名称有混用的情形。这两者虽同为乾隆皇帝的形象，但并非同一神话人物的异称。

总体而言，该书译文尚称忠实，且观点新颖。对想了解新近欧美学界如何看待乾隆皇帝与其时代的读者而言，该书是相当好的入门书。对那些对现代中国形成过程中所面临的挑战与对策有兴趣的读者而言，该书所述及的历史也许能够带来一些启发。

本章原题《新清史视角下的乾隆皇帝》，原载《东方早报·上海书评》2014 年 6 月 22 日。

清朝信息渠道与治理政策的转型

自 20 世纪 90 年代初发轫的"北美新近清史",作为一个比较松散的学派,近年来受到颇多关注。

然而焦点主要放在第一代的学者如柯娇燕与欧立德等人身上,却忽略了北美新近清史研究自身的新发展,特别是第一代学者所培养出来的学生也日渐崭露头角。在这些第二代学者中,马世嘉博士 2013 年出版的新书《从边疆政策到对外政策:印度问题与清代中国地缘政治的转型》[1]正是其中的代表作之一。本书

---

1 Matthew W. Mosca, *From Frontier Policy to Foreign Policy: The Question of India and the Transformation of Geopolitics in Qing China,* Stanford: Stanford University Press, 2013.

繁体中文版已于 2019 年出版。[1]

作者于 2008 年获美国哈佛大学历史与东亚语言联合学程博士，师从孔飞力（Philip A. Kuhn）、欧立德与濮德培。后于美国加州大学伯克利分校与香港大学进行博士后研究。曾任美国维吉尼亚州威廉与玛丽学院（College of William and Mary）历史系助理教授，现任西雅图华盛顿大学历史系副教授。其研究兴趣包括了中国与内陆亚洲史，主要关注清朝的对外关系以及清代地理与史学思想史。

该书主要处理两大问题：（1）1750 至 1860 年间，清朝皇帝、官员与学者们如何看待大英帝国势力在印度的崛起？（2）对此一局势的了解又如何影响清朝政策以便维护自身安全？ 该书鉴别了发生在这期间的两个主要变迁：一是清政府在对外政策上从多元化的边疆政策过渡到一元化的对外政策；二是清朝内部信息阶序的变迁，即边疆相关信息从初期由中央内廷独占到后来在地方官员与学者间自由流通。清朝并非用政策上的差异区分不同的边疆，而是清朝自身对威胁的感受主导了对外政策的选择。基本上，清朝在 18 世纪中叶平定准噶尔后，就认为自身的安全得到了一定程度的保障。

但为何清朝会相信在平定准部之后，自身的安全会得到基

---

1 马世嘉：《破译边疆·破解帝国：印度问题与清代中国地缘政治的转型》，罗盛吉译，台湾商务印书馆，2019 年。

本保障？特别是此后发生了一连串重要国际事件：例如，英国－普鲁士联盟与法国－奥地利联盟之间发生的七年战争（1756—1763）导致了英国东印度公司在印度掌握主要地位，法国大革命与拿破仑战争影响到亚洲局势，英俄两国在中亚有"大博弈"（Great Game），等等。这些事件都将清朝外围的国家与民族卷入当时欧洲帝国主义的扩张当中。但清朝没有对周边的局势产生危机感，造成这种情况的关键在于清朝的地理与地缘政治思想。

在中央欧亚边疆上，清朝与准部的领土相毗连，朝廷中也有许多出身满蒙的大臣娴熟草原环境，因此在情报的搜集与追踪上相对容易。而在征服准部后，清朝就将目标转向维持新领地的稳定与和平上，对搜集外邦情报的热情也降低了许多。大英帝国在亚洲的扩张及威胁事实上比准噶尔更甚。此一威胁很可能迫使清朝放弃多元化的边疆政策，而实行协作程度更高的一元化对外政策。但要认识到这样的威胁需要对不同边疆的信息进行同步分析，而这正是边疆政策所禁止的取向，因此清朝实际上陷入了一种恶性循环。简言之，清朝缺乏所谓的大战略（grand strategy）考虑（第9—11页）。

清朝边疆政策得以维持的原因有三。

首先是清朝内部的科层责任制。一般而言，边疆官员的奏报对皇帝的世界观有一定的影响力。然而清朝皇帝一般认为边疆的稳定系于封疆大员的能力。若是边疆发生乱事，责任主要会归咎于疆吏的能力不足或举措失当。因此疆吏多半会秉持大事化小的原则，尽量将遇到的问题视为小规模的地方性动乱，以避免获罪。这不代表他们没有意识到问题背后的意义，但常常会有意无意地低估这些意义的重要性。这种报喜不报忧的倾向，也限制了皇帝对外界的了解。

其次，对清朝皇帝而言，帝国边疆可以被分为数个区域，对这些边区的管理可以交由所属官员利用当地采得的情报与资源达成。这种边疆政策上的极简主义取向，对清朝政府这种小规模的官僚结构来说也很合适。

最后，这种制度上的区域划分被当时清朝学术界的舆地学所强化，无论是官员或是学者，都缺乏有关当时地缘政治知识的一个标准化框架，不利于整合不同的区域知识。要到后来，政策辩论的非官方渠道、战略性挑战的新意识和地理学的进步打破边疆政策的独占后，清朝才出现了首次将不同边疆视为整体的对外政策。而在这三个重要因素中，重构清朝的地理世界观是最为困难的。因为这需要在不同的区域与学者团体间传递一致的地理认识，这种认识又必须跨越不同语言与文化的障碍才能达成（第12—15页）。

美国威斯康星大学麦迪逊分校教授大卫·摩尔根曾经以中世纪波斯为例，将知识区分为一般知识（ordinary knowledge）与实用知识（practical knowledge）。一般而言，商人、水手或旅人有关外国情势的实用知识更加丰富，但通常并未形诸文字，这类知识也为一般的清朝官员与学者采用。然而对前者所知有关政经趋势的一般知识，后者却缺乏利用管道。

三种不同形式的地理学决定了清代分析国外情势的三种模式：（1）操作型地理学，由官员访谈地方专家所得；（2）学术型地理学，由文人分析古今文本所得，通常出现在帝国方志中；（3）私家型地理学，由单一作者所写成，内容涵括范围可大可小，视作者的学问见识而定，而其受欢迎的程度也与时代环境息息相关。在清代，上述三种形式的地理学没有任何一种能够获得普遍认可，而对外国地理有兴趣的人会同时参考这三种地理学，因此无法仅凭其中任何一种就能够说明清朝的世界观，而必须综合分析。于是在这些不同形式的地理学中，透过分析当时的地理词汇（其中又以地名为主），可以描绘出三者发展趋势相同之处的轮廓，因为这是当时的官员与学者共同关注的焦点（第15—18页）。

该书除前言与结论外，正文共分为四个部分：

第一部分"清帝国的世界视野"由第一章"许许多多的印度：清朝地理实践中的印度（1644—1755）"构成。

在第一章中，作者从库恩（Thomas Kuhn）的科学史典范理论出发，说明清初的地理学类似于其理论中的前典范科学（pre-paradigmatic science），充满了各种互相抵触与竞争的理论（第39页）。不论是儒家《尚书·禹贡》中的九州岛四海论、佛教中以须弥山为轴心的四大洲论、伊斯兰教中以麦加为世界中心的论点，或是欧洲传教士传来的七大洲五大洋的理论，都缺乏解释世界的一以贯之的理论。然而当清朝学者试图弄清楚何者为真时，他们能仰赖的对象一般是本国商人、水手与旅人，但这些人很可能吹嘘自身经历，外邦人又被怀疑可能故意提供不实信息，因此双方说法都无法轻信。到最后，清朝地理学者只好将各种异闻"姑录存之，备参考焉"，导致了地理不可知论的产生（第42页）。相较清朝地理学以文本叙述为主，西方地理学则以数学地图制作为主，因此为得出准确的位置与地名，西方发展出一套评估信息阶序的系统，引入经纬度系统则是西方地理学的巅峰，这是双方最大的差异（第45页）。

在这种世界观的脉络下，中国传统上对印度的称呼源自梵文的 *Sindhu*，这个词被认为是《史记》中的身毒，后来又被天竺所取代，佛教传入中国后引入了"印度"一词（一般认为有东、西、南、北、中五印度）、作为满蒙同源词的"厄讷特克"（满语 *Enetkek*、蒙语 *Enedkeg*）、源自藏语的"甲噶儿"（*Rgya-gar*）、源自察合台文的"痕都斯坦"（Hendustan）、明末耶稣会士引入的"印第亚"与"莫卧尔"（源自波斯语的 *Mughul*）（第47—48页）。此外，利玛窦为区别大西洋与印度洋，而创造了"小西洋"一词来称呼印度洋，后来被水师提督陈伦炯的《海国闻见录》所沿用（第50页）。在汉语穆斯林著作中则习用源自波斯文的"欣都斯塘"（Hindustan）（第58页）。自西藏进入清朝领土的印度商人自称来自"大西天"（第63页）。上述诸词构成了流行于清代与印度相关的称呼。

纵然这些称呼的来源极度多元化且存在库恩所言的不可公度性（incommensurability），但因清初对追踪印度的情报并无迫切需求，而能够容忍这种不可公度性。这种情况直到1755年清朝进军准噶尔后才有所改变。

第二部分"打造多民族帝国：边疆政策的极盛期"包括了第二章"征服新疆与'欣都斯坦'的出现（1756—1790）"、第三章"图绘印度：制图学脉络中的地理不可知论"，与第四章"发现'披楞'：从西藏看英属印度（1790—1800）"。

第二章从"欣都斯坦"一词的出现讨论乾隆朝中叶对印度认识的提升。在西进过程中，当地和外国报导人提供的情报引起了清廷对叶尔羌以南地区的注意。这些情报提供了北印度与莫卧儿帝国末年混乱的政情。对熟悉印度作为佛教发源地的乾隆皇帝而言，这些可信度高的情报对他的世界观构成了极大挑战。他吸收的这些信息后来也反映在他的诗文当中。然而由于忽略了来自南方海疆的情报，"欣都斯坦"与印度的关联仍旧是一大问题（第71页）。

在第三章中，有别于之前对文本数据的分析，作者利用清廷制作的地图分析清朝对印度的认识。清廷的地图制作始于康熙年间，这些地图的范围不仅涵括了清朝以外的国家，如阿拉伯、波斯与印度，同时也已开始使用西方地图常见的经纬度。然而前述的地理不可知论仍旧影响了清廷的地图制作与接受效果。在涉及清朝治下的领土时，这些宫廷地图所提供的信息被认为是具有权威性的；然而在描绘外国时，宫廷地图的权威性则大为降低。清朝官员和学者仅在查无其他相关材料时，才会参考这些地图中的信息，因此这些地图仅仅被视为解释外部世界的诸多版本之一，并不具权威性（第101—102页）。

第四章从廓尔喀之役与马戛尔尼出使中国探讨清廷对英属印度的了解。正当清朝将注意力放在欣都斯坦时，大英帝国的势力已悄悄在印度半岛上立稳脚跟。1765年，英属东印度公司获得莫卧儿皇帝的允许，能够自己征集与管理税收，而且孟加拉国也在其实际控制之下。这些情势的转变都未受到克什米尔与叶尔羌等地的注意。然而英属印度距离西藏更近，而且孟加拉国也透过海路贸易与广州有所联络。1791年廓尔喀二度入侵西藏，乾隆皇帝派兵平乱。基于情报与外交联络的需求，清朝将军与位于加尔各答的英国总督取得联系。不久后，1793年英皇乔治三世派遣的马戛尔尼使团造访北京时，马戛尔尼本人已预料到清朝对东印度公司在印度的扩张有所担忧。后来也有迹象显示，最晚在1794年，清廷已知道东印度公司在孟加拉国的扩张及其在广州贸易之间的关系。然而，由于叶尔羌、西藏与广州三边的报导人在人名、地名等用语上的不同，加上满文、耶稣会士与中文在用词上的差异，清廷在情报整合上出现极大困难。这导致清廷并未意识到大英帝国威胁的严重性，也因此，这两起事件并未成为清廷由边疆政策过渡到对外政策的契机

（第 127—128 页）。

在横跨喜马拉雅山邻近地区的外交关系中，六世班禅扮演
了重要角色。他与乾隆皇帝关系密切，同时也是英藏关系中的
关键人物。自 18 世纪 60 年代起，英方就希望能开通从西藏进
入中国通商之路，并且期望透过六世班禅说服乾隆皇帝。而在
英藏外交文书中，关于英属印度的称呼主要是波斯语 *Farangi*，
该词源自阿拉伯语对法国人的称呼，在印度则用来称呼欧洲人，
藏语形式从原本的外来语 *Phe-rang* 变成本土语 *phyi-gling*，意为
外国人。西藏对英属印度的看法影响了清廷在廓尔喀之役中的
官方用语（第 129—135 页）。

1793 年英属印度与清廷在廓尔喀之役中首次直接接触。在
此之前，1792 年清朝远征军指挥官福康安为从尼泊尔的邻国
（其中也包括英属印度的加尔各答）寻求支持，而向乾隆皇帝
上奏，这也是"披楞"一词首次出现在清朝官方文书中。披楞
其实是 *Farangi* 之藏语形式 *Phe-rang* 的汉文翻译（第 139 页）。
后来根据加尔各答方面的回复与其他情报，福康安了解到，尼
泊尔以南的广大地区原名甲噶儿，其中最大的国家由第里巴察
（Delhi Padshah，即孟加拉国）所统治，而第里巴察又受披楞
（即英属印度的加尔各答）所节制，而且与广州有贸易往来。然
而披楞与在广州贸易的西洋各国之间的关系则不清楚（第 143
页）。后来在 1793 年 7 月清廷也得知披楞已遣使（即马戛尔尼
使团）前往北京觐见乾隆皇帝（第 146—147 页）。

　　然而，由于英方使节在相关文书中被称为英吉利，并未提及披楞字眼，且原先其动机被认为是前来为乾隆皇帝 80 岁大寿祝寿，因此清廷起初并未将马戛尔尼使团与披楞连结在一起。但后来，透过尼泊尔方面报导人提供的情报，清廷在马戛尔尼使团访问结束前已认知到该使团代表的是西藏附近的邻国，并且最迟至 1796 年，清廷已认识到，在广州贸易的英吉利人与统治加尔各答的披楞事实上是同一群人（第 156 页）。但由于披楞与英吉利的关系并未被清廷放在大英帝国的全球扩张脉络下理解，因此并未对清廷造成如准噶尔一般的强大危机感，其地缘政治的世界观亦未改变（第 160 页）。

　　第三部分"过渡期（1800—1838）"由第五章"十九世纪初的英属印度与清朝战略思想"与第六章"在中国海岸发现英属印度（1800—1838）"组成。

　　第五章讨论 19 世纪大英帝国在亚洲的进一步扩张与清朝的反应。1798 至 1805 年间，英属东印度公司打败了印度半岛上最强大的对手马拉地人（Marathas）后，英国在印度的势力已无人能挑战了。在拿破仑失败后，英国海军在印度洋与中国海上也无人能敌。许多亚洲与欧洲国家当时都已警觉到英属东印度公司的威胁，其中有部分国家也曾向清朝求援。然而清朝置之不理，仅持续搜集相关情报而已。在印度与欧洲国家努力寻找盟友时，清朝却有意避免与其他国家结盟，并且准备仅靠一己之力保护边疆。如果要了解清廷的动机，有必要重建从海疆、西藏与新疆眼中当时的清朝观点（第163—164页）。

第六章探讨1800至1830年之间，清朝的边疆政策与其对拿破仑战争期间英国在亚洲的扩张不闻不问之间的关系。在这期间，虽然清廷的对外政策并没有显著的改变，但在正式的官方通讯以外，对外界已出现更为完善且灵活的看法，这也逐渐动摇了清朝边疆政策的基础。

18世纪的清朝，国家垄断了对外政策的讨论。然而1799年乾隆皇帝驾崩之后，清朝的军事史、方略与外国地理作品开始引起了汉人文士的讨论。这也受到当时经世学风的影响。这些成果主要反映在地方官员阮元编纂的《广东通志》上（第199—202页）。另外，西方地图虽然在这个时期得到更加广泛的利用，例如法国耶稣会士蒋友仁（Michel Benoist）的《地球图说》，但清朝的官员与学者仍然对其存有疑虑（第222页）。虽然当时有少数清朝学者认知到大英帝国的扩张，但他们相信这对清朝威胁不大，只要清朝断绝和英国的贸易往来，英国就会屈服（第230页）。

19世纪30年代，因被认为是白银外流与银价高涨的主因，鸦片问题成为朝野与经世学者关注的议题。英属印度作为鸦片产地也因此受到注目。后来受鸦片战争的影响，整合不同边疆情报的工作日渐重要，这推动了外国地名的标准化，也为后来破除清朝的地理不可知论与对外政策的出现奠立了基础（第232—233页）。

第四部分"对外政策及其局限"包括了第七章"鸦片战争与大英帝国（1839—1842）"与第八章"对外政策的浮现：魏源与清朝战略思想中对印度的再诠释（1842—1860）"。

第七章讨论鸦片战争的爆发与英属印度的地位在清朝战略中的提升。1840 年的鸦片战争中，英国战舰进入渤海湾，这也是自 1690 年准噶尔蒙古大汗噶尔丹以来，再次有外国军队进逼北京。然而清朝发现，自己对来自海上的攻击缺乏有效的反制能力。因此朝野大臣开始苦思应对之道。在各种反制方案中，英属印度的重要性浮上台面。林则徐等人接受了外籍顾问的建言，认为英国地狭人稀，其财富与力量主要来自印度。因此若能切断印度与英国的联系，英国的实力将大受打击。虽然鸦片战争的范围主要限制在南方海疆，但清朝官员与学者的注意力逐渐转移到英国在印度与阿富汗的势力，并且思考应对之策。随着新需求的出现，过去的战略、官僚制度与地理思想也开始转向（第 237—238 页）。

第八章讨论鸦片战争结束后清朝对英国战略的转向以及当中印度角色的转变。1842 年鸦片战争结束后，最早开始反思清朝地理与战略困境的学者首推魏源。他努力收集各种材料（特别是西人著作），才可能提出跨越清朝海疆与陆疆的对外政策，这也打破了过去边疆政策的地理与地缘政治设想，即地理不可知论与防卫性地缘政治思想。魏源认为清朝需要一种进取的对外政策，利用所有潜在的战略优势以达成单一目标。到了 19 世纪 40 年代中叶，思考清朝在中央欧亚的战略位置时已不能忽略英国与俄国帝国主义在当地的势力。虽然魏源的进取主张遭到驳斥，但防卫性地缘政治思想已变得更加一致和集中，把各个边疆视为彼此孤立的时代已一去不返（第271—273页）。

结论部分以"在边疆政策与对外政策之间"为副标，说明此一政策转向在清史与欧亚历史上的意义。1842年以后，清廷的边疆政策已破产，1846年英国在征服旁遮普后取得与清朝划定西藏边界的权利。1846年廓尔喀再度警告清朝，如果尼泊尔被英国征服，那么英国将对西藏造成威胁。清朝对此事的处理标志着其从边疆政策朝对外政策的转向。驻藏大臣琦善在奏报法国传教士秦噶哔（Joseph Gabet）与古伯察（Régis-Evariste Huc）入藏经过时，首次确认披楞即英吉利。此后，即便清朝在对外政策上采取守势，但已不能再忽略不同边疆之间的政策协调需求。1861年总理衙门的设立就是例证，后来李鸿章与左宗棠对海防与陆防的辩论更说明了清朝的大臣深刻理解到海疆与陆疆息息相关（第305—309页）。

然而此后，清朝在考虑其基本利益时，是否与所有臣属和区域的利益相符合？又有谁能合法决定？这些群体的利益与爱新觉罗皇室的统治延续是重合或独立存在？若后者为真，那么在清帝国崩溃后，共同利益是否能够用来强化原清朝领土内部的统一？这种希望是否又与对全球趋势的更佳了解有关联？这些问题都是未来可以继续研究的方向。可以说，发现英属印度一事对理解曾在清朝治下的地区及其现代史而言，具有深远的意涵。

　　在理论上，本书受到北美新近清史研究的影响是显而易见的。但我们也应该注意到作者受到近三十年来大英帝国史研究中的新帝国史（New Imperial History）启发。根据希腊学者阿西娜·赛利亚图（Athena Syriatou）的概括，旧帝国史研究大英帝国的治理网络、统治方式与意识形态；新帝国史则更关注帝国内部的种族、性别与阶级网络，或是不同文化和艺术的相遇与混杂认同的扩散，等等。[1] 如英国学者贝利（C. A. Bayly）对大英帝国的印度情报网络研究，分析了众多的印度情报与信息在翻译中失落的原因，同时考察了提供情报的报导人的社会与知识背景，以及殖民者对他们的认知。[2] 本书的主题其实也是清朝边疆信息的流通、翻译和中央政府的决策过程，作者也采用了贝利的信息秩序（information order）概念概括这些信息的形成与流通。另外，作者对满蒙汉官员，以及传教士与商人等报导人在信息网络上的等级关系的分析，都可以看出受到新帝国史的启发与影响。

　　在史料上，作者主要运用了美国哈佛燕京图书馆、英国大英图书馆、中国第一历史档案馆与国家图书馆、中国台湾"中研院"傅斯年图书馆与台北故宫以及日本东洋文库等处的档案

1　阿西娜·赛利亚图：《民族的、帝国的、殖民的和政治的：英帝国史及其流裔》，徐波译，《全球史评论》第 10 辑（2016 年），第 44 页。

2　C. A. Bayly, *Empire and Information: Intelligence Gathering and Social Communication in India, 1780-1870*, Cambridge: Cambridge University Press, 1996.

与图书资料。涉及的研究语文包括了汉、英、满、日、法、德、藏、蒙、波斯与察合台文等。

在过去讨论清朝对外关系的研究中，清朝被认为是闭关自守且拒绝现代化的天朝，对英国的富强一无所知。[1]然而作者在该书中透过整合廓尔喀方面的情报与马戛尔尼在信件中表达的顾虑，说明了在马戛尔尼使团访问北京前后，清朝已认识到英国在印度与广州的势力。即便这种认识还相当模糊，且并未感受到英国的强大威胁，但清朝对外界并非一无所知。可以说，该书对之后研究清朝对外关系的学者提出了更高的要求。未来学界势必整合更多元的角度和材料看待清朝的对外关系，才可能有更加全面的认识。

其次是有关魏源所绘制的地图与其中的意识形态问题。该书封面的地图取自魏源《海国图志》中的地球正面全图，其中欣都斯坦被放在正中央。这样的地图绘制格局，与《山海舆地全图》《坤舆万国全图》等西方传教士所制的地图相较，似乎都不尽相同。这是否反映了魏源重视印度的战略思想而有意为之？抑或另有来历？这也许是可以再作补充讨论之处。

再次是清朝如何认识俄国的威胁问题。与英国相比，沙俄更早之前已与清朝有包括战争、外交与商业关系在内的往来。

---

1 关于本观点的代表作，参见阿兰·佩雷菲特（Alain Peyrefitte）《停滞的帝国：两个世界的撞击》，王国卿等译，生活·读书·新知三联书店，1993 年。

从康熙年间的中俄雅克萨之战，到后来的《尼布楚条约》与《恰克图条约》的签订，俄国已证明自身与清朝具有平起平坐的实力。在准噶尔蒙古被击败以后，俄国在满洲、蒙古与新疆（虽有哈萨克与浩罕汗国作为缓冲）的势力也都对清朝形成包围态势。但为何俄国并未先于英国被清朝视为威胁？这也是值得作者补充探讨之处。

作者所谓的大战略也与过去的讨论有所不同。该书认为清朝在对外关系上缺乏大战略的考虑（第9—11页）。加拿大历史学家江忆恩（Alastair I. Johnston）曾以明朝与蒙古的和战关系为例讨论传统中国的大战略，[1]这或许会让人认为作者是延续了江忆恩的主题，然而江忆恩与作者两人所谓的大战略其实并不相同。江忆恩讨论的是传统中国在面对战争的态度上，存在"不战而屈人之兵"的哲学思想与"权变"的实际策略之间的落差。作者讨论的则是为达成单一的全球战略目标而协调不同边疆的大战略。然而回顾历代中国王朝的边疆政策，不禁让人想问：作者总结的清朝边疆政策特点是否存在于之前的中国王朝？

例如，作者认为，和英国相较，清朝并不愿意介入邻国与他国的纠纷，除非该纠纷会波及其边境的安全。同时也不倾向与他国结盟。这又可以从三方面来解释：（1）在策略上，一方面可以

---

1 Alastair I. Johnston, *Cultural Realism: Strategic Culture and Grand Strategy in Chinese History*, Princeton: Princeton University Press, 1998.

防止清朝被邻国利用作为谈判筹码，另一方面也可以减少劳师动众的机会；（2）从地理学来看，与大英帝国相较，清朝去中心化的信息搜集模式也不利于获取标准化的情报，在考证古今地名上的困难也使得清朝官员在面对新地名的态度上更为被动；（3）从官僚体系上来看，英国的边疆官员通常是鹰派，然而由于清朝皇帝视边疆动荡为边吏无能的象征，因此清朝的疆吏通常更倾向于息事宁人（第 195—197 页）。

然而，回顾传统中国王朝的对外关系，与外国结为军事联盟似乎并不是一个禁忌的选项。例如，汉武帝遣张骞通西域以制匈奴；唐代王玄策借尼婆罗与吐蕃兵击天竺，及后来唐朝联回纥以制吐蕃；两宋之联金灭辽与联蒙灭金；明朝援朝抗日，以及后来援助察哈尔蒙古以便制衡满洲等，都是例证。而就算是在非汉民族建立的征服王朝中，元朝也曾与伊利汗国联盟，以便抗衡以盘据中亚的海都（Qaidu）为首之窝阔台、察合台及金帐汗国联盟。[1] 无论这些例子能否纳入江忆恩所谓广义的"权变"范围，但都或多或少说明，无论在传统中国王朝还是征服王朝，与外国结为军事同盟都是可以被接受的策略。

因此，相较于传统中国王朝与征服王朝的态度，可以发现清朝在寻求外国同盟时，态度似乎要来得保守许多。即便我们可以

[1] 对传统中国王朝与征服王朝的定义和区分，参见 Karl A. Wittfogel, "General Introduction", in Karl A. Wittfogel and Chia-shĕng Fĕng（冯家升）, *History of Chinese Society: Liao, 907-1125*, Philadelphia: American Philosophical Society, 1949.

把乾隆皇帝拒绝马戛尔尼请求视为是传统中国儒家影响的天朝上国姿态（虽然不无争议），但后来的嘉庆与道光皇帝拒绝廓尔喀求援与联盟要求之举，则明显与传统中国及征服王朝不拒绝与外国结盟的态度有所差异。这种态度的发展与清朝皇帝的现实政治考虑及对过往历史教训的借鉴又有何关联？相信这是值得未来学界进一步研究的课题。

对前述问题的回答最终都会聚焦到对清朝历史特殊性的讨论上。西方学界对近现代中国史分期的主要理论范式有三："早期现代"（early modern）、"晚期帝制"（late imperial）与"新清史"。早期现代是基于西方现代化理论讨论中国历史，因此无论是费正清的西方挑战与中国回应论认为 1840 年为中国现代史的开始，或是从马克思主义出发以明末中国的资本主义萌芽为中国现代史的开始，都是以西方历史发展为参照所得的分期。[1]

晚期帝制理论则强调从中国内部的发展对中国历史进行分期。这个理论也受到以内藤湖南为代表的日本学界所提出的"近

1　对早期现代中国分期的进一步讨论，参见 Lynn Struve, ed., *The Qing Formation in World-Historical Time*, Cambridge, MA: Harvard University Asia Center, 2004。中译本参见赵世瑜等译《世界历史时间中清的形成》,《世界时间与东亚时间中的明清变迁》下卷，生活·读书·新知三联书店，2009 年。有关明清时期当代人对于时间与时代的理解，参见 Lynn Struve, ed., *Time, Temporality, and Imperial Transition: East Asia from Ming to Qing*, Honolulu: University of Hawai'i Press and Association for Asian Studies, 2005。中译本参见赵士玲译《从明到清时间的重塑》,《世界时间与东亚时间中的明清变迁》上卷，生活·读书·新知三联书店，2009 年。

世"概念与唐宋变革论的影响。从贵族制走向集权制,经济中心南移,商业的发达与都市化,理学兴盛等,从这些特征出发,这些学者认为中国社会在唐宋时期出现了巨大的转型,因此宋代以降可以被称为晚期帝制时期。这个理论后来引起了许多细部争议,但基本上,强调从中国内部发展的趋势对中国历史进行分期的立场没有太大变化。[1]

然而在这三种分期框架中,唯有新清史是以中国朝代命名的。其寓意是,清代在中国历史上是一个特别的时期与政体,值得被区分出来进行讨论。而由于中国史是世界史中的重要一环,清史对世界史也就具有了显著意义。

过去,北美新近清史研究一向被认为是处理清代内亚相关的历史,且主要关注的时期集中在19世纪以前或20世纪初的历史。[2]因此北美新近清史研究强调使用非汉语材料的方法以及对内亚的关注,似乎对研究鸦片战争后的清朝对英法等国关系并未能提供有效帮助。然而与美国密歇根大学历史系副教授柯塞北(Pär

---

1 对晚期帝制中国分期的进一步讨论,参见 Paul J. Smith and Richard von Glahn eds., *The Song-Yuan-Ming Transition in Chinese History*, Cambridge, MA: Harvard University Press, 2003。

2 张婷:《漫谈美国新清史研究》,载赵志强主编《满学论丛》第 1 辑,辽宁民族出版社,2011 年,第 367 页。

Kristoffer Cassel）对中日领事裁判权的比较研究一样，[1]该书将新清史讨论的时段扩展到 1800 年以后至鸦片战争前后的清史，同时透过分析多语种的档案与数据，从清朝的陆疆与海疆信息搜集与理解的角度讨论清朝的对外关系，在讨论的视野、议题与时代上都有所突破。因此该书可以说是 2013 年最重要的北美新近清史研究代表作，对中国史、内亚史与世界史研究者来说是有启发的。

　　最后针对书中中英名词对照表的几个疏漏进行补充。例如，第 250 页的 *xupo bing* 为叙坡兵，而 *landun wangjia bing* 为兰顿王家兵。另外，该书若能附上详细中文人名索引，与中央欧亚及印度的细部古今对照地图，将更有助于读者的阅读与理解。

　　本章原题《评 Matthew W. Mosca, *From Frontier Policy to Foreign Policy: The Question of India and the Transformation of Geopolitics in Qing China*》，原载《中国边政》（新北）第 198 期（2014 年 6 月），第 43—55 页。

1　Pär Kristoffer Cassel, *Grounds of Judgment: Extraterritoriality and Imperial Power in Nineteenth-Century China and Japan*, New York: Oxford University Press, 2012.

"北美新近清史研究"的背景、争议与新发展

　　作为一个源自20世纪90年代初期，在北美东亚学界受中央欧亚研究影响而出现的松散"学派"，北美新近清史研究内部实际上存在着不小的多样性。

　　北美新近清史学者主要运用新开放的汉文与非汉文（以满文为主）档案材料，重估过去清史研究中的汉化（sinicization）理论。他们也强调，满洲人以少数征服者之姿，之所以能够成功缔造清朝，原因之一在于他们能够熟练采借与运用被征服的汉人与非汉人（主要为蒙古、西藏与突厥等内亚民族）的文化，但同时能够维持自身的族群认同。

　　一般谈北美新近清史，都会追溯到20世纪90年代末何炳

棣与罗友枝有关清朝统治成功之缘由的论战。[1] 过去，以芮玛丽（Mary C. Wright）与何炳棣为代表的中国与美国学界人士认为，满洲以少数族群之姿却能统治广土众民的中国，是满人成功汉化的结果。[2] 然而罗友枝认为，那是满人成功维持自身身份认同并且强调中国与中央欧亚非汉民族之文化纽带的结果。争议症结在于两者对汉化与中国的定义不同，这使两者之间的"论战"变成一场"没有交集的对话"。

在此笔者想强调的是，罗友枝的看法有其学术脉络。柯娇燕在回顾新清史的缘起时，特别强调冷战期间美国、中国学界

---

1 何炳棣，"The Significance of the Ch'ing Period in Chinese History"，*Journal of Asian Studies*, vol. 26, no. 2 (February 1967), pp. 189-195. 中译文参见陈秋坤译《清代在中国历史上的重要性》，《史绎》（台北）第 5 期（1968 年），第 60—67 页；Evelyn S. Rawski, "Reenvisioning the Qing: The Significance of the Qing Period in Chinese History", *Journal of Asian Studies*, vol. 55, no. 4 (November 1996), pp. 829-850, 部分中译文参见张婷译《再观清代——论清代在中国历史上的意义》，刘凤云、刘文鹏编《清朝的国家认同："新清史"的研究与争鸣》，中国人民大学出版社，2010 年，第 1—18 页；Ping-ti Ho, "In Defense of Sinicization: A Rebuttal of Evelyn Rawski's 'Reenvisioning the Qing'"，*Journal of Asian Studies*, vol. 57, no. 1 (February 1998), pp. 123-155, 部分中译文参见张勉励译《捍卫汉化——驳罗友枝之〈再观清代〉》，《清朝的国家认同》，第 19—52 页。

2 芮玛丽在这方面的代表作参见 Mary C. Wright, *The Last Stand of Chinese Conservatism: The T'ung-Chih Restoration, 1862—1874*, Stanford: Stanford University Press, 1957。中译本参见房德邻等译《同治中兴：中国保守主义的最后抵抗》，中国社会科学出版社，2002 年。

主流费正清学派底下的潜流。[1]

例如，在耶鲁大学有史景迁对曹寅与康熙皇帝的研究，强调了满洲文化对清朝皇帝的重要性。[2]李罗伯（Robert Hung Gon Lee）强调满洲地区对清朝政治的重要性。[3]虽然傅礼初的研究兴趣并非清朝本身，但他在哈佛大学开设满文课，培养了一批学生，后来也成为清史的主力。1979年，他在美国《清史问题》期刊上提到未来清史研究需要注意的三个方向：（1）将清帝国视为整体，把关内与内亚边疆整合分析；（2）注意中央政府的基础，特别是君主；（3）满学，研究满洲皇帝建立了何种帝国及其目标为何。[4]后来的北美新近清史研究发展与其意见相合。

印第安纳大学的山缪·葛鲁伯（Samuel Grupper）博士利用了满、蒙、汉、藏文材料所做的清朝皇帝崇拜大黑天（Mahākāla）

---

1 Pamela Kyle Crossley, "A Reserved View to 'New Qing History'", Unpublished manuscript. 本文由金宣旼（Kim Seon-Min）译为韩文《신 ' 청사에 대한조심스러운 접근》，Peter I. Yun 윤영인编《외국학계의 정복왕조 연구시각과 최근동향》（《国外征服王朝研究的视角与研究趋势》），首尔：东北亚历史财团，2010年，第183—216页。

2 Jonathan Spence, *Ts'ao Yin and the K'ang-hsi Emperor: Bondservant and Master*, New Haven: Yale University Press, 1966. 中文版参见温洽溢译《曹寅与康熙：一个皇帝宠臣的生涯揭秘》，广西师范大学出版社，2014年。

3 Robert H. G. Lee, *The Manchurian Frontier in Ch'ing History*, Cambridge, MA: Harvard University Press, 1970.

4 Joseph Fletcher, "On Future Trends in Ch'ing Studies: Three Views", *Ch'ing-shih wen-t'i*, vol. 4, no. 1 (June 1979), pp. 105-106.

的研究，展现了非汉语材料在清史研究中的重要性。[1] 白彬菊（Beatrice S. Bartlett）的《君主与大臣》强调了满文奏折在清史研究中不可替代的重要性。[2]

不应忽略的是这些作者中对族群与文化理论的运用。这也是随着中国改革开放后，自 1980 年代起美国学界开始重视中国族群研究与田野调查，而到 1990 年代的开花结果。郝瑞（Stevan Harrell）主编的《中国民族边疆的文化相遇》一书可视为这一取向的代表。[3]

以上这些，都是北美新近清史研究兴起的重要内部背景。

北美新近清史研究受到日本、中国大陆与台湾地区当时对清代满文档案的整理与研究的风气影响。例如，欧立德曾远渡重洋，向日本的冈田英弘、中国台湾的陈捷先和庄吉发，以及中国大陆的王钟翰等著名学者学习交流。

1　Samuel Grupper, "The Manchu Imperial Cult of the Early Qing Dynasty: Texts and Studies on the Tantric Sanctuary of Mahakala in Mukden", PhD diss., Indiana University, 1980.

2　Beatrice S. Bartlett, *Monarchs and Ministers: The Grand Council in Mid-Ch'ing China, 1723-1820*, Berkeley and Los Angeles: University of California Press, 1991. 中译本参见董建中译《君主与大臣：清中期的军机处（1723—1820）》，中国人民大学出版社，2017 年。

3　Stevan Harrell ed., *Cultural Encounters on China's Ethnic Frontiers*, Seattle and London: University of Washington Press, 1995.

一般都以盖博坚的综合书评[1]所介绍的满学"四书",作为北美新近清史研究的代表作。这四本书分别是罗友枝的《清代宫廷社会史》[2],柯娇燕的《半透明镜》[3],路康乐(Edward J. M. Rhoads)的《满与汉》[4],欧立德的《满洲之道》[5]。卫周安(Joanna Waley-Cohen)2004年的综合书评提到了前三本书。[6] 相关代表性研究还包括卫周安文中提到的米华健的《嘉峪关外》[7],菲利普·傅雷(Philippe Forêt)

1　R. Kent Guy, "Who Were the Manchus? A Review Essay", *Journal of Asian Studies*, vol. 61, no. 1 (February 2002), pp. 151-164. 中译文参见孙静译《谁是满洲人?——综合书评》,《清朝的国家认同》, 第129—146页。

2　Evelyn S. Rawski, *The Last Emperors: A Social History of Qing Imperial Institutions*, Berkeley and Los Angeles: University of California Press, 1998. 简体中文版初版参见周卫平译《清代宫廷社会史》, 中国人民大学出版社, 2009年。简体中文修订版参见周卫平译《最后的皇族: 清代宫廷社会史》, 上海人民出版社, 2020年。

3　Pamela Kyle Crossley, *A Translucent Mirror: History and Identity in Qing Imperial Ideology*, Berkeley and Los Angeles: University of California Press, 1999.

4　Edward J. M. Rhoads, *Manchus and Han: Ethnic Relations and Political Power in Late Qing and Early Republican China, 1861-1928*, Seattle and London: University of Washington Press, 2000. 中译本参见王琴、刘润堂译《满与汉: 清末民初的族群关系与政治权力(1861—1928)》, 中国人民大学出版社, 2010年。

5　Mark C. Elliott, *The Manchu Way: The Eight Banners and Ethnic Identity in Late Imperial China*, Stanford: Stanford University Press, 2001.

6　Joanna Waley-Cohen, "The New Qing History", *Radical Historical Review*, vol. 88 (Winter 2004), pp. 193-206. 中译文参见董建中译《"新清史"》,《清朝的国家认同》, 第394—406页。

7　James A. Millward, *Beyond the Pass: Economy, Ethnicity, and Empire in Qing Central Asia, 1759-1864*, Stanford: Stanford University Press, 1998. 中译本参见贾建飞译《嘉峪关外: 1759—1864年新疆的民族、经济与清帝国》, 香港中文大学出版社, 2017年。

的《图解承德》[1]，何罗娜（Laura Hostetler）的《清朝的殖民事业》[2]，白瑞霞（Patricia Ann Berger）的《虚静帝国》[3]，米华健等人合编的《新清帝国史》[4]，司徒琳（Lynn Struve）编的两卷本《世界时间与东亚时间中的明清变迁》[5]，濮德培的《中国西征》[6]，柯娇燕、萧凤霞（Helen F. Siu）与苏堂栋（Donald S. Sutton）等人编著的

1　Philippe Forêt, *Mapping Chengde: The Qing Landscape Enterprise*, Honolulu: University of Hawai'i Press, 2000. 中译本参见赵翠华、常亮等译《图解承德：清代的景观营建》，复旦大学出版社，2022年。

2　Laura Hostetler, *Qing Colonial Enterprise: Ethnography and Cartography in Early Modern China*, Chicago: University of Chicago Press, 2001.

3　Patricia Ann Berger, *Empire of Emptiness: Buddhist Art and Political Authority in Qing China*, Honolulu: University of Hawai'i Press, 2003.

4　James A. Millward et al. eds., *New Qing Imperial History: The Making of Inner Asian Empire at Qing Chengde*, London and New York: RoutledgeCurzon, 2004.

5　Lynn Struve, ed., *The Qing Formation in World-Historical Time*, Cambridge, MA: Harvard University Asia Center, 2004. 中译本参见赵世瑜等译《世界历史时间中清的形成》，《世界时间与东亚时间中的明清变迁》下卷，生活·读书·新知三联书店，2009年。Lynn Struve, ed., *Time, Temporality, and Imperial Transition: East Asia from Ming to Qing*, Honolulu: University of Hawai'i Press and Association for Asian Studies, 2005. 中译本参见赵士玲译《从明到清时间的重塑》，《世界时间与东亚时间中的明清变迁》上卷，生活·读书·新知三联书店，2009年。

6　Peter C. Perdue, *China Marches West: The Qing Conquest of Central Eurasia*, Cambridge, MA: Belknap Press of Harvard University Press, 2005.

《帝国在边陲》[1]，卫周安的《清代战争文化》[2]，张勉治（Michael G. Chang）的《马背上的朝廷》，[3]欧立德的《乾隆帝》[4]，等等。

由于相关书评甚多，笔者在此仅简单整理一下。柯娇燕、欧立德与路康乐的书主要处理清代满洲的族群性问题。罗友枝的书处理清朝宫廷制度中的满洲特色。《图解承德》与《新清帝国史》探讨承德作为清朝经营内亚的枢纽地位。《中国西征》谈的是清朝、准噶尔汗国与沙俄在内陆欧亚的角力及其历史意义。《虚静帝国》分析清朝制作的佛教图像、经典与建筑，揭示了藏传佛教在建构清朝权威中的重要性。《帝国在边陲》是由历史人类学者与清史学者合作，他们同时质疑了汉化概念的适用性，并且描绘了汉人与非汉族群如何构建身份，以及如何跨越由这种身份所带来的地理、族群与法律的边界和限制。《清代战争文

1　Pamela Kyle Crossley, Helen F. Siu, and Donald Sutton, eds., *Empire at the Margins: Culture, Ethnicity, and Frontier in Early Modern China*, Berkeley and Los Angeles: University of California Press, 2006.

2　Joanna Waley-Cohen, *The Culture of War in China: Empire and the Military under the Qing Dynasty*, London and New York: I. B. Tauris, 2006. 中译本参见董建中译《清代战争文化》，中国人民大学出版社，2020年。

3　Michael G. Chang, *A Court on Horseback: Imperial Touring and the Construction of Qing Rule*, Cambridge, MA and London: Harvard University Asia Center, 2007. 中译本参见董建中译《马背上的朝廷：巡幸与清朝统治的建构（1680—1785）》，江苏人民出版社，2019年。

4　Mark C. Elliott, *Emperor Qianlong: Son of Heaven, Man of the World*, New York: Longman, 2009. 中译本参见青石译《乾隆帝》，社会科学文献出版社，2014年。

化》将清朝前半期的军事行动置于"文""武"混融的脉络中讨论，突出了"武"对清朝皇帝的重要性，并阐释这种做法所彰显的清朝帝国构建在礼仪、宗教、文化上的特色。《马背上的朝廷》发掘清帝南巡活动中的满洲特色，视其为清朝构建统治合法性和改造传统政治文化的举措。《乾隆帝》可算是第一本从北美新近清史研究的视角来写的清朝皇帝传记，强调了乾隆皇帝与同时期欧亚帝国君主之间的共同点。

此外，贾宁对清代理藩院的研究[1]，艾骛德（Christopher P. Atwood）对清朝臣属表示谢恩与效忠修辞的研究[2]，艾宏展（Johan Elverskog）的《我们的大清》一书对清朝以佛教治蒙政策的反思[3]等等，也都与北美新近清史研究相关。

简单总结，第一代新清史有两种取向。一种是视清朝为内亚帝国，强调满洲统治者的族群本位立场，与过去的中国传统王朝与征服王朝做纵向比较，以欧立德与张勉治等人为代表；另一种是把清朝与其他早期现代欧亚帝国做比较，强调同样影响同时期其他欧亚帝国的历史因素（例如重商主义、白银资本、

---

1 Chia Ning, "The Lifanyuan and the Inner Asian Rituals in the Early Qing (1644—1795)", *Late Imperial China*, vol. 14, no. 1 (June 1993), pp. 60-92.

2 Christopher P. Atwood, " 'Worshiping Grace' : The Language of Loyalty in Qing Mongolia", *Late Imperial China*, vol. 21, no. 2 (December 2000), pp. 86-139.

3 Johan Elverskog, *Our Great Qing: The Mongols, Buddhism, and the State in Late Imperial China*, Honolulu: University of Hawai'i Press, 2006.

火炮武器与制图技术等）以进行横向比较，以何罗娜、米华健和濮德培等人为代表。第一代新清史学者的研究时段主要集中在清代中期以前与晚清，对嘉庆道光朝的情况着墨较少。在材料上强调非汉文史料与汉文对照的重要性，但真正多半使用非汉文材料的研究有限，研究主题多局限于族群、帝国、殖民与边疆等议题上。

新清史提倡将清朝置于同时期的欧亚帝国中进行比较的取向，也得到其他领域学者的响应。例如 1998 年 6 月发行的《国际历史评论》(*The International History Review*) 第 20 卷第 2 期以"比较帝国：满洲殖民主义"为题的专号算是较早采取这种取向的尝试。此外，2009 年出版的《现代性的共有历史：中国、印度与奥斯曼帝国》[1]代表了这种取向的研究成果。该书由土耳其海峡大学经济史与政治经济学教授伊湖丽（Huri Islamoğlu）与美国耶鲁大学历史系教授濮德培主编，收录了史家论及清朝、奥斯曼、莫卧儿帝国与英属印度的十篇论文。

透过比较早期现代的欧亚诸帝国，《现代性的共有历史》一书挑战了现代性与世界体系理论对世界史的二分概念，即现代欧洲与前现代的非欧洲史在发展轨迹上的不可调和性及前者的优越性。例如，国家的中央集权程度被认为是衡量现代化的重

1　Huri Islamoğlu and Peter C. Perdue, *Shared Histories of Modernity: China, India and the Ottoman Empire*, New Delhi and New York: Routledge, 2009.

要标准,即一个国家越中央集权,现代化的程度就越高。但该书挑战了这样的标准,并指出早期现代的大清帝国、奥斯曼帝国与莫卧儿帝国三者透过分权与协商而在边疆政策上取得的成功,恐怕就不是缺乏弹性的现代中央集权国家容易取得的。该书也质疑了过去对清朝的专制印象,并指出清朝官员事实上透过授权许多非国家机构的方式以遂行有效统治。这样的比较展现出,大清帝国、莫卧儿帝国与奥斯曼帝国在 18 与 19 世纪时事实上是各自走着不同的现代性道路,而非效仿欧洲模式。最后,该书否认了这些国家在当时无力实行改革以响应内外挑战而逐步走向衰微的说法。例如,清朝在建构现代国家的过程中,就试图透过稳定边界、税收效益极大化与积极建军的做法以应付对外战争与内乱。

东南亚史学界对清史的欧亚历史比较取向有所回应,主要代表是密西根大学历史学教授李伯曼(Victor Lieberman)的两大册《形异神似:全球背景下的东南亚(约 800—1830 年)》[1]。该书对话的对象是濮德培。李伯曼观察到,在 9 至 19 世纪之间,

---

1　Victor Lieberman, *Integration on the Mainland*, vol. 1 of *Strange Parallels: Southeast Asia in Global Context, c.800-1830*, Cambridge and New York: Cambridge University Press, 2003; *Mainland Mirrors: Europe, Japan, China, South Asia, and the Islands*, vol. 2 of *Strange Parallels: Southeast Asia in Global Context, c.800-1830*, Cambridge and New York: Cambridge University Press, 2009.

欧亚大陆与东南亚地区存在相似的发展历程，即各个政体在政治上的整合度越来越高，结构也趋于稳定。气候变迁与国际战争频发则是导致这种发展趋势的主要原因。

在大陆学界，最早引介满学"四书"的应该算是定宜庄2002年发表在《满族研究》上的《美国学者近年来对满族史与八旗制度史的研究简述》[1]一文。必须注意的是自2003年起中国的清史编纂工程也开始启动。之后虽然有一些零星的介绍，例如孙静与孙卫国对欧立德《满洲之道》一书的评介，但并未引起广泛反响。[2]谈到系统性的引介与回应，大概要以刘凤云与刘文鹏合编的论文集《清朝的国家认同》以及刘凤云、董建中与刘文鹏编的会议论文集《清代政治与国家认同》（2012）为代表。[3]此后，北美新近清史研究引发的关注与批评逐渐白热化。2015年，李治亭在《中国社会科学报》上将北美新近清史研究比喻为"新帝国主义史学"，算是这轮批评的高潮，也成为舆论

1　定宜庄:《美国学者近年来对满族史与八旗制度史的研究简述》,《满族研究》2002年第1期，第60—63页。

2　孙静:《评欧立德〈满洲之道：八旗与晚期中华帝国的族群认同〉》,《历史研究》2005年第2期，第188—189页；孙卫国:《满洲之道与满族化的清史——读欧立德教授的〈满洲之道：八旗制度与清代的民族认同〉》,《中国社会历史评论》第7期（2006年），第399—410页。

3　刘凤云、刘文鹏编:《清朝的国家认同》，中国人民大学出版社，2010年；刘凤云、董建中、刘文鹏编:《清代政治与国家认同》，社会科学文献出版社，2012年。

界关注的焦点。[1] 此外，2015 年 4 月到 6 月间，姚大力与汪荣祖在《东方早报·上海书评》上就新清史展开了一系列激烈论战。[2]

少数大陆清史学者与思想史学者呼吁批判地接受新清史。例如，杨念群呼吁调和传统汉化论与新清史，认为清史研究若要走出第三条道路，便应该摒弃狭窄汉化论中的民族主义成分，同时也拒绝用突显满洲族群性的方式去解构中国传统历史的叙述逻辑，而是兼采两家之长以寻求新解释。[3] 刘小萌认为，中美清史学者双方存在取向上的差异，例如在满汉关系上，美国学者侧重满汉对立，中国学者习于从满汉融合的角度来思考；在讨论清朝特色时，美国学者强调满族的主体性，中国学者则在"清承明制"与"满族特色"两方面求取平衡。但他认为，双方仍旧可以通过讨论，取长补短，求同存异。[4] 葛兆光也认为，新清史对他从周边看中国的研究取向有所启发。[5] 中国蒙元史学者对新清史的接受度似乎较高，如姚大力与沈卫荣等人比较了蒙元史与北美新近清史研究，并且试图回答何谓元代中国的性质

1　李治亭：《"新清史"："新帝国主义"史学标本——评"新清史"》，《中国社会科学报》2015 年 4 月 20 日 B02 版。

2　这一系列论战文章已收入《东方早报·上海书评》编辑部编《殊方未远：古代中国的疆域、民族与认同》，中华书局，2016 年，第 270—375 页。

3　杨念群：《超越"汉化论"与"满洲特性论"：清史研究能否走出第三条道路》，《中国人民大学学报》2011 年第 2 期，第 116—124 页。

4　刘小萌：《关于"新清史"的几点看法》，《近代中国研究》2010 年 9 月 21 日。

5　《葛兆光再谈历史上的中国内外》，《澎湃新闻·上海书评》2017 年 2 月 19 日。

问题。[1]

然而直接或间接驳斥新清史的相关文章数量明显较多。批评者如汪荣祖认为，清朝并非新清史所称的中央欧亚帝国，其核心仍然是汉地；而且新清史把清朝的扩张与西方帝国主义国家相比拟，认为清朝的对外战争是殖民扩张，这个比喻也有问题。有论者批评新清史的政治立场问题，认为新清史学者否认清朝就是中国，为分离主义者的主张提供正当性，有政治意图。[2] 黄兴涛批评，新清史过度强调清朝满人对本族群的认同，忽视了他们对中国与大清的认同。[3]

此外，曹新宇和黄兴涛反对新清史学者主张中国自清朝起才被西方人视为帝国的论断，认为至少明朝就已被西方人视为帝国。[4]

---

1 姚大力：《怎样看待蒙古帝国与元代中国的关系》，参见张志强主编《重新讲述蒙元史》，生活·读书·新知三联书店，2016年，第20—29页；沈卫荣：《重新建构蒙元史叙事：中国学者面临的重要学术挑战》，《重新讲述蒙元史》，生活·读书·新知三联书店，2016年，第10—19页。

2 汪荣祖：《为"新清史"辩护须先懂得"新清史"——敬答姚大力先生》，参见葛兆光、徐文堪、汪荣祖等著《殊方未远》，中华书局，2016年，第328—329，333，334—336页。

3 黄兴涛：《清朝满人的"中国认同"——对美国"新清史"的一种回应》，《清史研究》2011年第1期。黄兴涛后来又纳入其他基于非汉文材料的研究来扩充讨论这一问题，参见黄兴涛《重塑中华：近代中国"中华民族"观念研究》，北京师范大学出版社，2017年。

4 其批评所针对的学者是欧立德，参见欧立德《传统中国是一个帝国吗？》，《读书》2014年第1期，第29—40页。曹新宇、黄兴涛：《欧洲称中国为"帝国"的早期历史考察》，《史学月刊》2015年第5期，第52—63页。

刘文鹏批评称，新清史所谓的内亚视角不仅在范围上不够明确，而且将原本作为地理和文化概念的内亚化为政治实体，造成内亚与中国在概念上的错误二分。[1] 沈卫荣从藏学和藏传佛教学者的角度出发，批评新清史学者对清代藏传佛教的理解不深，而且多半是仰赖前人研究成果，缺乏原创。[2]

还有多角度的批评，不一而足，如杨珍批评非汉文档案的局限性[3]；徐泓主张必须拒斥新清史以维护中国历史学界话语权与中国历史主体性[4]；钟焓与李勤璞质疑新清史学者的语言与研究水平[5]，等等。

虽有胡祥雨、哈斯巴根与马雅贞的近作与新清史的观点对

1 刘文鹏：《内陆亚洲视野下的"新清史"研究》，《历史研究》2016年第4期，第144—159页。
2 沈卫荣：《沈卫荣看"新清史"的热闹和门道③：藏传佛教化的误认》，《澎湃新闻·上海书评》2017年9月6日。
3 杨珍：《满文史料在清史研究中的局限》，《光明日报》2016年6月1日第14版。
4 徐泓：《"新清史"论争：从何炳棣、罗友枝论战说起》，《首都师范大学学报》（社会科学版）2016年第2期，第1—13页。
5 钟焓：《北美"新清史"研究的基石何在？——是多语种史料考辨互证的实证学术还是意识形态化的应时之学？（上）》，达力扎布主编《中国边疆民族研究》第7辑，中央民族大学出版社，2013年，第156—213页；《探究历史奥妙的车道最好由考据的路口驶入：柯娇燕构建的相关历史命题评议》，达力扎布主编《中国边疆民族研究》第10辑，中央民族大学出版社，2017年，第154—208页；钟焓：《清朝史的基本特征再探究：以对北美"新清史"观点的反思为中心》，中央民族大学出版社，2018年。李勤璞：《欧立德的满文水平有多高？》，《澎湃新闻·上海书评》2016年7月31日。

话[1]，但整体而言，中文学界宣称采用新清史取向的研究仍旧极少，多半是引介性作品。可以说，北美新近清史研究对中国清史学界的影响是"雷声大，雨点小"。

中国学界的批评声浪也引起了国外学界的注意，并试图进行更广泛的了解。

南京大学政府管理学院特任教授、美国得州大学奥斯汀分校历史系教授李怀印批评新清史学者仅关注清朝的满洲精英、规章制度、意识形态与治理方式，忽略了清朝的地缘战略与财政构造。因此，他从这两方面重新审视清朝国家的形成路径，并认为清朝地缘战略历经了从被动回应到积极防御，再转为保守妥协的三个阶段，认为清朝的核心关注仍旧放在内地各省，并非边疆与内地并重。他更反驳新清史学者视清朝为帝国的说法，认为清朝并非传统军事帝国，亦非近代主权国家，而是在两者之间的"疆域国家"（territorial state）。[2]

美国的新清史相关学者也前往中国交流，或在网络报刊上撰文，试图澄清两岸学界对新清史的误解。例如，定宜庄与欧立德在2013年合写的《21世纪如何书写中国历史："新清史"

1　胡祥雨：《清代法律的常规化：族群与等级》，社会科学文献出版社，2016年。哈斯巴根：《清初满蒙关系演变研究》，北京大学出版社，2016年。马雅贞：《刻画战勋：清朝帝国武功的文化建构》，社会科学文献出版社，2016年。

2　李怀印：《全球视野下清朝国家的形成与性质问题——以地缘战略和财政构造为中心》，《历史研究》第2期（2019年），第49—67页。

研究的影响与回应》一文指出新清史内部主张存在不小的差异，并说明新清史实为学术理论，并无政治阴谋，与二战前日本学者主张的满蒙非中国论不同，且并未主张清朝非中国。[1]

另外，2016 年 10 月底，在北京师范大学召开的一次名为"历史中国的内与外"座谈会上，欧立德、汪荣祖、葛兆光，以及剑桥大学人类学系副教授宝力格（Uradyn E. Bulag）都在座。后来部分发言稿发表在《探索与争鸣》2018 年第 6 期上。[2] 在会场上与会后的访谈中，欧立德澄清，新清史的学术脉络除了日本与欧美的研究，其实也包括中国的研究传统。新清史的研究目的是提供另外一个看待中国历史的角度，本身没有分裂中国的政治企图。[3]

2017 年米华健到上海开会，接受采访时也对新清史和与其

1　定宜庄、欧立德：《21 世纪如何书写中国历史："新清史"研究的影响与回应》，《历史学评论》第 1 期（2013 年），第 116—146 页。

2　欧立德：《当我们谈"帝国"时，我们谈些什么——话语、方法与概念考古》，《探索与争鸣》2018 年第 6 期，第 49—57 页；汪荣祖：《"中国"概念何以成为问题——就"新清史"及相关问题与欧立德教授商榷》，《探索与争鸣》2018 年第 6 期，第 58—62 页；方维规：《"中国"意识何以生成——勘测"新清史"的学术地层及其周边构造》，《探索与争鸣》2018 年第 6 期，第 63—68 页。

3　《欧立德：新清史提供了一种不同的叙事，它没有政治企图》，《澎湃新闻·上海书评》2016 年 11 月 27 日。

相关的类似误解作了澄清。[1]柯娇燕则在她的个人网站上对钟焓等学者的批评与误读做了回应与辩驳。[2]

但截至目前,这类澄清似乎收效不大,类似的质疑在中文学界仍旧存在。

任何学术思想的传播与接受或多或少都伴随着误解与争议。在这里,笔者无意纠结于这些争议,只能建议有兴趣的读者直接阅读第一代新清史学者的原作与相关学者的著作,而非仅止于阅读相关的中文引介或争论文章。柯娇燕的旧作《孤军:满人一家三代与清帝国的终结》以及对欧立德有所影响的日本东洋史家冈田英弘的学术文集《从蒙古到大清:游牧帝国的崛起与承续》(モンゴル帝国から大清帝国へ)的繁体中文版皆已出版。[3]另外,濮德培的《中国西征》的繁体中文版也已于2021年出版。这些都为中文读者提供了更多认识第一代新清史学者及其背景的管道。

1　《米华健谈丝绸之路、中亚与新清史:发掘"被遗忘"的人群》,《澎湃新闻·上海书评》2017年7月9日。

2　柯娇燕对中国学者的回应,参见其个人网站 https://www.dartmouth.edu/~crossley/comment.shtml,2018年9月1日。但柯娇燕退休后,该网站已失效。

3　Pamela Kyle Crossley, *Orphan Warriors: Three Manchu Generations and the End of the Qing World*, Princeton, NJ: Princeton University Press, 1990. 中译本参见陈兆肆译《孤军:满人一家三代与清帝国的终结》,人民出版社,2016年。冈田英弘:《从蒙古到大清:游牧帝国的崛起与承续》,陈心慧、罗盛吉译,台湾商务印书馆,2016年。

　　新清史在中国台湾的清史学界没有受到太多追捧。更多意见是像何炳棣的学生一样，支持乃师立场。批评者除了前述的汪荣祖、徐泓等学者，还包括中正大学历史系退休副教授甘德星与台北"中研院"近代史研究所副研究员吴启讷。[1] 也许年轻学者接受度较高，相关学者包括了台湾师范大学历史系教授叶高树以及台北大学历史系副教授林士铉。但整体而言，讨论并没有像大陆学界那么热烈。

　　反倒是在清代台湾史与艺术史领域，一些学者更主动与新清史对话。前者有"中研院"台湾史研究所副研究员林文凯，试图以清代台湾地域社会史为出发点与新清史和华南学派对话；后者则包括了前述的马雅贞与"中研院"近代史研究所副研究员赖毓芝的研究。[2] 此外，如"中研院"近代史研究所研究员赖惠敏与巫仁恕，也参与到清朝与奥斯曼帝国的消费比较研究中。[3]

1　后两位的批评皆收入汪荣祖编《清帝国性质的再商榷：回应新清史》，台湾远流出版公司，2014 年。

2　马雅贞：《刻画战勋：清朝帝国武功的文化建构》，社会科学文献出版社，2016 年。赖毓芝：《图像、知识与帝国：清宫的食火鸡图绘》，《故宫学术季刊》(台北) 第 29 卷第 2 期 (2011 年冬季)：第 1—75 页。

3　Lai Hui-min and Su Te-Cheng, "Brass Consumption in the Qing Empire", in Elif Akçetin and Suraiya Faroqhi ed., *Living the Good Life: Consumption in the Qing and Ottoman Empires of the Eighteenth Century*, Leiden: Brill, 2018, pp. 333-356. Wu Jen-shu and Wang Dagang, "A Preliminary Study of Local Consumption in the Qianlong Reign (1736–1796): The Case of Ba County in Sichuan Province", in Akçetin and Faroqhi ed., *Living the Good Life*, pp. 187-212.

新清史在日本的反应也不是特别热烈。就笔者的观察，北美新近清史研究对日本清史学界的影响仍属有限，主要还是以个别学者之间的往来交流为主。

新清史在韩国与中国香港的呼应者也不多。在韩国以高丽大学民族文化研究院满学研究中心为主，代表人物为金宣旼（Seonmin Kim）、李勋（Hun Lee）与李善爱（Sun Ae Lee）等。金宣旼的代表作《人参与边地：清朝与朝鲜的领土边界与政治关系》[1]于 2018 年发行。新清史在中国香港，以香港大学中国研究学程助理教授金由美为主，她的研究主题为清朝的东北边疆政策与东北五族（达斡尔、锡伯、鄂伦春、赫哲与索伦）的认同，其代表作《民族之蛹：中国的鄂伦春族与清朝边政的遗产》[2]于 2019 年 5 月发行。

前述对北美新近清史研究第一代的批评，除了政治性的攻击争议较大，其他都有可以思考的空间。但如果我们把新清史视为一个学派，就应该注意其自身的发展与调整。新清史第二代学者在语言工具的掌握、研究时段和主题的扩展上，都有所

---

1 Seonmin Kim, *Ginseng and Borderland: Territorial Boundaries and Political Relations Between Qing China and Choson Korea, 1636-1912*, Berkeley and Los Angeles: University of California Press, 2017.

2 Loretta E. Kim, *Ethnic Chrysalis: China's Orochen People and the Legacy of Qing Borderland Administration*, Cambridge, MA: Harvard University Asia Center, 2019.

突破，也在某种程度上回应了前代的不足。例如在研究时间断限上延伸至嘉道年间与鸦片战争，在题材上除了延续传统的族群与边疆议题外，也涉及外交史、环境史、商业史与法制史等领域。

以下简单介绍新清史第二代学者。这里仅列出取得博士学位并取得教职或研究职位的学者，不涉及该学者对新清史的自我认同。

在美国本土任教的有密歇根大学安娜堡分校历史系副教授柯塞北，其研究主题为治外法权在中日两国发展的比较史，其博士论文经修改后以《审判的理据：十九世纪中国与日本的治外法权与帝国权力》之名于 2012 年出版。[1] 该书讨论治外法权（即领事裁判权）在中日两国的发展，并且认为清朝的治外法权观念缘起于处理不同民族法律诉讼的理事同知制度。

西雅图华盛顿大学历史系副教授马世嘉（Matthew W. Mosca），其研究主题为清朝对印度的认识与其战略思考及对外政策的转变。其博士论文经修改后以《从边疆政策到对外政策：印度问题与清代中国地缘政治的转型》之名于 2013 年出版。书中反映了对新英帝国史对帝国情报搜集与整合的关注。作者透

1　**Pär** Kristoffer Cassel, *Grounds of Judgment: Extraterritoriality and Imperial Power in Nineteenth-Century China and Japan*, Oxford: Oxford University Press, 2012.

过整合廓尔喀（今尼泊尔）方面的情报与马戛尔尼勋爵在与英国本土的通讯中所表达的顾虑，说明了至少在马戛尔尼使团访问北京前后，清朝已认识到英国在印度与广州的势力。只是受限于不同语种的信息在中译上的整合有困难，以及清朝边疆政策较为分权化的限制等，清朝对英国的认识仍属有限，但并非如过去所想的对外界一无所知。[1]

美国南卫理公会大学（SMU）历史系副教授克礼（Macabe Keliher），研究主题为清入关前礼制与政治秩序的建立，其博士论文修改后以《礼部与清代中国的形成》于 2019 年 10 月由加州大学出版社出版。[2]他的下一部专著主题为满洲军事集中化与早期现代中国的帝国转型。此外，有乔治·华盛顿大学历史系副教授许临君（Eric T. Schluessel），他研究 1877 至 1933 年间新疆的日常政治。

一部分学者不在美国本土任教。例如悉尼大学历史系高级讲师布戴维（David Brophy），其研究主题为清末民初新疆地区

1　Matthew W. Mosca, *From Frontier Policy to Foreign Policy: The Question of India and the Transformation of Geopolitics in Qing China*, Stanford: Stanford University Press, 2013. 本书繁体中文版参见罗盛吉译《破译边疆·破解帝国：印度问题与清代中国地缘政治的转型》，台湾商务印书馆，2019 年。

2　Macabe Keliher, *The Board of Rites and the Making of Qing China*, Berkeley and Los Angeles: University of California Press, 2019.

的民族运动。[1] 德国慕尼黑大学汉学教授欧杨（Max Oidtmann），利用满、汉、藏文档案探讨清朝制度（诸如金瓶掣签制度与大清律例）在晚清的甘肃与安多当地的渗透。其探讨清代金瓶掣签制度的博士论文第一部分已于 2018 年由哥伦比亚大学出版社出版。[2] 加拿大麦吉尔大学历史学与古典学系助理教授蒲德文（David C. Porter）研究清代八旗制度史。

前面对北美新近清史研究第二代学者的介绍肯定是挂一漏万的。不过值得一提的是 2012 年下半年由一群对满文与满洲研究有兴趣的学者在美国成立的满学研究群（Manchu Studies Group）。这个研究群规模不大，不过有许多美国第二代新清史学者以及来自其他国家的相关学者都加入了这个研究群。自 2014 年起，美国的满学期刊《喜鹊》（*Saksaha: A Journal of Manchu Studies*）移交给满学研究群来主办。有兴趣的读者也可以透过浏览它们的网站来认识这些新一代学者的背景与研究。

以下笔者想谈谈 2016 年以降的清史研究的新进展。

其新进展之一反映在清代新疆史领域上。例如，科罗拉多大学博尔德分校历史系副教授金光珉（Kwangmin Kim）利用了满、汉、维与俄文材料，主张清朝统治新疆的成功在于联合当

1 David Brophy, *Uyghur Nation: Reform and Revolution on the Russia-China Frontier*, Cambridge, MA: Harvard University Press, 2016.

2 Max Oidtmann, *Forging the Golden Urn: The Qing Empire and the Politics of Reincarnation in Tibet*, New York: Columbia University Press, 2018.

地的回部贵族伯克（beg）。美洲白银以清朝赏赐或薪俸的形式流入新疆，扶助回部贵族取得优势地位。回部贵族则利用政治优势与白银资本，雇用当地人成为劳工，生产当地的特产（包括玉石、马匹、牲畜、棉花与谷物等）供应贸易市场以牟利。

另一新进展则是与环境史取向的结合。华盛顿和李大学（Washington and Lee University）历史系教授贝杜维（David A. Bello）的新作《越过森林、草原与高山：清代中国边地的环境、认同与帝国》[1]就反映了这种取向。该书利用满汉文材料，讨论满洲（森林）、内蒙古（草原）和云南（高山）三种生态环境与当地民族之交互作用，聚焦于人类与动物之间的关系，揭示清帝国如何形塑不同边地的族群认同。例如，满洲的代表动物为猎物；内蒙的代表动物为牲畜；云南的代表动物是以蚊蚋传递的吸血寄生虫。代表满洲认同的骑射透过打猎维持，清廷以八旗制度管理之；蒙古人在草原上透过牲畜维持生存，清廷以札萨克制度治理之；云南土著以瘴气疟疾守护自己的主动性，清廷以土司管理之。汉人领域的代表则是农地与谷物种植，清廷以郡县制度治理之。

该书的特点在于，将清代族群认同的形塑与生态环境、生计

1　David A. Bello, *Across Forest, Steppe, and Mountain: Environment, Identity, and Empire in Qing China's Borderland*, Cambridge: Cambridge University Press, 2016.

方式、行政制度连结在一起，有助学界发展更具整合性的分析架构以讨论清帝国如何形塑其环境与族群认同。该书还注意到汉人认同中的农业开垦及其对环境的强大改变能力，以及清帝国内部的不和与冲突很大一部分起因于汉民农业垦殖扩张到边地。

此外，印第安纳大学布鲁明顿分校历史系副教授谢健（Jonathan Schlesinger）于 2017 年出版的新著《皮草装点的世界：清朝治下的野物、净土与自然边缘》也是这波浪潮的代表之一，中译本改书名为《帝国之裘：清朝的山珍、禁地以及自然边疆》。[1] 该书主要利用北京、台北和乌兰巴托三地典藏的满、汉、蒙文档案，为读者展示了另类的清代中国环境保护史。

清朝的开疆扩土奠定了现代中国的版图，但伴随而来的是内亚边疆的自然资源遭受了前所未有的破坏。这种破坏主要是东珠、毛皮与蘑菇等物产的大量采集所造成的。那些采集活动除了应付清朝皇室的需求，背后是商业利益的驱动。到 19 世纪初，东北河流中的珠蚌已了无踪迹；采集蘑菇者对蒙古草原造成破坏；北方森林中的毛皮动物在捕杀下濒临绝种。清朝统治者对此大为震惊，因此推行了所谓的"净化"运动，试图恢复关外"纯净"（满文 *bolgo*）的原始状态。具体举措是对盗采活

---

[1] Jonathan Schlesinger, *A World Trimmed with Fur: Wild Things, Pristine Places, and the Natural Fringes of Qing Rule*, Stanford: Stanford University Press, 2017. 简体中文版参见关康译《帝国之裘：清朝的山珍、禁地以及自然边疆》，北京大学出版社，2019 年。

动、汉人移民和贸易进行控制。清廷所保护的"自然",其实是一种将环境保护与统治论述结合的新发明。

值得一提的是,本书获得了由美国亚洲学会颁发的 2019 年"列文森图书奖(20 世纪前)",这显示了作者的研究受到美国学界高度肯定。

自 2019 年以来,我们可以看到第二代新清史学者延续第一代的关注方向,并持续深化。首先,延续第一代新清史学者如柯娇燕和欧立德等人对满洲身份认同的讨论,第二代新清史的进展是对位处东北地区的满族及其族群身份认同进行探讨。

例如,香港大学中国研究学程副教授金由美的近作《民族之蛹:中国的鄂伦春族与清朝边政的遗产》[1],运用满汉文史料,研究清朝的东北边疆政策与东北五族(达斡尔、锡伯、鄂伦春、赫哲与索伦)的认同,可以算是英文学界中第一部相关内容的专著。

此外,现任麦基尔大学历史学与古典学系助理教授蒲德文的新作《皇帝的奴才:清代八旗中的奉公、特权与地位》[2]于 2023 年 12 月出版。作为清帝国的征服精英,有超过两百万的

1　Loretta E. Kim, *Ethnic Chrysalis: China's Orochen People and the Legacy of Qing Borderland Administration*, Cambridge, MA: Harvard University Asia Center, 2019.

2　David C. Porter, *Slaves of the Emperor: Service, Privilege, and Status in the Qing Eight Banners*, New York: Columbia University Press, 2024.

世袭旗人充当了清朝军队和官僚的核心。旗人的族群来源是多样的，透过法律和行政实践中明确划分地位的共同成员身份联系在一起。旗人透过尽忠服务换取制度上的特权，而与朝廷绑定在一起，这种关系被象征性地概念化为奴才与主人之间的关系。《皇帝的奴才》探讨了清朝应对近代早期国家建设的基本挑战之一的方法：如何建立一个有效的官僚机构，提高行政能力，以治理不断发展的政体，同时保留统治家族最重要支持者的忠诚。

蒲德文追溯了八旗制度如何透过吸收新成员、运用旗人作为技术专家、对女性和男性施加服务义务以及应对财政和意识形态挑战等方式创造了一支服务精英（service elite），亦即一种为帝国提供军事与行政服务且具有世袭政经和法律特权的多民族种姓。这种将清朝的八旗制度置于比较视角的研究取向，注意到日本德川幕府下的武士、俄罗斯帝国的贵族（dvorianstvo）和奥斯曼帝国中透过征募（devşirme）而来的军人（Askeri）等类似制度的重要相似之处。《皇帝的奴才》为理解近代早期中国和整个欧亚大陆的精英结构与功能提供了一个新的框架。

延续第一代新清史如罗友枝、欧立德等人对清朝制度史与族群主权的关注，南卫理公会大学历史系副教授克礼 2019 年10 月出版的《礼部与清代中国的形成》探讨了 1631 年清朝建立的礼部及其在清朝早期国家建构中的重要作用。他观察到，礼不仅在清朝政府体制中无所不在,而且在清廷内部的政治斗争中以及指导政治行动者的行动与选择上变得越发重要。1631 至 1651 年间,皇帝的角色、位置与权力也逐渐发展,行政活动与官员常规也确定下来。这个过程最终以 1690 年康熙皇帝巩固了清朝在关内的统治,而且首度颁布《大清会典》作为集大成。这些发展都引出了清朝主权本质为何,以及清朝的君主是如何被表述的问题:是作为满洲统治者还是中国皇帝?

作者主张,礼部在早期清朝政府中是权力、权威与合法性形塑的关键组织。它建构并强制实施了某种政治关系,时常根据特定的利益来重新定义这些政治关系可能发生的条件,并且也是这些政治关系斗争与协调的场所。他提到了皇太极继位为金国大汗后,面对四大贝勒共同执政的情况。皇太极与汉臣联手,利用礼制来垄断政治与象征权力,并且在政治斗争中脱颖而出。作者以 1631 年末由礼部开始施行的元旦节礼仪为例,说明这些举措使得政府的中央集权与阶序更加巩固。在由礼制、仪式与服饰所构建的等级秩序中,满洲、蒙古与汉人臣民和皇族一同为皇帝服务。

透过探讨过往中国王朝在礼制运用上的不同,本书将清朝置于传统中国史的脉络中讨论,也将清朝放在同时期不同欧亚帝国的中央集权与国家建构模式中做比较。可以说,本书同时继承了第一代新清史的两种不同取向。

延续第一代新清史对于早期新疆纳入清朝统治的探讨,最新的讨论将研究时段下移到晚清，探讨清朝在 1877 年弭平新疆回变，收复新疆后新一批湘军统治精英如何推行新的治理政策以求维持新疆的长治久安。这方面的研究以乔治华盛顿大学历史系副教授许临君 2020 年 10 月的新著《异乡人之地：清帝国在新疆的教化工程》为代表。[1] 本书荣获 2021 年美国历史学会的费正清奖（1800 年以来的东亚史部分）。

本书指出，那些遵奉儒家道德的湘军精英希望改变以往清朝在新疆的间接统治政策，并透过将父权制的儒家社会引入新疆穆斯林社会，以将新疆纳入内地社会。他们的做法主要表现在教育与移民安置上，希望将新疆的穆斯林社会转化为内地的儒家社会。最终，他们的愿望是新疆建省，将新疆纳入内地行政体系中，这个愿望在 1884 年达成。湘军在新疆所推行的教化工程直到 1911 年清朝崩溃都还在持续运作。

作者认为，以经世为己任的湘军精英在新疆史上的重要性被忽视了，且 1907 年以前的新疆仍旧是以传统中华帝国内地省份的方式来治理的。湘军精英在清末新疆所推行的教化工程制造了一种被今日学者视为具有族群性的归属话语（a discourse of belonging）。本书也运用了华南研究的历史人类学方法，试图回答新清史所提出的问题。这表现在作者对吐鲁番多语种地方档

1　Eric T. Schluessel, *Land of Strangers: The Civilizing Project in Qing Central Asia*, New York: Columbia University Press, 2020.

案的运用上。在本书中，我们会看到湘军精英的教化如何创造
出一群利用儒家文明话语来操弄国家的中介阶级，儒家与穆斯
林精英如何透过对女子贞节的要求维持当地的父权制社会。他
的研究可以算是第二代新清史研究者透过整合不同学科方法研
究新疆史的最新成果。

目前笔者所观察到的新清史发展也吸引了其他典范（例如
着重于比较早期近代东西方社会经济发展轨迹的加州学派）关
注清代中国的内亚边疆。例如 2015 年 10 月出版的《二十世纪中
国》(*Twentieth-Century China*) 第 40 卷第 3 期由彭慕兰（Kenneth
Pomeranz）主编的专号"史学西移"，着重探讨了资本主义、石
油业以及铁路在中国西北地区、新疆与西康等内亚边疆的发展。[1]

其次，新清史的取向还影响到美国的俄罗斯帝国史研
究。例如，乔治城大学帝俄史副教授格列高里·阿菲诺格诺夫
（Gregory Afinogenov）于 2020 年 4 月出版的《间谍与学者：中
国的秘密与帝俄的世界强权之路》，利用莫斯科、圣彼得堡、伦
敦、巴黎与罗马等地的俄文、法文、德文与英文材料，分析俄
罗斯帝国如何从 17 世纪到 19 世纪透过各种管道搜集中国情报。[2]

1　Kenneth Pomeranz, "Introduction: Moving the Historiography West", *Twenti-eth-Century China*, vol. 40, no. 3 (October 2015), pp. 168–169.

2　Gregory Afinogenov, *Spies and Scholars: Chinese Secrets and Imperial Rus-sia's Quest for World Power*, Cambridge and London: Belknap Press of Har-vard University Press, 2020.

俄罗斯人透过购并陶瓷作坊以获得商业机密，派遣佛教僧侣至蒙古搜集情报，东正教北京传教团的留学生也同时负有间谍任务。从俄罗斯科学院这样的学术组织，到外交单位与边界哨站，都在大量生产关于中国的知识，然而，这些资讯后来被秘密封存，而未能广泛流传。本书分析了常年以来沙俄所搜集的不同情报，主张不同情报的需求会随着政府目标及侦搜的地域而改变。自 17 世纪彼得大帝的改革时代起，中国及其西伯利亚边界是帝俄官僚主要关注的焦点。此时他们较为仰赖间谍活动和驻扎于中国的耶稣会士，以获取情资。到 19 世纪初，欧陆成为帝俄地缘政治的挑战所在，俄英之间的竞争促使俄罗斯帝国转向着重于面向公众的知识工作以建立其权威，故东方学成为学术研究的重要部分。

虽然这些布局并没有为沙俄带来战略或商业上的显著利益，但上述种种知识体制（knowledge regime）确实产生了后续效应。这些由俄罗斯谍报活动所筛选出的知识，后来透过各种出版物传入欧洲，使中国和西方列强的遭遇为人所知。

本书不仅受益于第一代新清史学者（如米华健、欧立德与柯娇燕）所描绘之清俄边疆之间的人群与地理连结，也分享了第二代新清史学者（如马世嘉）对情报搜集与流通的关注。

此外，北美新近清史研究也与其他早期近代中国的研究学派（例如强调民间文献与田野调查的华南学派或称历史人类学学派）进行交流与互鉴。除了前述许临君的新作，稍早由笔者与邱源媛、卢正恒、陈博翼、许临君和孔令伟一同合作组稿，由《历史人类学学刊》第 15 卷第 2 期（2017 年 10 月发行）刊出的"重探'帝国'与'地方社会'——'华南研究'与'新清史'的对话"专号，就可以视为这样的尝试。该专号还特邀萧凤霞、定宜庄、何翠萍、赵世瑜与罗新等学者，从不同学科背景对这种尝试的可能性提出他们的看法与建议。[1] 后来，2019 年 7 月 18 日，由北京大学人文社会科学研究院与中山大学历史人类学研究中心联合主办的北大文研论坛"书谱石刻：中古到近世华南与西域研究的对话"，是对这个取向的延伸探索。[2]

最后，近年来北美新近清史研究也引起了清代海洋史学者的注意，并开始关注清帝国的海洋性问题。例如，英国伦敦政经学院国际史系副教授布琼任（Ronald C. Po）的近作《蓝色边疆：东亚海域中的清朝方略》[3] 提出了"海上新清史"（new Qing history from a maritime perspective）的口号，以说明清朝不仅仅

1　关于华南研究与新清史内亚研究对话的述评，参见邱源媛《华南与内亚的对话——兼论明清区域社会史发展新动向》，《中国史研究动态》2018 年第 5 期，第 44—50 页。

2　关于这场研讨会的纪要，参见《【文研论坛 98】书谱石刻：中古到近世华南与西域研究的对话》，北京大学人文与社会科学研究院网站，2019 年 7 月 18 日，http://www.ihss.pku.edu.cn/templates/learning/index.aspx?contentid=2697&nodeid=122&page=ContentPage。

3　Ronald C. Po, *The Blue Frontier: Maritime Vision and Power in the Qing Empire*, Cambridge: Cambridge University Press, 2018. 繁体中文版参见陈建元等译《蓝色边疆：东亚海域中的清朝方略》，台湾大学出版中心，2024 年。

是面向内亚的大陆帝国，同时也是关注着海洋动态的海上帝国。布琮任的新作《海不扬波：清代中国与亚洲海洋》[1]一书展现了作者钻研清代海洋史的个案观察。从清廷治理内海与外洋的制度史、为修缮战船而开展伐木事业的环境史以及清代中国北方海域的军事史等角度，再谈到清人对海洋生物的博物学描写、鱼翅的消费史与海洋书写的文化史，都展现了新清史与海洋史视角的结合所具有的巨大发展潜力。

综上所述，笔者认为，北美新近清史研究是受到多种学科与多国传统影响下的产物，内部充满多样性。但这些学者仍旧有一些共享的关怀，他们都强调，应该将清朝统治者的内亚背景放回清史研究中，并且在探讨清朝的历史发展时，将边疆与内地进行整合考量。第一代新清史有两种取向，一种是将清朝与过去的中国传统王朝和征服王朝做纵向比较；另一种则是把清朝与其他早期现代欧亚帝国做横向比较。在限制上，第一代新清史学者的研究时段主要集中在清代中期以前与晚清，对清中叶至晚清的情况关注较少。在材料上，强调非汉文史料与汉文对照的重要性，但真正使用非汉文材料的研究有限。在研究主题上，多局限于族群、帝国、殖民与边疆等议题。

北美新近清史研究作为一个"学派"，本身也在持续发展。

1　布琮任：《海不扬波：清代中国与亚洲海洋》，台湾时报出版，2021年。

第二代学者的研究视野比前辈学者更加开阔，在研究多语言工具与材料的掌握上也有所突破。他们不仅延续了第一代学者的关注，在研究时段上有所扩展，还关注其他的史学领域，例如外交史、法制史与环境史，在研究方法上也试图借鉴其他学派，例如新英帝国史与华南学派的历史人类学。

至于在北美新近清史研究传播到中文学界的过程中出现的各种争议，则彰显了传统中国史学的正统史观在面对北美新近清史研究倒转历史叙事主体时的批判态度。北美新近清史研究修正了过去把清朝视为封闭落后的封建王朝的看法，将中国与其他同时期的欧亚帝国等量齐观，与近现代中国的流行史观也有扞格之处。中国学界对这种历史诠释的接受程度，值得我们持续观察和谨慎思考。

本章部分内容曾见于:《争议之外,"新清史"有何新进展》,《澎湃新闻·私家历史》2017 年 1 月 5 日;《望向遥远的亚洲边疆:内亚史新书过眼录》,《经济观察报·书评》2018 年 1 月 29 日;《游牧、信仰与政治:内亚史新书过眼录》,《经济观察报·书评》2019 年 1 月 28 日。